MW01717013

Stahlmann · Umweltorientierte Materialwirtschaft

Volker Stahlmann

Umweltorientierte Materialwirtschaft

Das Optimierungskonzept für Ressourcen, Recycling, Rendite

GABLER

Die Deutsche Bibliothek – CIP-Einheitsaufnahme

Pepels, Werner:
Gabler-Lexikon Vertrieb ud Handel / Werner Pepels. –
Wiesbaden: Gabler, 1998
ISBN-13: 978-3-322-82552-0

Lektorat: Thorsten Hadeler
Softcover reprint of the hardcover 1st edition 1998

Der Gabler Verlag ist ein Unternehmen der Bertelsmann Fachinformation GmbH.

http://www.gabler-online.de

ISBN-13: 978-3-322-82552-0 **e-ISBN-13: 978-3-322-82551-3**
DOI: 10.1007/978-3-322-82551-3

Inhaltsverzeichnis

1. Einleitung

Obwohl die Handlungsdefizite im Umweltschutz sowohl in der Bevölkerung als auch bei Politikern zunehmend erkannt werden, fällt es dem Wirtschaftswissenschaftler nach wie vor schwer, Ökonomie und Ökologie zu einer Einheit zu verbinden, um daraus zukunftweisende Ansätze für die Wirtschafts- und Unternehmenspolitik zu formulieren. Die Aufforderung zu bereichsübergreifendem, interdisziplinärem Denken gehört zwar zum rhetorischen Pflichtvokabular unserer Zeit, die Realisierung in Forschung und Lehre läßt aber immer noch auf sich warten.

Wenn auch die „main-stream-economics" gegenüber der Umweltproblematik wichtige theoretische Weichenstellungen unterlassen haben und ihnen insofern ein Versagen vorzuwerfen ist, wäre es ungerecht, die zeitgenössische Fachliteratur pauschal zu verurteilen. Mittlerweile sind auf dem Gebiet der Natinalökonomie entscheidende Vorarbeiten geleistet worden[1], und auch in die Betriebswirtschaftslehre findet ökologisches Denken, wenngleich viel zaghafter, Eingang[2]. Gerade die Betriebswirtschaftslehre wird Sorge tragen müssen, daß sie nicht in einer wenig rühmlichen Art und Weise nachvollzieht, was weitblickende Unternehmer längst vorbereiten: nämlich auf die gravierenden Änderungen der ökologischen Rahmenbedingungen freiwillig mit innovativen Maßnahmen zu reagieren[3].

Überfällig ist eine Neuorientierung der Allgemeinen sowie der Speziellen Betriebswirtschaftslehre mit ihren Funktionen Material- und Fertigungswirtschaft, Organisation, Personalwirtschaft, Finanzierung, Rechnungswesen und Marketing, einbezogen in ein System der integrierten Datenverarbeitung. Überall gilt es, aufgrund naturgesetzlicher Notwendigkeiten und sozialer Verpflichtung einzelwirtschaftliche „Rationalitäts-Kalküle" mit überbetrieblichen und globalen ökologischen Grenzen neu abzustimmen, selbst wenn staatliche Ordnungs- und Ablaufpolitik untätig bleiben. Schließlich geht es nicht nur um das Überleben der Marktwirtschaft und der Demokratie als gesellschaftliches System oder der Unternehmen als Subsysteme, sondern um die Überlebensfrage des Menschen schlechthin.

Das vorliegende Buch kann angesichts des gestellten hohen Anspruchs auf dem kleinen Gebiet der Materialwirtschaft nur einen bescheidenen Anfang machen. Dennoch erscheint die Materialwirtschaft zum Vorreiter einer ökologisch erweiterten Betriebswirtschaftslehre prädestiniert, da hier das Denken in Stoffen und Materieströmen deutlicher hervortritt als anderswo und der „Geldschleier" bei Planung, Analyse und Kontrolle oft durch Rückbesinnung auf Mengen „zwecks klarer Verhältnisse" beiseite geschoben wird. Das moderne Verständnis eines unternehmensintern *integrierten Materialmanagements* mit seinen wichtigsten instrumentellen Voraussetzungen wird im folgenden erweitert um die Integration der Natur und Ökosphäre in das Entscheidungsfeld des Unternehmers. Die langfristige Strategie ist eine *umweltgerechte Wirtschaftsweise.* Vielleicht gelingt es uns noch, mit schrittweisen Reformen Wirtschaft im Einklang mit der Natur zu betreiben, daß unsere Bedürfnisse mehr durch eine geistige, postmaterielle und ökologische Kultur befriedigt werden. Der haushälterische, verantwortungsvolle Umgang mit der Materie jedenfalls ist ein zeitloses, klassisches Gebot der Ökonomie. Unseren Untersuchungen dient es als Leitmotiv.

2. Ökologische Standortbestimmung der Materialwirtschaft in Theorie und Praxis

2.1 Historische Entwicklung zu einer eigenständigen Funktionallehre

Materialwirtschaft ist keine Erfindung der Betriebswirtschaftslehre, sondern wurde bereits in frühgeschichtlicher Zeit betrieben. So fand man im Quellgebiet zwischen Euphrat und Tigris Tontafeln mit Gravuren als eine Art Buchhaltungsbelege. Die Tempelwirtschaft des Tempels Dublal-mach in Ur verfügte bereits über eine fortlaufend geführte Inventur ähnlich einer monatlichen Gewinn- und Verlustrechnung[4]. In der Zeit des Thutmosis I. (1500 v. Chr.) wurden zum Bau von Häusern und Palästen Ziegel mit einheitlichen Abmessungen von 41 × 20 × 13 Zentimetern verwendet. Derartige Materialstandardisierungen wurden auch im 15. Jahrhundert durchgeführt in der Republik Venedig: beim Bau der Kriegsflotte, mit gleicher Größe, Takelage und Bauart. So waren die Kosten geringer und die Versorgung mit Ersatzteilen besser[5].

In der Philosphie der griechischen Antike findet sich bei Aristoteles in seinem Diskurs über die Hausverwaltung und Erwerbskunst der ökonomische „terminus technicus" der *Materie* als „das Zugrundeliegende, aus welchem ein Werk verfertigt wird, wie die Wolle für den Weber und das Erz für den Bildhauer"[6]. Mit der unter ethischen Gesichtspunkten getroffenen Unterscheidung zwischen der auf dem Naturreichtum basierenden Erwerbsart des Bauern und Handwerkers und dem ins Grenzenlose führenden Gelderwerbsstreben des Kaufmanns trifft Aristoteles bereits einen Kern des heutigen ökologischen Problems: die Vergewaltigung der elementaren Stoffsphäre durch den monetär gesteuerten künstlichen Wirtschaftskreislauf[7].

Mit der Entwicklung der Schriftkunst sowie der Rechen- und Verfahrenstechniken wurde das Katalogisieren, die Buchführung, das Systematisieren von Stoffgruppen und -bewertungen vorangetrieben[8]. In der Epoche der Handelswissenschaften[9] im 16. bis 19. Jahrhundert wurden praktische Regeln, Erfahrungen, gesetzliche Richtlinien systematisch für den Kaufmann erarbeitet, wobei sich die Materialwirtschaft in Abhandlungen zur „Warenkunde", „Wertbestimmungslehre", „Tauschmittellehre" und „Frachtkunde" verbirgt. Mit der Zunahme der Technisierung und Automatisierung und der inzwischen stark gestiegenen Zahl von Industriebetrieben erweiterte sich der Untersuchungsbereich der Handelswissenschaften zur Allgemeinen Betriebswirtschaftslehre, gewannen Fragestellungen der Produktion und Materialienverwaltung größeres Gewicht. Eine der ersten umfassenderen Darstellungen über den Materialbereich findet sich bei *August Kühner* in seiner Schrift „Materialienverwaltung für das Berg-, Hütten- und Maschinenwesen"[10]. In seiner Magazin-Buchführung treten besonders in den Kapiteln „Ausgangsbuch", „Lagerbuch" und dem „Materialstatistikbuch" Grundsätze einer zeitgemäßen Materialbewirtschaftung hervor. So fordert

Kühner mit dem Ausgangsbuch die genaue Erfassung der Abgangsbewegungen mittels Entnahmescheinen und trennt den Materialverbrauch in Betriebs- und Ausgangsmaterialien. Das Lagerbuch hat die Aufgabe, laufend die Zu- und Abgänge zu erfassen und einen monatlichen Bestandsüberblick zu gewährleisten. Für die Bewertung der Bestände wird das Durchschnittswertverfahren empfohlen, das bei schwankenden Einstandspreisen heute noch Gültigkeit besitzt. Mit dem Materialstatistikbuch sollte eine Analyse derjenigen Stoffgruppen ermöglicht werden, die besonders kostenbelastend wirken, um hier zum Beispiel saisonale Spitzen bei Bestellung und Einkauf zu vermeiden. In einem anderen Aufsatz[11] fordert Kühner die Zusammenfassung von Einkaufs- und Materialverwaltung unter einheitlicher Leitung mit Prokurabefugnis, also auf Geschäftsleitungsebene. Damit erkennt Kühner bereits den funktionsübergreifenden Charakter der Materialverwaltung, die zwischen technischen und kaufmännischen Belangen eine Vermittlerrolle zu spielen hat, obgleich der Schwerpunkt seiner Ausführungen noch in der Aufstellung von Verfahrenstechniken im Bestellwesen und in der Lagerhaltung lag.

Eugen Schmalenbach, der Herausgeber der „Zeitschrift für handelswissenschaftliche Forschung" (ZfhF) gliederte in der Ausgabe 1913/14 das Kapitel II „Kaufmännische Betriebslehre der Fabriken" in:

- Allgemeine Fabrikbuchhaltung und Bilanztechnik
- Selbstkostenberechnung
- Erfolgskontrolle
- Löhnungswesen, Lohnbuchhaltung, Lohnverrechnung
- *Materialeinkauf, Materialbuchführung, Materialverrechnung*
- Einzeldarstellungen verschiedener Industriezweige.

Schmalenbach faßte hiermit bereits den Komplex Materialeinkauf, -verrechnung, -verwaltung und -organisation als Einheit zusammen und fand dafür erstmals in der Ausgabe der ZfhF von 1920 den Ausdruck: *„Material-Wirtschaft* und Lieferantenverkehr".

Unter dieser Rubrik handelten Aufsätze und Berichte den Materialbereich als relevanten Faktor für das Betriebsergebnis ab, so daß der funktionale Charakter schon deutlich in Erscheinung trat. Von einer umfassenden Darstellung materialwirtschaftlicher Probleme konnte freilich noch nicht die Rede sein, zumal die Betriebswirtschaftslehre selbst in der Periode von 1898–1920 damit beschäftigt war, sich einen methodisch abgesicherten, wissenschaftlich fundierten Unterbau zu geben. Die Problemkreise der Kostenrechnung und des Bilanzwesens standen im Vordergrund, in den Industriebetrieben dominierte das materialwirtschaftliche Interesse an Regeln für die günstigste Materialbeschaffung, an Lagerhaltungstechniken, der Materialein- und -auslagerung und der Inventur.

Die Weimarer Zeit (1920–1933), gekennzeichnet von galoppierender Inflation, Weltwirtschaftskrise, Arbeitslosigkeit und wirtschaftlicher Depression, hob Finanzierungsprobleme und betriebliche Überlebensstrategien in den Vordergrund, wodurch materialwirtschaftliche Fragen zweitrangig wurden.

Nationalsozialismus und Vorbereitungen zum Zweiten Weltkrieg führten zu einer dirigistischen Rohstoff- und Produktionsbewirtschaftung; vor deren Hintergrund ist auch die „Materialwirtschaft" von *H. M. Bauer*[12] zu interpretieren. Obwohl Bauer – für heutige Begriffe – auch nur Teilaspekte der Materialwirtschaft herausgreift, postuliert er doch schon eindeutig die Zusammenarbeit zwischen technischen und kaufmännischen Abteilungen des Betriebes. Er warnt davor, billig einzukaufen, ohne die Folgekosten in der Fertigung in Form von Ausschuß, mangelnder Verwertbarkeit, in Erwägung zu ziehen. Für die Materialausgabe empfiehlt er die Zentralisierung, da eine Dezentralisierung die stille Reservebevorratung einzelner Werkstätten fördert. Weite Ausführungen sind den Kapiteln der Materialausnutzung und Abfallwirtschaft gewidmet. Der rationelle Einsatz begrenzter Rohstoffe gehörte unter dem Diktat der nationalen Rüstungs- und Kriegsmaschinerie zur obersten Pflicht auch der betriebswirtschaftlichen Abhandlungen.

Nach dem Zweiten Weltkrieg setzte sich vor allem *Kalveram*[13] mit dem Bereich der Materialwirtschaft ausführlich auseinander. Seine Aufgabenbeschreibung umfaßt:

- Analyse des Beschaffungsmarktes
- Prüfung und Klarstellung der Anforderungen
- Einholung der Angebote
- Preisermittlung und Wahl des Lieferers
- Abstimmung der richtigen Liefertermine
- Einkaufsbudgetkontrolle
- Bestellung
- Terminüberwachung, Mahnwesen und Lieferkontrolle
- Warenannahme, Prüfung und Beanstandung
- Rechnungskontrolle und Vorbereitung der Verbuchung
- Frachtenkontrolle
- Einkaufsstatistik und Einkaufsregistratur
- Lagerverwaltung
- Lagerabrechnung und -statistik
- Altmaterial- und Restbeständeerfassung und -verwertung
- Behandlung von Leergut und Verpackungsmaterial.

Organisatorisch richtungsweisend schlägt er die Bildung einer zentralen Planungsabteilung vor, in der zum Zwecke einer exakten und wirtschaftlichen Produktionsplanung alle mit Material in Berührung stehenden Stellen einen Interessenausgleich vornehmen sollen. Dazu gehören: Vertrieb, Produktion, Lagerabteilung und Beschaffung. Eine Steuerungsfunktion wurde indessen dieser Instanz nicht zuerkannt, wie überhaupt der Begriff Materialwirtschaft auf die Funktionen Beschaffung und Lagerhaltung begrenzt blieb. Im Gegensatz zu Bauer werden materialwirtschaftliche Probleme aber vorrangig unter kaufmännischen Kriterien angegangen und wichtige Verfahren zur bedarfsgerechten Materialauslieferung, wirtschaftliche Losgröße, Optimierung des Materialtransports, Bestandsbewertung, Lagerstatistik und Stücklistenvereinfachung vorgestellt. Ein umfassender Zielkatalog für die Materialwirtschaft wird indessen nicht formuliert, obwohl Kalverams Abhandlung das bislang größte Feld materialwirtschaftlicher Probleme abdeckte.

Einzelaspekte der Materialwirtschaft werden auch in dem Werk von *Henzel*[14] analysiert; es werden die Möglichkeiten der Lagerwirtschaft zur Kapitalfreisetzung, Probleme der Normung, Eigen- oder Fremdbezug, Losgröße, Lagerorganisation und Materialbewertung behandelt.

Anfang der 50er Jahre stellte *Gutenberg*[15] das Konzept der Funktionallehren in seiner Einführung in die Betriebswirtschaftslehre vor mit einer Gliederung des Industriebetriebes in die Bereiche: Beschaffung, Produktion und Absatz. Mit zunehmender Komplexität materialwirtschaftlicher Probleme in der Industrie schälte sich mit Verzögerung auch die Materialwirtschaft aus dem Bereich der Produktion heraus und bildete ein Pendant zur Fertigungswirtschaft.

Einen wesentlichen Beitrag zur Geburt der Materialwirtschaft als eigenständige Funktionallehre lieferte dabei *E. Grochla*[16], der erstmals das technische und ökonomische materialwirtschaftliche Optimum als konkurrierende und komplementäre Zielfunktion (Mengen- und Qualitätsproblem, Raum-, Zeit-, Kapital-, Kostenproblem) definierte und diese in die übergreifende Unternehmenszielsetzung zu integrieren sucht. Dabei greift Grochla bei den „Aufgaben einer Materialwirtschaft" auf *Kosiol* zurück, an dessen Buch „Einkaufsplanung und Produktionsumfang" er mitgewirkt hatte[17]. Mit einer späteren Veröffentlichung, den „Grundlagen der Materialwirtschaft" (1973), nimmt der Aufgabenbereich *die* Konturen an, die 1982 auf dem 13. Kongreß für Materialwirtschaft und Einkauf mit Beteiligung des *Bundesverbandes Materialwirtschaft und Einkauf (BME)* gezogen wurden. Damit umfaßt Materialwirtschaft die Funktionen „Planung und Steuerung", „Einkauf", „Bevorratung", „Bereitstellung" und „Entsorgung".

In jüngerer Zeit wird vor allem der abteilungsübergreifende Charakter der Materialwirtschaft[18], die integrierte Steuerung des Material- und Warenflusses (Logistik)[19] sowie die Bedeutung für die strategische Unternehmensplanung und für einen Übergang vom quantitativen zum qualitativen Wirtschaftswachstum betont. Für ein aktives Materialmanagement ist hierbei eine integrierte Datenerfassung und -verarbeitung unverzichtbarer Bestandteil[20].

Die Herausforderung des Umweltschutzes und Postulate nach einer gesellschaftsbezogenen Unternehmensführung werden die Bedeutung der Materialwirtschaft noch erhöhen und die integrative Betrachtungsweise im Sinne eines systemorientierten betriebswirtschaftlichen Ansatzes über den engen Unternehmensbereich hinaus interdisziplinär ausdehnen. Restriktionen aus der globalen Ressourcenbegrenzung und Umweltbelastung, aber auch der Zwang zu Materialsubstitution, Wiederverwertung, Emissionsvermeidung und Energiesparen werden ein übriges dazu beitragen.

2.2 Neue Herausforderungen durch veränderte Rahmenbedingungen

In der Wirtschaftsentwicklung der Bundesrepublik Deutschland nach dem Zweiten Weltkrieg lassen sich drei markante Phasen unterscheiden:

Die erste Phase war die des Aufbaus, die Überwindung eklatanter materieller Notlagen durch die Produktion lebenswichtiger Konsum- und Investitionsgüter. Aus vorhandenem oder beschaffbarem Material wurde produziert. Die Produktion dominierte innerhalb eines generellen Verkäufermarktes, der sich konsequent mit Hilfe des Wettbewerbs und des Ordnungsprinzips der freien Marktwirtschaft zu differenzieren und auszuweiten begann.

Mit zunehmend verbesserter Versorgungslage wandelten sich in den 60er Jahren die Verkäufermärkte zu Käufermärkten, es kam zu zweistelligen Wachstumsraten des Sozialprodukts. Durch das Prinzip der Sozialen Marktwirtschaft und des Sozialstaatsgebots wurden die Interessen der abhängig Beschäftigten stärker berücksichtigt.

Die dritte Phase, eingeleitet Mitte der 70er Jahre, ist gekennzeichnet durch Grenzen des Wachstums in verschiedener Hinsicht. Märkte werden national und international enger, der Wettbewerbsdruck ist hoch, auch in Unternehmerkreisen erkennt man zunehmend die Notwendigkeit einer ökologischen Kurskorrektur[21], es entsteht die Forderung nach einer *Öko-Sozialen Marktwirtschaft*[22].

Aus dieser dritten Phase heraus lassen sich für Unternehmen Problemfelder umreißen, die maßgeblich die Entscheidungsprozesse in den Führungsebenen beeinflussen werden. Dabei werden Unternehmen, die sich aktiv gestalterisch den zu erwartenden Herausforderungen der Zukunft stellen, auch langfristig die besten Überlebenschancen im ökonomischen Sinne haben, aber auch das „Prinzip Marktwirtschaft" stützen, das den ständigen Wandel und Untergang überholter Produkte, Techniken und Verfahren unverzichtbar impliziert.

2.2.1 Unternehmensinterne Problemfelder

Unternehmensinterne Problemfelder entstehen durch Fehlreaktionen auf externe Entwicklungen (Überinvestitionen, Verschlafen eines Nachfrage-Wertewandels, notorische Expansionseuphorien) oder durch ungenügende Durchsetzung von Planzielen trotz richtiger Interpretation der vom Markt gesetzten Zeichen (wegen finanzieller, organisatorischer, personeller Schwierigkeiten). Die für den Materialmanager relevanten unternehmensinternen Probleme liegen in folgenden Bereichen:

Geringe Umschlagshäufigkeit der Vorräte

Die geringe Umschlagshäufigkeit der Vorräte in Europa und den USA im Vergleich zu Japan wird in Tabelle 1 deutlich.

Inzwischen haben deutsche Firmen erhebliche Verbesserungen auf dem Gebiet des Bestände-Controlling eingeleitet, integrierte Steuerungssysteme mit einer Bestandsoptimierung auf der gesamten logistischen Kette stehen noch in der Anfangsphase.

Unkontrollierter Aufbau der Bestände bei abklingenden Wachstumsphasen

Die Gründe sind oft in mangelhaften Prognosemethoden, unzureichender Rückkopplung von Ist-Daten (wie Auftragseingänge und Bestandsentwicklungen) zu finden. Diese Sünden werden in einer Phase rückläufiger Umsätze durch Kostenremanenzen unerbittlich bestraft.

Tabelle 1: **Umschlagshäufigkeit der Material- und Warenbestände in vier wichtigen Industriezweigen von 1970 bis 1978**[23]

Branche	Region	Durchschnitt 1970–1978	Veränderung in Prozent von 1970–1978
Autozulieferer	Japan	11,3	+78
	USA	3,9	+22
	Europa	3,8	0
Automobilindustrie	Japan	11,9	+29
	USA	5,6	+30
	Europa	5,7	+ 9
Haushaltsgeräte	Japan	6,5	+47
	USA	3,7	+ 8
	Europa	3,6	+ 9
Elektronik	Japan	6,0	+30
	USA	3,2	−12
	Europa	4,0	0

Komplexe Materialsteuerungsprobleme durch große Fertigungstiefe

Die relativ hohe Umformungsleistung deutscher Industriebetriebe führt in Zeiten schwacher Konjunktur zu unausgelasteten Kapazitäten mit entsprechend hohen unverdienten Abschreibungen. Auslastungszwänge, auch aufgrund des relativ starren Personalblocks, lassen weiter in die Bestände produzieren, womit die Verlustzone schnell erreicht wird. Zuwenig werden übertriebene unternehmensinterne Vertikalisierung aufgespürt, Make-or-Buy-Analysen durchgeführt oder Wege des *subcontracting* begangen.

Geringe Marktflexibilität

Geringe Marktflexibilität durch hohe Auftragsdurchlaufzeiten, wie Liegezeiten während der Fertigung, Ein- und Auslagerungsprozesse und lange Konstruktionszeiten, behindern insbesondere die vorherrschenden Werkstattfertigungen. Zu prüfen wäre der Einsatz von CIM-Systemen oder wenigstens partielle Umstellungen auf flexible Fließfertigung, automatisierte Abläufe mit geringen Umrüstzeiten und Einführungen von KANBAN-Prinzipien.

Überalterte Anlagen und Fertigungsverfahren

Die Überalterung der Anlagen und Fertigungsverfahren läßt ebenfalls auf einen damit verbundenen langsamen Materialfluß schließen, mit umständlichen Ein- und Auslagerungsprozessen und hohen Rüstzeiten.

1970 waren 35 Prozent des Anlagevermögens in der Industrie 5 Jahre und jünger, 1983 nur noch 28 Prozent.

Steigende Innovationsrate

Steigende Innovationsraten mit wachsenden Ausgaben für Forschung und Entwicklung spiegeln neben Wettbewerbsdruck auch die gestiegenen Ansprüche an Qualität und Umweltverträglichkeit der Produkte wider. Aus den Beschaffungsmärkten müssen zunehmend Impulse auf die Produktplanung und Entwicklung weitergegeben werden. Gerade der Umweltbereich stellt ein noch unübersehbares Innovationspotential dar, wobei andere Industrienationen führend sind: Japan bei Abgasreinigungsanlagen und mit den USA in der Solarenergie, Dänemark mit kleinen Windkraftanlagen.

Hoher Materialkostenanteil

Der Materialkostenanteil liegt im Durchschnitt der deutschen Industrie bei 50 bis 60 Prozent, gemessen an der Gesamtleistung[24]. Tabelle 2 gibt die Unterschiede nach Branchen an.

Tabelle 2: **Anteile der Materialkosten an der Gesamtleistung verschiedener Industriezweige** (Statistisches Bundesamt, Abschlüsse der Aktiengesellschaften 1983)

Branche	Materialkosten in Prozent der Gesamtleistung
Mineralölverarbeitung	72,2
Holzbearbeiter	59,8
Straßen- und Luftfahrzeugbau	56,8
Zellstofferzeuger	56,4
Chemiefaser-Industrie	56,3
Textilindustrie	55,6
Chemische Industrie	52,3
Gummi- und Asbestindustrie	50,0
Maschinenbauindustrie	50,0
Büromaschinen/EDV-Hersteller	50,0
Elektrotechnische Industrie	46,0
Feinmechanik/Optische Industrie	42,8
Feinkeramik	28,2
verarbeitende Industrie insgesamt	57,6

Gelingt es einem Unternehmen, Materialkosten beispielsweise über günstige Einstandspreise, intensive Bestandskontrollen und Verbesserungen des Materialflusses zu senken, wirkt sich dieser Effekt (ceteris paribus) stärker im Gewinn aus als eine vergleichbare Umsatzsteigerung.

5 Prozent Materialkostensenkung im Nettoeffekt sind aber gerade bei materialintensiven Betrieben mit Wettbewerbsdruck auf der Absatzseite leichter zu erzielen als eine Umsatzausdehnung von 5 Prozent, die vielleicht nur mit erheblichen Preiszugeständnissen zu erkämpfen ist.

Tabelle 3: **Gewinneffekt einer Materialkostensenkung versus Umsatzsteigerung um 5 Prozent**

	Ausgangsjahr in DM	Umsatzsteigerung (+5%)	Materialkosten-senkung (−5%)
Umsatz	100 000	105 000	100 000
Material Lohn sonstige Kosten	50 000 30 000 10 000	52 500 31 500 10 500	47 500 30 000 10 000
Summe Kosten	90 000	94 500	87 500
Gewinn	10 000	10 500	12 500
Gewinnzuwachs in Prozent		5	25

Steigende Gemeinkostenanteile

Steigende Gemeinkostenanteile resultieren nicht zuletzt aus Bestandskosten, Energiekosten und Gemeinkostenpersonal im Materialbereich. Wirksame Rationalisierungen entstehen über Bestandsplanungen, Bestandskontrollen, Gemeinkosten-Wertanalysen, Input-Output-Tabellen der Material- und Energieströme. Steigende Gemeinkostenanteile sind immer auch Ausdruck unzureichender Informationsflüsse, etwa durch umständliche manuelle Bearbeitung von Schriftverkehr mit überaltertem Datenmaterial und keinem Echtzeit-Controlling.

Autoritäre Mitarbeiterführung

Autoritäre Mitarbeiterführung und mangelnde Motivation zum Mitdenken bereichsübergreifender Optimierung oder systemanalytischer Beurteilung führen zu einer Reihe von Suboptimierungen mit mangelhafter Abstimmung von Abteilungszielen. Andererseits kursiert die Illusion der Gesamtoptimierung durch perfekte Rechenmodelle (Operations Research). Kooperatives Verhalten wird zuwenig durch Leistungsanreize, etwa Prämienlöhne, verstärkt, kybernetisches, vernetztes Denken zuwenig geschult.

Geringe Beachtung der Materialwirtschaft in Mittelbetrieben

Während in den letzten Jahren die Materialwirtschaft besonders in industriellen Fertigungsbetrieben einen höheren Stellenwert gewonnen hat, sichtbar auch in Organigrammen, ist sie *in mittelständischen Unternehmen immer noch ein Stiefkind mit bloßer Bereitstellungs- und Abwicklungsfunktion.* Nach einer 1982/83 durchgeführten Untersuchung des „Wuppertaler Kreises“ stufte die weit überwiegende Mehrheit der industriellen Klein- und Mittelbetriebe materialwirtschaftliche Prozesse als problematisch oder zumindest verbesserungswürdig ein, besonders: Dispositionsverfahren,

Nachfrageprognosen, Materialkontrolle und Lagerhaltung sowie die Einkaufsmarktforschung[25]. Dieses Defizit wurde erkannt und inzwischen durch Programm-Angebote mit mittlerer Datentechnologie versucht zu beseitigen.

2.2.2 Volks- und weltwirtschaftliche Entwicklungen

Die Volkswirtschaft der Bundesrepublik Deutschland befindet sich, ausgehend von einem hohen Entwicklungsniveau, mitten in einer Umbruchphase des Übergangs von quantitativen zu qualitativen postmateriellen und -industriellen Wachstumsstrukturen. Gleichzeitig ist sie eng in ein Geflecht internationaler Wirtschaftsbeziehungen einbezogen, so daß nationale wirtschaftspolitische Zielsetzungen stark von politischen Entscheidungen und wirtschaftlichen Entwicklungen anderer Länder beeinflußt werden. Binnenwirtschaftliche Phänomene werden dabei oft von externen Faktoren wie Dollarkursen, Importrestriktionen und EG-Bestimmungen überlagert. Für das Materialmanagement zeichnen sich folgende relevante Konturen aus der volkswirtschaftlichen Situation ab:

Sättigung

In vielen Binnenmärkten ist Sättigung erreicht. Der Grenznutzen neuer Produkte ist zum Teil verschwindend gering und wird mit erheblichem Werbeaufwand zur „unnötigen Notwendigkeit" hochstilisiert. Bevölkerungswachstum, der Bedarf an Motorisierung, Elektrifizierung, Wohnungsbau, langlebigen Gebrauchsgütern stagnieren. Aggressiver Verdrängungswettbewerb dominiert das Marktgeschehen, Absatzgewinne der einen Firma werden mit Absatzverlusten der anderen erkauft (Nullsummenspiele).

Geringes Wachstum

Im längeren Zeitvergleich der Konjunkturzyklen zeigt sich deutlich, daß nahezu jeder Konjunkturaufschwung schwächer ausfällt als der vorhergehende. *Starke relative Zuwächse des Bruttosozialprodukts gehören der Vergangenheit an*[26]. Das bei niedrigen relativen Zuwachsraten dennoch hohe absolute Wachstum des Volkseinkommens wird zunehmend durch Dienstleistungen und „Wissens"-Kapital erzeugt, wodurch sich Chancen zu einer ressourcenarmen Netto- und Bruttowertschöpfung andeuten[27]. Durch Tertiarisierung der Produktion, flankierende umweltpolitische Maßnahmen und Änderung des Verbraucherverhaltens können ökologische Entlastungseffekte gefördert werden.

Kritische Verbraucher

Kritisches Verbraucherbewußtsein, nicht zuletzt im Umweltschutz, drängt auf Qualitätssteigerung von Produkten und Technologien. Es entsteht eine Nachfrage nach energiearmen, langlebigen, reparaturfreundlichen, verschleißarmen, materialsparenden, leistungsstarken, multifunktionalen, wartungs- und bedienungsfreundlichen, informativen, umweltfreundlichen, ästhetischen Gütern. Consumerism-Bewegungen treten als countervailing-powers gegenüber Nachfragemanipulationen auf (unterstützt durch Zeitschriften wie Öko-Test oder der Stiftung Warentest mit erweiterten ökologischen Prüfkriterien). Angesichts der Tatsache, daß die Bundesrepublik zu 75 Prozent ihren Export mit Industrienationen abwickelt, die ähnlichen Umweltproblemen ausgesetzt sind, eröffnen sich hier wichtige neue Märkte.

Veränderte Branchenstrukturen

Die Branchenstrukturen unterliegen einem starken Wandel. Neben Krisensektoren mit Überkapazitäten (Stahl, Schiffbau, Bauwirtschaft) dringen in andere Sektoren Basisinnovationen wie Umweltschutz, Gentechnologie, Biomasseverarbeitung und Elektronik/Photonik ein. Materialintensive Mechanik wird von intelligenter Elektronik abgelöst. Bei höherwertigen Gütern (Maschinen, Anlagen) steigt der Wunsch nach Beratung, optimaler Regelung und Anwender-Software.

Rationalisierungsdruck

Ein mit Ersatzinvestitionen gekoppelter Rationalisierungsdruck richtet sich *auf den Faktor Arbeit.* Die starke einseitige Belastung der Personalkosten mit Steuern und Beiträgen führt zu einer ökologisch bedenklichen Bevorzugung der Produktionsfaktoren Energie, Maschinen (Sachkapital), was korrekturbedürftig erscheint.

Überkapazitäten

Der Weltmarktbedarf an Gütern sieht sich teilweise ebenfalls Überkapazitäten gegenüber (Schiffbau, Unterhaltungselektronik). Die Länder der Dritten Welt leiden unter gravierenden Finanzierungsdefiziten. Mit manchen Handelspartnern ist Außenhandel nur mehr über Kompensationsgeschäfte möglich (Ostblockstaaten). Das reale Güteraustauschverhältnis zwischen Industrieländern und Ländern der Dritten Welt verschlechtert sich stetig zu Lasten der rohstoffexportierenden Länder. Gemessen am (fragwürdigen Wohlfahrtsmaßstab) Bruttosozialprodukt entsteht zwischen Nord- und Südhalbkugel ein steigendes Wohlstandsgefälle. Ölpreissteigerungen, Bevölkerungsexplosion, zunehmende Desertifikation und Versteppung, scheiternde Entwicklungsprojekte der Großtechnologie (Atomkraftwerke, Riesenstaudämme) tragen zur weiteren Verarmung und wirtschaftlichen Unselbständigkeit der Dritten Welt bei.

Beschleunigte Innovationszyklen

Technischer Fortschritt, gepaart mit internationalem Wettbewerb, führt zu beschleunigten Innovationszyklen, die sich in immer kürzeren Fertigungslebenszeiten manifestieren. Der Welthandel wird auf hohem energetischem Niveau mit entsprechender Umweltbelastung abgewickelt. Unter ökologischen Gesichtspunkten muß der materielle Transfer zwischen den Ländern abnehmen zugunsten des Austauschs von Know-how, Patenten sowie kulturell und ökologisch angepaßten Direktinvestitonen in Ländern mit hohem Marktpotential, zu denen sich bereits viele deutsche Unternehmen aus nationalen Strategien des Wirtschaftsaufbaus (zum Beispiel in Indien, Brasilien) gezwungen sehen.

2.2.3 Die ökologische Dimension

Jahrzehntelang hat sich die Wirtschaft dem Trugschluß hingegeben, ein materielles, quantitatives Wachstum, ausgedrückt im Anstieg des Bruttosozialprodukts, sei endlos möglich. Die dabei zugrundeliegenden Wachstumsformeln der Nationalökonomie basierten auf einer Logik, die das Wachstum des Wohlstands einer Nation in Abhängigkeit sah vom Einsatz der Faktoren Kapital, Arbeit und einem stets vorantreibenden und problemlösenden technischen Fortschritt. Die Wachstumsformel hierfür lautete: Y = f (Arbeit, Kapital, technischer Fortschritt).

Dabei wurde übersehen, daß auf unserem Planeten begrenzt vorhandene Materie und Energie durch wirtschaftliche Aktivitäten nicht endlos zur Verfügung steht und freigesetzt werden kann. Wenngleich nach dem Grundsatz der Erhaltung der Materie (*1. Hauptsatz der Thermodynamik*) bei allen wirtschaftlichen Transformationsprozessen Materie nicht vernichtet wird, sondern nur in andere Formen übergeht, besagt doch der *2. Hauptsatz der Thermodynamik* im ökonomischen Sinne, daß alle weltweit ablaufenden Produktions- und Konsumtionsprozesse Materie entwerten, sie von einem Zustand höherer Konzentration in den Zustand größerer Vermischung (Dissipation) überführen, so daß physikalisch ausgedrückt die Entropie (der Gradmesser für die Konzentration der Materie) zunimmt[28]. An dieser Aussage ändern bei zunehmendem quantitativen Wachstum in den bestehenden Strukturen Recycling und Weiterverwendungsverfahren nichts Wesentliches, da die Rückgewinnungsquote (bei Siedlungsabfällen) derzeit bei 30 Prozent liegt und technisches Recycling ebenfalls mit Einsatz von Materie und Energie verbunden ist.

Tabelle 4 zeigt, wie sich die Rohstoffsituation nach den Untersuchungen des Club of Rome[29] darstellt.

In „Global 2000“ sind Verbrauchsraten und Reserven neu geschätzt worden, ohne allerdings zu wesentlich anderen Ergebnissen der Erschöpfung zu kommen. So wurden bei Aluminium die erschließbaren Bauxitreserven auf die circa vierfache Menge erhöht bei einer geschätzten geringeren Verbrauchsrate bis zum Jahr 2000 von 4,3 Prozent. Daraus ergibt sich eine Reserven-Reichweite von circa 63 Jahren[30].

Die beispiellose Vergeudung von regenerativen und nichtregenerativen Rohstoffen spielt sich dabei innerhalb von nur wenigen Generationen der Menschheit ab. Am Beispiel der fossilen Brennstoffe läßt sich der historisch einmalige Vorgang anschaulich demonstrieren (Abbildung 1).

Selbst wenn noch weitere Reserven entdeckt werden können, ist fraglich, ob eine wirtschaftliche Erschließung lohnt. Schon heute kostet die Ausbeutung der Nordsee-Öl-Reserven mit Off-Shore-Techniken pro Barrel Rohöl fünfzehn- bis zwanzigmal so viel wie in Saudi-Arabien, wo die Grenzkosten der Förderung noch immer weit unter dem Preis liegen[31] – ganz (nicht) zu schweigen von der Umweltverträglichkeit dieser Technologie. Die im Durchschnitt relativ konstant gebliebenen Rohstoffpreise dürfen nicht von der Begrenztheit der Ressourcen ablenken, weil Marktpreise in der Regel

Tabelle 4: **Nichtregenerierbare Rohstoffe**

1	2	3	4	5	6	7	8	9
Rohstoffart	bekannte Reserven	statischer Index (Jahre)	mittlere jährliche Zuwachsrate des Verbrauchs (in %)	exponentieller Index (Jahre)	exponentieller Index bei angenommener 5facher Menge der Reserven (Jahre)	Vorkommen (in % der bekannten Weltreserven)	Haupthersteller (in % der Weltreserven)	Hauptverbraucher (in % der Weltreserven)
Aluminium	1 170 000 000 t	100	6,4	31	55	Australien (33) Guinea (20) Jamaika (10)	Jamaika (19) Surinam (12)	USA (42) UdSSR (12)
Chrom	775 000 000 t	420	2,6	95	154	Südafrika (75)	UdSSR (30) Türkei (10)	
Kohle	5 000 000 000 000 t	2300	4,1	111	150	USA (32) UdSSR-China (53)	UdSSR (20) USA (13)	
Kobalt	2 180 000 t	110	1,5	60	148	Kongo (31) Sambia (16)	Kongo (51)	
Kupfer	308 000 000 t	36	4,6	21	48	USA (28) Chile (19)	USA (20) UdSSR (15) Sambia (13)	USA (33) UdSSR (13) Japan (11)
Gold	11 000 t	11	4,1	9	29	Südafrika (40)	Südafrika (77) Kanada (6)	
Eisen	100 000 000 000 t	240	1,8	93	173	UdSSR (33) Südamerika (18) Kanada (14)	UdSSR (25) USA (14)	USA (28) UdSSR (24) BRD (7)
Blei	91 000 000 t	26	2,0	21	64	USA (39)	UdSSR (13) Australien (13) Kanada (11)	USA (25) UdSSR (13) BRD (11)

Mangan	800 000 000 t	97	2,9	46	94	Südafrika UdSSR	(38) (25)	UdSSR Brasilien Südafrika	(34) (13) (13)		
Quecksilber	3 340 000 Flaschen	13	2,6	13	41	Spanien Italien	(30) (21)	Spanien Italien UdSSR	(22) (21) (18)		
Molybdän	4 950 000 t	79	4,5	34	65	USA UdSSR	(58) (20)	USA Kanada	(64) (14)		
natürliche Gasvor- kommen	32 000 km³	38	4,7	22	49	USA UdSSR	(25) (13)	USA UdSSR	(58) (18)		
Nickel	66 500 000 t	150	3,4	53	96	Kuba Neukaledonien UdSSR Kanada	(25) (22) (14) (14)	Kanada Neukaledonien UdSSR	(42) (28) (16)		
Petroleum	72,5 km³	31	3,9	20	50	Saudi-Arabien Kuwait	(17) (15)	USA UdSSR	(23) (16)	USA UdSSR Japan	(33) (12) (6)
Platin-Gruppe	13 300 t	130	3,8	47	85	Südafrika UdSSR	(47) (47)	UdSSR	(59)		
Silber	170 000 t	16	2,7	13	42	Ostblock USA	(36) (24)	Kanada Mexiko Peru	(20) (17) (16)	USA BRD	(26) (11)
Zinn	4 350 000 t	17	1,1	15	61	Thailand Malaysia	(33) (14)	Malaysia Bolivien Thailand	(41) (16) (13)	USA Japan	(24) (14)
Wolfram	1 320 000 t	40	2,5	28	72	China	(73)	China UdSSR USA	(25) (19) (14)		
Zink	123 000 000 t	23	2,9	18	50	USA Kanada	(27) (20)	Kanada UdSSR USA	(23) (11) (8)	USA Japan UdSSR	(26) (13) (11)

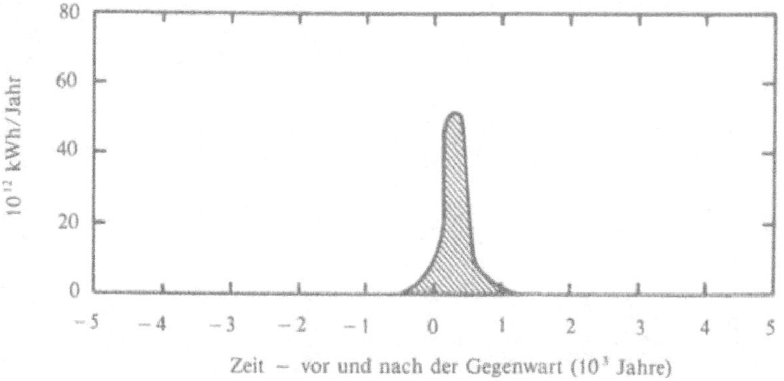

Abb. 1: **Das Zeitalter der Ausbeutung fossiler Brennstoffe in historischer Perspektive von jeweils 5000 Jahren vor und nach der Gegenwart**[32]

kurzfristige Angebots- und Nachfragekonstellationen anzeigen und damit nur die *relative* Knappheit signalisieren.

Die gegenwärtige Produktion mit einem hohen Durchsatz von Energie und Rohstoffen, einer hochentropischen Wirtschaftsweise, hinterläßt eine steigende Umweltbelastung mit gefährlichen Folgen für die Lebensgrundlagen der Menschheit. Verseuchung und Auslaugung der Böden, Schadstoffbelastung der Luft und der Gewässer, Waldsterben, Artenrückgang, Zunahme von Zivilisationskrankheiten sowie steigende Produktion zur Behebung von Folgeschäden risikoreicher und umweltfeindlicher Produkte sprechen eine deutliche Sprache[33] und müssen auch dem Unternehmer zu denken geben, daß eben nur bei intakten Lebensgrundlagen ein produktiver Beitrag von Einzelwirtschaften zur Lebensqualität einer Gesellschaft geleistet wird. Die Vorstellung einer artifiziellen „zweiten Schöpfung“ aus Unternehmerhand oder industrieller Produktion widerspräche nicht nur ethisch-religiösen Weltanschauungen, sondern auch dem ökonomischen Prinzip, welches mit einem geringen, von Menschen bewirkten Aufwand einen hohen Nutzen erzielen will. Je mehr der aus der natürlichen Schöpfung kostenlos entstehende Reichtum durch künstliche Produkte ersetzt werden muß, um leben oder gar überleben zu können, desto mehr steigt der Aufwand ins Unermeßliche, bei einem sinkenden Grenznutzen für die gesamte Menschheit.

Daraus ergibt sich für den Betriebswirt und für den in der Praxis stehenden Manager, daß er aufgrund der ökologischen Gleichgewichtsbedrohung vorbeugend Weichen stellen muß, um sein Unternehmen nicht in naturgesetzlich und letztlich auch politisch ausweglose Situationen hineinzumanövrieren. Die Aufgabe eines umweltorientierten Material-Managements sind dabei:

– rechtzeitig-, mit Berücksichtigung der Vorlaufzeiten von Entwicklung, Produktion und Markteinführung, von nichtregenerativen, bald erschöpfbaren Materialien auf regenerative oder langfristig verfügbare Stoffe umzusteigen. Die Preise an den Rohstoffbörsen sind dafür nur unzureichende Indikatoren. Treten Versorgungsengpässe erst einmal auf, dann ist es für Reaktionen meist zu spät;

- umweltverträgliche Verfahren und Produkte anregen und – wo immer möglich – Materie-Umsatz, Stückzahlen, durch Dienstleistungen in Form von Beratung, Software und Anwenderunterstützung ersetzen, um den Wertschöpfungsanteil geistiger Leistung (matière grise) zu vergrößern;
- prophylaktisch auf den Einbau von Stoffen oder Techniken mit schädlichen Nebenwirkungen und Folgen auf Mensch, Tiere und Pflanzen verzichten. Wenn erst auf Druck der Öffentlichkeit und des Gesetzgebers reagiert wird, können Nachfrageeinbußen und Imageverluste entstehen.

Die für ein Unternehmen wichtigsten Umweltgesetze sind:

Tabelle 5: **Ausgewählte Umweltgesetze**

Luft/Lärm	Gewässer	Abfall	Produkte	Sonstiges
Bundesimmissionsschutzgesetz (1974)	Wasserhaushaltsgesetz (1957)	Abfallbeseitigungsgesetz (1972)	Düngelmittelgesetz (1977)	Bundesnaturschutzgesetz (1976)
Durchführungsverordnung zum BImSchG (1974 ff.)	Verwaltungsvorschriften über Mindestanforderungen (1979–1981)	Abfallnachweis VO (1974)	Futtermittelgesetz (1975)	Bundeswaldgesetz (1975)
TA-Luft (1974)	Landeswassergesetze (ab 1970)	Abfallbeförderungs-VO (1974)	Pflanzenschutzgesetz (1968)	Gesetz über Umweltstatistiken (1974)
TA-Lärm (1968)	VO über Anlagen für wassergefährdende Stoffe (Entwurf)	Abfalleinfuhr-VO (1974)	Waschmittelgesetz (1975)	Atomgesetz (1959)
Smog-VO der Länder (1974)	Abwasserabgabengesetz (1976)	Altölgesetz (1968)	DDT-Gesetz (1972)	Strahlenschutzverordnung (1976)
Verordnung über Großfeuerungsanlagen (1983)		Tierkörperbeseitigungsgesetz (1975)	Arzneimittelgesetz (1961)	Raumordnungsgesetz (1965)
Benzin-Blei-Gesetz (1971)			Lebensmittel- und Bedarfsgegenständegesetz (1974)	Bundesbaugesetz (1960)
Fluglärmgesetz (1971)			Chemikaliengesetz (1982)	Umweltkriminalitätsgesetz (1980)
Verkehrslärmgesetz (Entwurf)				Gentechnologiegesetz (Entwurf)
Störfall-Verordnung (1980)				Tierschutzgesetz (1972)

VO = Verordnung
in Klammern = Erscheinungsjahr

Zu erwarten sind die Verschärfung des Umweltstrafrechts, die Einführung einer Umwelthaftung und -versicherung sowie Novellierungen zahlreicher Umweltgesetze.

2.3 Integrierte Materialwirtschaft als Antwort für ein zukunftsorientiertes Management

Das Konzept einer „Integrierten Materialwirtschaft" strebt eine Gesamtoptimierung materialwirtschaftlicher Teilaufgaben an, deren Planung und Vollzug bisher auf verschiedene Abteilungen eines Unternehmens (wie Einkauf, Lagerhaltung und Disposition) verstreut war. In einer systemorientierten Sicht sollen alle Einkaufs-, Bewegungs-, Lagerungs- und Bereitstellungsvorgänge koordiniert und zu einem bereichsübergreifenden Optimum geführt werden. Das bedeutet, daß die Aufgaben der Materialwirtschaft in ihrem Gesamtzusammenhang betrachtet werden müssen, was zunächst unabhängig von einer neuen Aufbauorganisation von jeder materialwirtschaftlich tangierten Abteilung im täglichen Entscheidungsprozeß beherzigt werden sollte. Bei ausgeprägten materialwirtschaftlichen Problemen empfiehlt sich eine organisatorische Zusammenfassung aller an materialwirtschaftlichen Entscheidungen beteiligten Stellen eines Unternehmens, also die Neuschaffung eines Funktionsbereichs „Materialwirtschaft", der die Verantwortung über Einkauf, Materialfluß, Lagerung und Bestände eines Unternehmens übernimmt. Es versteht sich hiernach von selbst, daß die Funktion „Materialwirtschaft" zu einem gleichberechtigten Ressort neben Finanzierung, Personalwesen, Marketing, Entwicklung, Technik erhoben wird und auf Vorstandsebene auf die Entscheidungsfindung der Unternehmensleitung Einfluß nimmt.

Voraussetzung für eine effektive Mitwirkung ist allerdings, daß von der Planungs- und Kontrollseite aussagekräftige Informationen in Form von Kennziffern, Kostenanalysen, Zielvereinbarungen (management by objectives), Soll-Ist-Vergleichen (management by exception) ermittelt werden und daß die Qualifikation der Mitarbeiter im gesamten Materialwirtschaftsbereich steigt. Gerade systemübergreifende Ausbildungsrichtungen (Wirtschaftsingenieure, technisch und ökologisch interessierte Betriebs- und Volkswirte, Informatiker) sollten bevorzugt eingesetzt werden, der vorhandene Mitarbeiterstamm in ressortübergreifendem Denken geschult werden. Mit Hilfe von EDV-Programmen können Einkäufer und Disponenten heute von Routineabwicklungen weitgehend entlastet werden, so daß Zeit entsteht für qualifizierte, ergebnisverbessernde Eingriffe der Lieferantenauswahl, der Materialflußbeschleunigung oder Bestandsoptimierung.

Dabei sollten auch Produktions-Planungs-Steuerungs (PPS)- oder Computer-integrated-manufacturing (CIM)-Systeme Hilfestellung zur Transparenz vernetzter Abläufe geben, zum Beispiel wie sich kurzfristige Produktionsplan-Reduzierungen auf die Bestände auswirken.

Inwieweit integriertes Handeln im Materialmanagement zum Zuge kommt, hängt entscheidend davon ab, ob die Führungsspitze eines Unternehmens die Materialwirtschaft als Managementdefizit erkennt und eine historisch gewachsene Gewichtsverlagerung (oft zugunsten des Marketing) in der unternehmensinternen Organisationsstruktur formell und mit Taten an veränderte externe Rahmenbedingungen anpassen kann. Daß dieser Prozeß in Gang gekommen ist, läßt sich durch Organigramme und Befragungen verschiedener Unternehmen belegen.

Fördert das Konzept einer Integrierten Materialwirtschaft unternehmensintern ein systembezogenes, interdisziplinäres Denken und Entscheiden, so hört dieser Vorgang nicht an den Betriebstoren auf. Wenn überhaupt die Chance bestehen soll, die Dysfunktionalität des wirtschaftlichen Entwicklungsprozesses mit dem umgebenden natürlichen System zu überwinden, müssen Unternehmensstrategien langfristig mit sozialen und ökologischen Bedürfnissen harmonieren. Das Unternehmen – ohnehin Subsystem einer Volkswirtschaft und Weltwirtschaft – ist unausweichlich verbunden mit dem universalen Obersystem Erde und somit dem Ökosystem[34].

Trotz des unternehmensintern angewandten Verursacherprinzips in der Kostenrechnung werden gegenwärtig die sozialen Kosten der Produktion nicht verursachergerecht den Einzelwirtschaften zugeteilt. Die umfangreiche Abwälzung sozialer Kosten auf die Allgemeinheit und das Natur-Kapital führt zu erheblichen Wettbewerbsverzerrungen, zu ökologisch unangepaßter Faktorallokation und somit zu Fehlsignalen für unternehmerische Entscheidungen, die immer größere Umweltschäden und immer stärkere nachträgliche Eingriffe des Staates nötig machen. Je mehr aber durch Wirtschaften natürlicher Reichtum zerstört wird und unproduktiver Energieeinsatz zur Behebung von Folgeschäden erforderlich wird, desto mehr wird Ökonomie als Summe aller wirtschaftlichen Einzelaktivitäten zu einer „Leerlaufökonomie". Im Gefolge dessen sind rigide staatliche Eingriffe in die Entscheidungsfreiheit von Wirtschaftssubjekten zu befürchten, um wenigstens Mindest-Umweltstandards zu gewährleisten.

Wenngleich die Wucht latenter ungeregelter Umweltprobleme den Handlungsspielraum und die Wahl der Mittel in Zukunft erheblich einschränken kann, gilt generell der Grundsatz, daß langfristig stabiles Unternehmenswachstum nur mit der *Vermeidung sozialer Kosten* erreichbar ist. Bereits heute ist zu erwarten, daß zur Vermeidung von Umweltbelastungen in stärkerem Maße Gesetze zum vorbeugenden Umweltschutz erlassen werden. Reagiert der Unternehmer bereits im Vorfeld der gesetzlichen Ankündigung, so bleiben Umstellungsprobleme durch lange Entwicklungs- und Fertigungsvorbereitungszeiten erspart und können sogar Wettbewerbsvorteile durch Pionierprodukte erzielt werden. Insbesondere der Materialwirtschaftler kann durch seine Nähe zum Bereich der Stoffe wertvolle Hinweise für die weitere Geschäftsentwicklung geben und damit eine Integration des Unternehmens in das ökologische Umfeld vorbereiten. Daß hiermit auch Konfrontationen zwischen kritischen Bevölkerungsgruppen, Bürgerinitiativen und anderen Wissenschaftsdisziplinen abgebaut werden können, sei nicht nur am Rande erwähnt. Schließlich entsteht Industrie- und Technikfeindlichkeit nicht zuletzt als Reaktion auf unangepaßtes Verhalten von privatwirtschaftlichen und staatlichen Institutionen, die in eindimensionaler, unvernetzter, partieller Scheinrationalität tiefe Eingriffe in das Arbeits- und Privatleben der Menschen vornehmen und empfindliche, ökologisch vernetzte Lebensgemeinschaften mit der Gefahr eines Gesamtkollapses beeinträchtigen.

Integriertes unternehmerisches Denken und hier: eine *Integrierte Materialwirtschaft* warten nicht passiv reagierend auf staatliches Handeln sowie auf den Druck der Öffentlichkeit und der Medien, sondern suchen prophylaktisch auch die Eingliederung in den Kreislauf der Natur. Das beginnt bei der Auswahl und Entwicklung der Produktpalette und den darin enthaltenen Stoffen, führt weiter über den sparsamen Umgang mit Material und endet mit dem Aufbau verschiedenster Kreislaufprozesse der Abfallbewirtschaftung und des Recycling, das über Kooperation mit anderen

1. Anwendung emissionsmindernder End-of-the-Pipe-Technologien

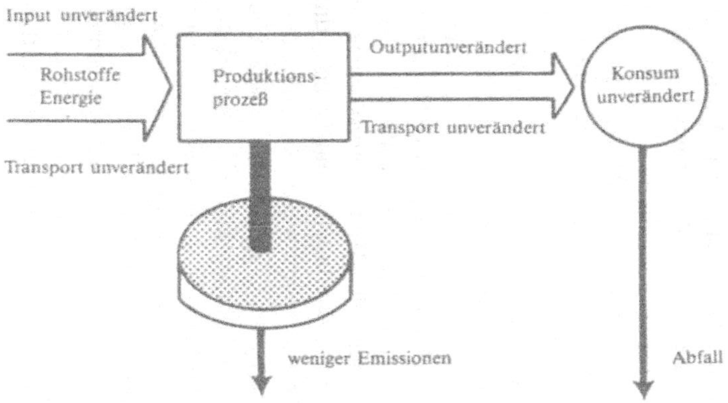

2. Recycling

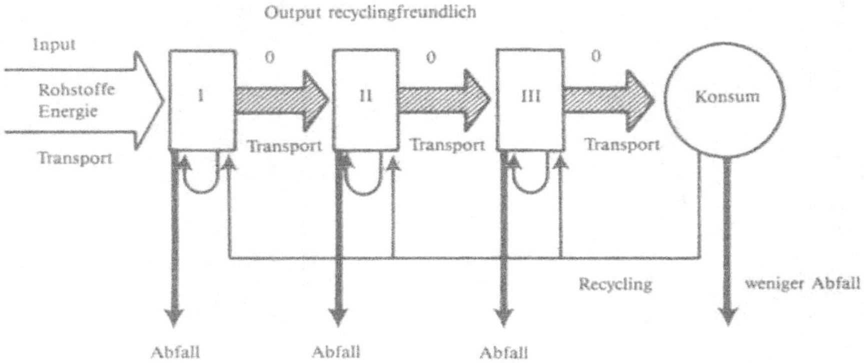

3. Reduzierung von Material- und Energieeinflüssen beziehungsweise Schadstoffen

a) qualitative Reduzierung (Produktion, Anwendung)

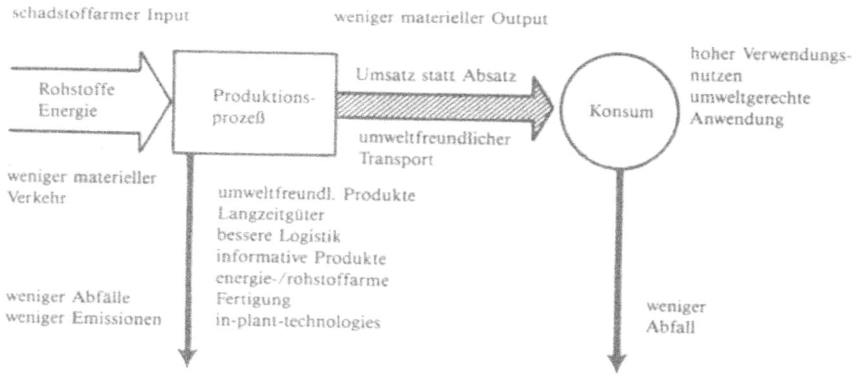

b) quantitative Reduzierung (Rohstoffinput, Konsum)

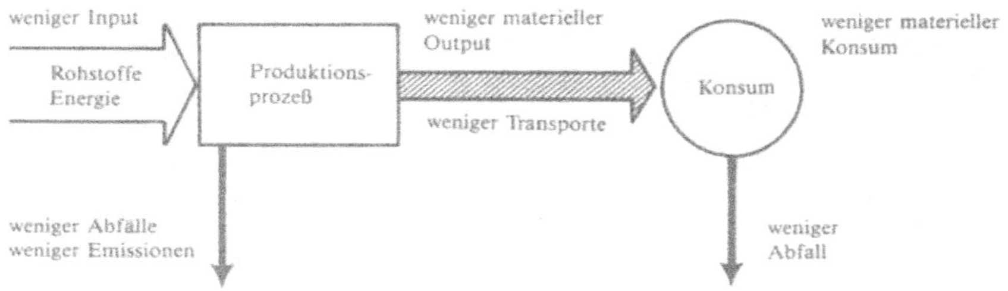

Abb. 2: **Reduzierung der Umweltbelastung in drei Stufen**

Unternehmen oder staatlichen Sammel- und Verwertungsstellen organisiert werden kann. Derartige Maßnahmen sind möglicherweise sofort kostensenkend und ergebnisverbessernd, tragen aber in jedem Falle zu einer langfristig stabilen, gesellschaftlich akzeptierten Entwicklung bei. In diesem Zusammenhang wird eine isolierte, unvernetzte Unternehmensstrategie in einer rohstoffvergeudenden *Durchlaufwirtschaft (Cowboy-Ökonomie)* verlassen zugunsten einer vernetzten Wirtschaftsweise mit ökologisch angepaßten Unternehmenszielen in einer *Kreislaufwirtschaft oder Langzeitökonomie.*

Auf das einzelne Unternehmen bezogen ergibt sich hieraus eine offensive Strategie, die den Umweltschutz nicht nur als Kostenbelastung sieht und gezwungenermaßen in nachsorgende Techniken investiert, sondern vorbeugend integrierte Maßnahmen ergreift, die Umweltprobleme von vornherein entschärfen. End-of-the-pipe-Lösungen sind in einer ersten Stufe zwar wichtige Schritte zur Entlastung der Umwelt, müssen aber zunehmend abgelöst werden durch Recycling und eine präventive Reduzierung von Material- und Energieflüssen (Abbildung 2).

Die Zusammenarbeit des Material-Managements in einer ökologisch erweiterten Integration stellt sich wie folgt dar:

Zusammenarbeit mit der Absatzwirtschaft und Produktplanung

- Abstimmung der Produktplanung mit dem Einkauf (Beschaffbarkeit von Teilen, Bestellzeiten), der Fertigung (Verfahren, Kapazitäten, Materialsteuerungsprobleme) und der Disposition (Bestandssituation)
- Abstimmung des Vertriebswunsches mit der Disposition und Fertigungssteuerung (Wiederbeschaffungszeiten, Bestandssituation) und Fertigung (quantitative und qualitative Kapazität). Vor allem bei anonymer Fertigung Auftragseinplanung mit stärkerer Berücksichtigung der Fertigungsbelange und materialwirtschaftlicher Kostenminimierung
- Information des Disponenten oder Einkäufers über den erwarteten Lebenszyklus (Bestandseindeckungszeit, Mehrmengenabnahmen), die gesamte Orderreichweite und Nachfolgeprodukte
- Information des Vertriebs über den Auftragsstatus bei Änderungswünschen bei Kundenauftragsfertigung
- Festlegung des Servicegrades (Bestandsaufbau, Sicherheitsbestände, Bevorratungsebene), Abstufung der Umsatzträger nach Renner, Standardprodukten, Exoten
- Festlegung der Ersatzteilvorhaltung (Garantiezeiten, Imageverbesserung durch lange Produktionsdauer)
- Auswahl geeigneter und umweltfreundlicher Verpackungs- und Transportmittel, Minimierung des Verpackungsaufwands
- Unterstützung eines ökologiegerechten Marketing-Mix durch Informationen über Alternativstoffe
- Verkauf von Kuppelprodukten und Abfällen
- umweltfreundliche Vertriebslogistik (Transportmittel, Vertriebslagerorganisation)
- Aufbau von Redistributionskanälen (zum Beispiel für Mehrwegverpackungen).

Zusammenarbeit mit der Entwicklung/Konstruktion

- Wiederverwendung bewährter Teile, Baugruppen; Vermeidung von aufwendigen Neukonstruktionen, neuen Lagerpositionen mit positiven Effekten auf das Anlageninvestment (keine Neuinvestitionen, Umschulungen, Lernkurveneffekte, Anlaufkosten), auf Mengenrabatte durch große Bestell-Lose, auf Lagerhaltung, Bestände und den gesamten Materialfluß. Aufbereitung der Stücklisten für CAD zum Zwecke der Verbesserung von Normung und Typung
- Teamarbeit mit Einkäufern, zum Beispiel über monatlichen Erfahrungsaustausch (kein „backdoor-selling" zwischen Entwicklern und Lieferanten um den Einkauf herum). Information über neueste Entwicklungsvorhaben und Innovationen aus den Beschaffungsmärkten
- regelmäßige Wertanalysen mit Disponenten, Betriebsingenieuren, Kalkulatoren, Produktplanern, Einkäufern, zum Beispiel zur Eliminierung übertriebener Qualitätsansprüche (Material, Oberflächenbeschaffenheit)
- Konstruktion in Berücksichtigung der Möglichkeiten der eigenen Fertigung und der Beschaffungsmärkte. Aufstellen von Make-or-buy-Analysen
- Berücksichtigung neuer Fertigungsverfahren (Lasertechnik, Kleben statt Schweißen)
- Überprüfung der Produkte auf Umweltverträglichkeit (im Verfahren, in der Wahl der Einsatzstoffe, beim späteren Konsum) auf der gesamten Produktlinie
- Anregung von Langzeitgütern und Einbau leicht austauschbarer Aggregate (bei absehbarem technischen Wandel)
- Konstruktion von Produkten/Baugruppen mit leicht trennbaren, recycle-baren Stoffen (niederentropisches Design)
- Verschnittoptimierung über Rechnerprogramme
- Datenaustausch über risikoreiche Stoffe und deren Ersatzmöglichkeiten zwischen Beschaffungsmarkt- und Werkstoffdateien.

Zusammenarbeit mit der Fertigung

- Abstimmung über *make or buy* zusammen mit Kalkulation und Einkauf
- Absprache über anstehende Verlagerungen und Entlastungsmaßnahmen (subcontracting) mit dem Einkauf und der Fertigungssteuerung
- Antizyklischer Bestandsaufbau und -abbau zum Zwecke konstanter Kapazitätsauslastung in Abstimmung mit dem Vertrieb (Erzeugnis-Bestände) und der Disposition (Materialbestände)
- Abstimmung neuer Beschaffungsmethoden (zum Beispiel KANBAN) oder Änderungen des Fertigungsverfahrens und des Materialflusses mit dem Einkauf (Eignung der Lieferanten), der Disposition (Änderung der Steuerungsmethode), dem Vertrieb (Auswahl von Standardprodukten)
- Information seitens des Einkaufs über energie- und materialsparende Automaten, CNC-Maschinen, leise, abgasarme Techniken, Abwärme-, Abwasser-, Abfallrecycling-Verfahren.

Zusammenarbeit mit der Qualitätssicherung

- Auswahl der Lieferanten nach Materialqualität (Rückmeldung von Qualitätssicherungsdaten an ein Einkäuferprogramm)
- Übermittlung von Verbesserungsvorschlägen aus der eigenen Qualitätsprüfung an Lieferanten (überbetriebliche „quality circles"), soweit nicht Geheimhaltungsgründe entgegenstehen
- Zuteilung der Prüfpflicht an den Lieferanten mit Unterstützung durch eigene Prüfgeräte, Übertragung von Prüf-Know-how (vor allem bei Just-in-time-Lieferungen)
- Vermeidung übertriebener Anforderungen an die Materialbeschaffung hinsichtlich Fertigungstoleranzen und Oberflächenbeschaffenheit, die mit dem vorhandenen Maschinenpotential schwer erzielbar sind
- Vermeidung von Überdimensionierungen (Sicherheitszuschläge für die Auslegung von Geräten und Anlagen)
- Auswahl geeigneter Materialien, um die Langlebigkeit von Produkten zu erhöhen
- Analyse von Reklamationen, Materialfehlern während der Fertigung oder beim Konsumenten, Aufbau einer präventiven Qualitätssicherung
- Vermeidung unsachgemäßer Lagerung
- Festlegung der Transportmittel und Verpackungsarten (Abstimmung mit innerbetrieblichem Transport/Einkauf).

Zusammenarbeit mit der Finanzierung/dem Rechnungswesen

- gemeinsame Kontrolle der Kapitalbindung in Lager- und Werkstattbeständen
- Festlegung der Kapitalbindung in einzelnen Bevorratungsebenen (Abstimmung mit der Fertigungssteuerung)
- Zusammenarbeit bei Spezialkalkulationen über Eigenfertigung oder Bezug
- Organisation des Inventur-Verfahrens (permanente oder Stichtagsinventur) in Zusammenarbeit mit der Lagerverwaltung
- Kontrolle und Planung des Bestellobligos (Abstimmung mit Einkauf)
- Information des Einkaufs über staatliche Steuervergünstigungen und Finanzierungshilfen (zum Beispiel zinsgünstige Darlehen aus ERP-Mitteln)
- ökologische Folgekosten, Umweltentlastungseffekte in Wirtschaftlichkeitsrechnungen einbeziehen (zum Teil in qualitative Bewertungsmatrizen)
- Aufbau eines betriebsinternen Umwelt-Informationssystems
- Aufstellung einer ökologischen Buchführung als Schattenrechnung zur Finanzbuchhaltung
- Entwicklung von Umweltbilanzen für das gesamte Unternehmen oder für einzelne Produkte/Produktgruppen/Verfahren.

Anmerkungen zu den Kapiteln 1 und 2

1 Vgl. z. B. Binswanger, H. C., Frisch, H., Nutzinger, H. G., u. a., Arbeit ohne Umweltzerstörung, Frankfurt/M. 1983
Siebert, H., Ökonomische Theorie der Umwelt, Tübingen 1978
K. E., The Economics of the Coming Spaceship Earth, in: Environmental Quality in a Growing Economy, H. Jarett (Hg.), Baltimore 1968
2 Vgl. z. B. Strebel, H., Umwelt und Betriebswirtschaft, Berlin 1980
Schultheiß, B., Umweltschutz- und Rohstoffprobleme in der Unternehmensplanung, Berlin 1978
Pfriem, R., (Hg.), Ökologische Unternehmenspolitik, Frankfurt/New York 1986
3 Vgl. z. B. BJU, Umweltschutz als Teil der Unternehmensstrategie, Bonn o. J.
Winter, G. (Hg.), Das umweltbewußte Unternehmen, München 1987 (gegründet wurden von der Fa. Winter der Arbeitskreis BAUM – Bundesdeutscher Arbeitskreis für umweltbewußtes Management – sowie von der Fa. Bischof & Klein der Arbeitskreis FUTURE)
4 Vgl. Wooley, C. L., Vor 5000 Jahren, 3. Aufl. Stuttgart 1929, S. 88
5 Borch, Fürböck, Mansfeld, Winje, Energiemanagement, Bd. I, Berlin – New York – Heidelberg – Tokyo 1986, S. 242
6 Aristoteles, Politik, Buch I, 125 a, übers. v. Olof Gigon, 2. Aufl., Bibliothek der Alten Welt, Zürich 1971
7 Vgl. auch Binswanger, H. C., Perspektiven der verantwortlichen Wahrnehmung der Natur in der Wirtschaft, in: Meyer-Abich, K. M., Frieden mit der Natur, Freiburg 1979, S. 149 ff.
8 Wegbereiter waren hierbei Leonardo Fabonachi Pisano mit dem 1202 erschienenen Buch „Liber abachi“ sowie Luca Pacioli's „Summa de Arithmetica, Geometria, Proportioni et Proportionalita“ (1494), vgl. Löffelholz, J., Geschichte der Betriebswirtschaft und der Betriebswirtschaftslehre, Stuttgart 1935
9 Vgl. z. B. Savary, J., Le Parfait Negociant, 1675
10 Vgl. Kühner, A., Materialienverwaltung für das Berg-, Hütten- und Maschinenwesen, ZfhF IV Jg. 1909/10, S. 318 ff.
11 Vgl. Kühner, A., Das Einkaufswesen in Betrieben der Hütten- und Maschinenindustrie, ZfhF 1910/11, S. 525 ff.
12 Vgl. Bauer, M. H., Materialwirtschaft, München 1949
13 Vgl. Kalveram, W., Industriebetriebslehre, 8. Aufl. Wiesbaden 1972
14 Vgl. Henzel, Lagerwirtschaft, Essen 1950
15 Vgl. Gutenberg, E., Einführung in die Betriebswirtschaftslehre, Wiesbaden 1954
16 Vgl. Grochla, E., Materialwirtschaft, Wiesbaden 1958
17 Vgl. Kosiol, E., Einkaufsplanung und Produktionsumfang, Berlin 1956
18 Vgl. z. B. Fieten, R., Integrierte Materialwirtschaft, in: BME-Wissen und Beraten, o. O. 1984
19 Vgl. z. B. Pfohl, H. C., Hoffmann, H., Logistik-Controlling, in: ZfB Ergänzungsheft 2, 1984, S. 42 ff.
20 Vgl. z. B. Busch, H., Materialmanagement in Theorie und Praxis, Lage/Lippe 1984
Grupp, B., Materialwirtschaft mit Bildschirmeinsatz, Wiesbaden 1983
Mertens, D., Industrielle Datenverarbeitung 1, 5. Aufl. Wiesbaden 1983
21 Vgl. z. B. v. Bennigsen-Foerder, Umweltschutz in der Sozialen Marktwirtschaft, Vortrag auf der Mittagsveranstaltung des Düsseldorfer Wirtschaftsrates, Düsseldorf 1985
Dürr, H., Der Wandel in der Gesellschaft – eine Herausforderung an kreative Unternehmen, in: Die ökologische Wende, hg. v. G. Kunz, München 1983, S. 211 ff.
v. Siemens, P., Ökologie mit Ökonomie – Wirtschaftswachtum für eine saubere Umwelt, Vortrag im Rahmen des Bayr. Juniorentages Erlangen 1982
22 Andeutungen zu solch einer 2. Phase der Sozialen Marktwirtschaft finden sich bereits beim „Vater“ dieser Ordnungsidee, Müller-Armack, A., Wirtschaftsordnung und Wirtschaftspolitik, in: Beiträge zur Wirtschaftspolitik, Bd. 4, hg. v. E. Tuchtfeldt, Freiburg/Brsg. 1966, S. 280 ff.
23 Vgl. Booz, Allen & Hamilton, Die Fehler der Europäer, Logistik (I) in: Wirtschaftswoche, Nr. 49, 1982, S. 38 ff.
24 Vgl. Grochla, E., Fieten, R., Puhlmann, M., Aktive Materialwirtschaft in mittelständischen Unternehmen, Köln 1984, S. 24
25 ebenda, S. 20 f.
26 Vgl. Jänicke, M. (Hg.), Vor uns die goldenen neunziger Jahre? München 1985

27 Vgl. Scheid, R., Wertschöpfung zum „Nulltarif", in: Frankfurter Allgemeine Zeitung, Nr. 139, 20. Juni 1987, S. 13
28 Vgl. Rifkin, J., Entropie, Hamburg 1982
29 Vgl. Meadows, D., Grenzen des Wachstums, Stuttgart 1972, S. 46ff.
30 Vgl. Global 2000, Bericht an den Präsidenten, hg v. Council on Environmental Quality, 20. Aufl., Washington 1980, S. 68
31 Vgl. Binswanger, H. C., Frisch, H., Nutzinger, H. G., a. a. O., S. 137
32 Cloud, P. (Hg.), Wovon können wir morgen leben? München 1971, S. 212
33 Vgl. Wicke, L., Die ökologischen Milliarden, München 1986
34 Vgl. auch Vester, F., Neuland des Denkens, Stuttgart 1980

3. Inhalt, Aufgaben, Ziele und Organisation einer integrierten Materialwirtschaft

3.1 Inhalt und Aufgaben

3.1.1 Der Begriff „Material“

Im Sprachgebrauch der Industriebuchhaltung ist „Material“ (von lat. materia = Urstoff, Grundstoff) der noch nicht veredelte, bearbeitete oder verarbeitete Einsatzstoff einer Abrechnungseinheit. Demzufolge erscheinen als „Material“-bestände (Klasse 3) oder später als Materialkosten (Klasse 4):

- Rohstoffe: Vormaterial und Halbzeuge, die unmittelbar in die Erzeugnisse eingehen und in der Kalkulation diesen direkt zugeordnet werden
- Hilfsstoffe: Werkstoffe, die zwar unmittelbar in die Erzeugnisse eingehen, in der Kalkulation aber wegen des zu hohen Aufwands nicht direkt den Erzeugnissen zugerechnet werden, zum Beispiel Leim in der Möbelherstellung
- Betriebsstoffe: Stoffe, die an den Erzeugnissen nicht nachweisbar sind und zur Aufrechterhaltung des Betriebsprozesses dienen, wie Energiestoffe, Schmiermittel und Verbrauchswerkzeuge
- Kaufteile: fremdbezogene Fertigstoffe für den fabrikatorischen Einsatz, nach Zeichnungsvorgaben hergestellte oder handelsübliche Einbauteile, Normen oder Spezialteile; ebenso Verpackungsmaterial, soweit nicht selbst erstellt
- Handelswaren: fremdbezogene Waren zur Ergänzung der eigenerstellten Fertigprodukte, die ohne Be- oder Verarbeitung weiterverkauft werden.

Während die Materialwirtschaft eines Handelsbetriebes ausschließlich bezogenes Material in Form von Rohstoffen, Teilen, Fertigerzeugnissen (Artikeln) bewirtschaftet (einkauft, lagert, als Sortiment auswählt und anbietet), also „Warenwirtschaft“ betreibt, umfaßt die Materialwirtschaft eines Industriebetriebes über die oben genannten Materialgruppen hinaus weitere Stoffarten, die einer Lenkung und Kontrolle zu unterziehen sind, nämlich:

- Halbfabrikate: unfertige Erzeugnisse eigener Produktion, zum Beispiel selbst erstellte Motoren für den weiteren Einbau in Maschinen
- Fertigerzeugnisse und Ersatzteile
- unverrechnete Lieferungen und Leistungen
- Abfälle und Reststoffe[1].

Während „Material" in der Terminologie des Rechnungswesens und in etymologischer Hinsicht nur als der im betrieblichen Leistungsprozeß gebrauchte oder weiterverarbeitete Stoff, also im Sinne des Inputs bezeichnet wird, werden von der „Materialwirtschaft" Fertigerzeugnisse und Ersatzteile durchaus in die Untersuchungen mit einbezogen. Abfälle oder Reststoffe – bilanztechnisch als Betriebsbestände den Rohstoffen zugeordnet – tragen unbestritten Materialcharakter und erhalten unter dem Gesichtspunkt der Materialverwertung und des wirtschaftlichen Stoff-Mitteleinsatzes eine wachsende Bedeutung.

3.1.2 Der Aufgabenbereich

Die Materialwirtschaft eines Unternehmens befaßt sich demnach mit den Roh-, Hilfs- und Betriebsstoffen, den Teilen (Kauf- oder Eigenfertigungsteilen), den Erzeugnissen und Waren und mit den Reststoffen und Abfällen. Ausgenommen sind, obwohl vom Einkauf beschafft, die Betriebsmittel: Maschinen, Anlagen, Spezialwerkzeuge und Vorrichtungen. Ihr Stoff-Charakter läßt den Materialmanager insofern nicht unberührt, als auch Betriebsmittel zu Abfällen werden und damit in seine Verantwortung zurückfallen, zum Beispiel bei Ausschlachtungen oder bei Schrottverkäufen. Ebenso ist die Auswahl der Betriebsmittel natürlich von großer Bedeutung für Materialfluß und -verwertung, was eine enge Zusammenarbeit mit der Fertigungswirtschaft bedingt. Sonstige Mittelbeschaffung, obwohl auch zum Teil aus Stoffen bestehend, etwa der regenerative Faktor „Arbeit", gehören selbstredend nicht zum Ressort der Materialwirtschaft, gleichermaßen nicht die Beschaffung weitgehend stoffgelöster Finanzmittel.

Die Aufgaben einer im weiteren Sinne ökologisch integrierten Materialwirtschaft richten sich auf folgende Problemkreise:

- Materialbedarfsermittlung: Mitarbeit an der Entwicklung eines umweltverträglichen Primärbedarfs, Abstimmung der Vertriebsprognosen mit materialwirtschaftlichen Zielsetzungen, Ermittlung des Sekundärbedarfs über Stücklisten oder andere Methoden
- Materialbeschaffung: Beschaffungsmarketing in Einbeziehung ökologischer Kriterien, Beschaffungsprinzipien, -organisation, -strategien
- Materialsteuerung: Ermittlung von Ablaufparametern, Arbeitsplänen, Losgrößen, Laufzeiten, Auftragsterminierung, Grobplanung, Feinsteuerung, Werkstattsteuerung
- Materiallagerung: Materialzugang, -abfluß, Lagerarten, Lagerorganisation, Vermeidung von umweltgefährdenden Störfällen
- Materialverteilung und Logistik: Materialflußprinzipien, innerbetrieblicher Transport, Versand, physical distribution
- Bestandsplanung, -analyse und -kontrolle: nach verschiedenen Wertschöpfungsebenen, Stoffgruppen, Fundorten, Maßnahmen der Bestandsenkung zur Vermeidung unnötiger Ressourcenbindung
- Materialrationalisierung: durch Nummerung, Standardisierung, Materialanalyse und kostenminimierende, umweltfreundliche Materialverwertung.

Aus dieser Aufgliederung der Funktion Materialwirtschaft wird deutlich, daß sie weit über die traditionellen Grenzen von Einkauf und Lagerhaltung hinausgeht, besonders im industriellen Bezugsrahmen. Einem modernen aktiven Materialmanagement wird ebenso die Verantwortung für einen reibungslosen Materialfluß, vom Lieferanten über Lagerung, Fertigungsprozeß bis hin zum Versand, übertragen wie die umfassende Kontrolle der Bestände und der ökologisch angepaßte Umgang mit Stoffen verschiedenster Art. Damit verbunden ist die unumgängliche Notwendigkeit, innerhalb des Betriebes mit allen Abteilungen eng zusammenzuarbeiten, was ohne ein starkes Maß an Kooperation und Öffnung für ein kybernetisches System-Denken zugunsten eines Gesamtoptimums zum Scheitern verurteilt wäre. Dabei wird es sicherlich Konflikte und Kompetenzstreitigkeiten geben, die eine starke Unternehmensleitung in ein neues harmonisches Zusammenspiel der Kräfte lenken muß.

3.1.3 Materialwirtschaft und Logistik

Materialwirtschaft in ihrer engen Auslegung umfaßt nur die Stoffgruppen und diesbezüglichen betriebswirtschaftlichen Problemstellungen, die in dem Prozeß der Leistungserstellung auftauchen, also Roh-, Hilfs- und Betriebsstoffe, Kaufteile, unfertige Erzeugnisse und Abfälle. Untersuchungsgegenstand und zugleich räumliche Einheit und betriebswirtschaftliches Profit-center ist hiernach der Betrieb als Ort der Leistungserstellung. Auf diesen Bereich erstreckt sich die traditionelle Organisation der Materialwirtschaft.

Sobald jedoch von der Unternehmensführung materialwirtschaftliche Zielsetzungen eine zentrale Rolle erhalten und Suboptimierungen in der Bestandspolitik zugunsten eines Gesamtoptimums überwunden werden sollen, sobald Absatzprogramme nicht nur marktbezogen entwickelt werden, sondern eine gleichberechtigte Abstimmung mit den Zielen der Produktion und Materialwirtschaft angestrebt wird, erweisen sich die Grenzen des Betriebes als zu eng gezogen, und die Verantwortung des Materialwirtschaftlers hört erst auf, wenn Fertigerzeugnisse das Unternehmen als Umsatz verlassen. Eine erfolgreiche Materialverwertung endet demnach nicht mit der Abgabe von Fertigprodukten durch den Betrieb an den Vertrieb (Fertigerzeugnis-Lager), sondern mit dem Verkauf des umgewandelten Materials an eine vorhandene Nachfrage. Dabei geht es ebenso um die Kontrolle der Erzeugnis-Bestände wie um Absatzwege, Redistributionskanäle, Versandläger und Transportbeziehungen; letztere gehören zur Vertriebs-Logistik (Abbildung 3).

Mit Logistik bezeichnet man den zeit- und raumbezogenen Sachgüterfluß oder die Versorgung der verschiedenen Wirtschaftseinheiten eines Unternehmens mit Sachgütern. Gleichzeitig sollen alle Mengen-, Termin- und Ortsprobleme in der Verknüpfung zwischen Einkauf und Vertrieb gelöst werden[2]. Logistik spielt somit eine integrierende Rolle zwischen Beschaffungs- und Absatzmarkt mit dem Ziel, bei geringen Beständen an Kauf- und Eigenfertigungsteilen einen hohen Versorgungsgrad der Produktion sicherzustellen, die Wünsche des Vertriebs bei geringen Reaktionszeiten zu wirtschaftlich vertretbaren Materialflußkosten zu erfüllen.

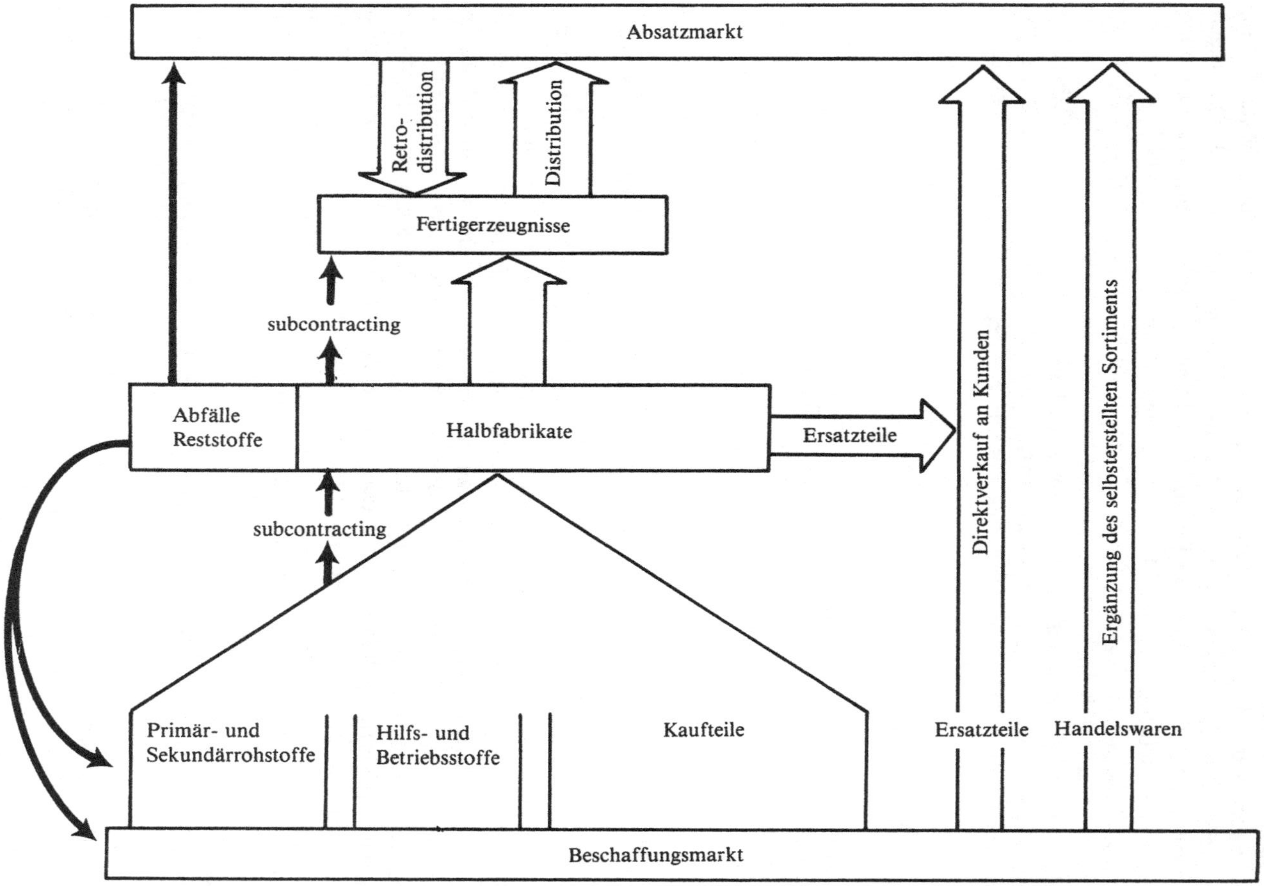

Abb. 3: **Materialfluß nach Bestandsarten in einem Industrieunternehmen**

Zu den *Grundfunktionen der Logistik zählen:*

- Programmplanung und Vertriebsstrategie
- Montagesteuerung
- Ermittlung des Sekundärbedarfs
- Festlegung der Lagerhaltungsstrategien und Fertigungsverfahren
- Versorgung der am Fertigungsprozeß beteiligten Funktionsbereiche mit Material
- Transport und Verkehrswesen
- Distribution und Absatzorganisation
- Entsorgung.

Damit wird deutlich, daß Logistik einen wesentlichen Teil der Materialwirtschaft abdeckt, nämlich den des Materialflusses, der viele Funktionsbereiche querschnittsmäßig durchdringt (Abbildung 49). Gelegentlich spricht man auch von „Material-Management", das sich in zwei Bereiche aufteilt: einmal innerhalb des Unternehmens-Standortes, zum anderen innerhalb der Transportkanäle (physical distribution Beschaffung).

Logistik als heute erstarkende Matrixfunktion eines Unternehmens ist dennoch nicht gleichzusetzen mit Materialwirtschaft, welche eine Reihe grundsätzlicher, methodischer und vorbereitender Aufgaben zusätzlich wahrzunehmen hat. Dazu gehören Überlegungen über Methoden der Bedarfsermittlung, Maßnahmen der Abfallvermeidung und Materialrationalisierung, Nummerung, Losgrößen-Algorithmen, Stücklisten, Durchlaufzeitenberechnungen, Methoden der Bestandsführung, -bewertung und Planung.

Materialwirtschaft enthält also sowohl statische als auch dynamische Aufgaben aus dem Materialbereich, während Logistik bereichsübergreifend den Materialfluß mehr in der dynamischen Komponente zu optimieren sucht. Im Gegensatz zur traditionellen Materialwirtschaft, die das logistische Problem auf drei gegeneinander isolierte Bereiche, Einkauf, Produktion und Vertrieb, verteilt hat, ist eine *integrierte Materialwirtschaft* allerdings eine Querschnittsfunktion und kann somit als Oberbegriff für alle materialwirtschaftlichen Problemstellungen und ihre Lösung im systemübergreifenden Ansatz verstanden werden.

3.2 Ziele und Zielkonflikte aus betrieblicher und überbetrieblicher Sicht

Oberziel der Materialwirtschaft aus einzelwirtschaftlicher Sicht ist die bedarfsgerechte Bereitstellung von Materialien zu minimalen Kosten. „Das richtige Material in der gewünschten Qualität, der erforderlichen Menge zum vorgegebenen Termin am verlangten Ort" zu haben, ist ein Grundsatz jeglicher Disposition. Hohe Lieferbereitschaft, niedrige Bestandskosten und niedrige Kapitalbindung sind die drei Pole, zwischen denen die Materialsteuerung eines Betriebes stets abwägen muß.

Darüber hinaus ergeben sich aus veränderten ökologischen Rahmenbedingungen die Ziele des haushälterischen, sparsamen Einsatzes von Material, die von Maßnahmen der optimalen Programmauswahl bis hin zu verfahrenstechnischen Umstellungen begleitet sein müssen. Gerade hier erweist sich das Denken in Zusammenhängen als unverzichtbar, denn der sparsamste Umgang mit Material in der Fertigung wird zur Farce, wenn der Vertrieb ein Programm mit Wegwerfprodukten anbietet. Insofern geht „Integrierte Materialwirtschaft" weit über die tradionelle Entsorgungsfunktion mit „End-of-the-pipe"-Verfahren hinaus und prüft Möglichkeiten des vorbeugenden Umweltschutzes bereits bei der Materialauswahl, der Logistik des Materialflusses, gibt der Entwicklung Anregungen über die Verwendung umweltfreundlicher Stoffe und fordert den Vertrieb zu einem umweltfreundlichen Programm auf. Nicht wiederverwendbare Abfälle im internen wie externen Kreislauf (nach dem Konsum) weitgehend zu vermeiden, muß eine wichtige Zielsetzung eines umweltorientierten Materialmanagements werden. Unvermeidliche Reste an gefährlichen Abfallstoffen müssen schließlich sicher entsorgt werden.

3.2.1 Mengenoptimierung

Bedarfsmengen an Materialien müssen vom Produktionsplan der Enderzeugnisse abgeleitet werden, der vorher zwischen Betrieb und Vertrieb abzustimmen ist. Hierbei entsteht besonders bei anonymer Fertigung das Problem der Prognosegenauigkeit.

Der aus den Mengen- und Terminvorgaben der Lieferplanpositionen (Enderzeugnisse) abgeleitete Materialbedarf muß in der Regel in Lose für Kauf- oder Eigenfertigungsteile zusammengefaßt werden. Bei Bestell-Losen geht vom Lieferant der Wunsch nach höheren Bestellmengen aus, der Einkäufer oder Disponent handelt nicht selten aus dem Vorsichtsmotiv, er „legt sich auf die sichere Seite", so daß im Laufe der Zeit Überbestände anwachsen können, die dann unter Umständen verworfen werden müssen. Hohe Materialbestände – die, wenn falsch disponiert, nicht einmal Ausdruck verbesserter Lieferbereitschaft sind – verursachen hohe Zins- und Lagerkosten, wodurch Mengenrabatte oder Transportkostenvorteile überkompensiert werden können.

Rechenbeispiel: Mehrmengenabnahme versus Bestandskosten

Prämissen: Jahresbedarf Metallgehäuse 100 Stück
(Prognosen können nur für zwei Jahre mit Sicherheit abgegeben werden)
Bestandskosten, variable Lagerkosten, kalkulierte Zinsen und Wagnisse: 20 Prozent
Bestellkosten: 100,– DM pro Bestellung
Bei über 100 Stück Abnahme müssen weitere Lagerflächen angemietet werden.

Bei 100 Stück Abnahme berechnet der Lieferant 100,– DM pro Stück
Bei 500 Stück Abnahme berechnet der Lieferant 80,– DM pro Stück

Anhand einer Kostenvergleichsrechnung sollen die Einsparungen oder Mehrkosten in einem Vergleichszeitraum von fünf Jahren sichtbar gemacht werden:

Tabelle 6: **Kostenvergleichsrechnung bei Mehrmengenabnahme**

Einsparung (−) oder Mehrkosten (+) in 5 Jahren bei	
Alternative I 100 Stück Abnahme	Alternative II 500 Stück Abnahme
–	Rabattdifferenz: − 10 000,– DM
–	Verwurfsrisiko, wegen unsicherer Prognosen ab 3. Jahr : 300 Stück à 80,– DM/St. = 24 000,– DM, Eintrittswahrscheinlichkeit 50% = + 12 000,– DM, Halbierung wegen erzielter Ausschlachtungserlöse = + 6 000,– DM
Bestandskosten: 50 × 100 × 5 × 20% = + 5000,– DM	Bestandskosten: 250 × 80 × 5 × 20% = + 20 000,– DM
Bestellkosten, bei Wiederholungsaufträgen geringer: 60,– DM pro Bestellung 5 × 60 = + 300,– DM	Bestellkosten: + 100,– DM
–	Inanspruchnahme weiterer Lagerflächen, bei 5 m^2 und einer Lagermiete von 20,– DM pro m^2 und Jahr 5 × 100 = 500,– DM + 500,– DM
Summe + 5300,– DM	Summe + 16 600,– DM

Unter den gestellten Voraussetzungen erweist sich die Mehrmengenabnahme als nicht vorteilhaft trotz der erheblichen Rabattgewährung. Zu einer rationalen Abwägung des Einkäufers, die mit Hilfe von PC-Programmen bei hochwertigen Bestellungen wirkungsvoll unterstützt werden kann, sind Kennziffern aus der Kostenrechnung erforderlich sowie Informationen des Vertriebs über Bedarfsreichweiten und Prognosegenauigkeit. Die Argumentation des Einkäufers für eine Mehrmengenabnahme kann selbstverständlich gestützt werden durch die Möglichkeit, einen Rahmenvertrag abzuschließen mit der Vereinbarung einer sukzessiven Anlieferung (Lieferung auf Abruf). Damit würden bei Alternative II die Bestandskosten sinken, zusätzliche Lagerflächen unnötig, die Bestellkosten leicht erhöht. Das Verwurfsrisiko bliebe indessen prinzipiell bestehen aufgrund der Abnahmeverpflichtung über 500 Stück. Allerdings ist auch hier die Vereinbarung von Toleranzmargen nach oben oder unten möglich. Dementsprechend wären die Prämissen zu verändern.

Die Materialwirtschaft hat sich nicht nur mit der Mengenbedarfsermittlung aus vorgegebenen Stückzahlen zu beschäftigen, mit der qualitativen, quantitativen und termingerechten Ableitung aller erforderlichen Materialbestandteile eines Produktes, sondern über den „offiziellen" Produktionsablauf hinaus mit:

- der Minimierung von Abfällen: über eine bedarfsgerechte Disposition, intensive Bestandskontrollen, Bestandsbewußtsein der Betriebsleitung, Disponenten und Einkäufer, abfallminimierende Konstruktion und Produktionsverfahren, Typen- und Teilestraffung, Zurückgreifen auf genormte Teile
- dem Recycling von Abfällen oder Rückständen: Brauchwasserrecycling und Wiedergewinnung von Schwermetallen in Galvanikbetrieben

- dem Aufbau wirtschaftlicher Kuppelproduktionen: im wesentlichen bei zerlegender Stoffverwertung realisierbar (bei Ölraffinerien, Sägewerken) oder in der chemischen Industrie in Verbindung mit synthetischen Produktionsvorgängen; zunehmend aber auch bei anderen Fertigungsverfahren im innerbetrieblichen oder außerbetrieblichen Verbund denkbar; zum Beispiel Abwärmenutzung von Generatoren zum Heizen von Büros oder Verkauf als Fernwärme
- Minimierung von Entsorgungsproblemen: beginnt bei der Auswahl der Sachziele und endet bei einer umweltgerechten Entsorgung.

3.2.2 Materialstandardisierung

Bei steigender Innovationsgeschwindigkeit und einer Individualisierung der Angebotspalette wächst die Gefahr, daß das Sortiment der Materialien und Teile wegen der ständig neuen und steigenden Anforderungen in die Breite geht. Deshalb kommt der *Normung* des Materials eine hohe Bedeutung zu, das heißt der Vereinheitlichung von Einzelteilen durch Festlegen der Größe, Qualität, Abmessung, Form, national und international, als Verbands- oder Werksnormen. Damit werden die Kosten der Teileverwaltung und der Bestände gemindert. Je mehr Mehrfachverwendungsteile im Umlauf sind, desto größer die Möglichkeiten zu Mengenrabatten und desto besser können sich dispositorisch Unregelmäßigkeiten des Verbrauchs und Lieferschwankungen ausgleichen. Aus verschiedenen empirischen Untersuchungen konnte inzwischen nachgewiesen werden, daß zwischen der Reduzierung von Lagerpositionen und der Bestandsentwicklung eine enge Korrelation besteht[3].

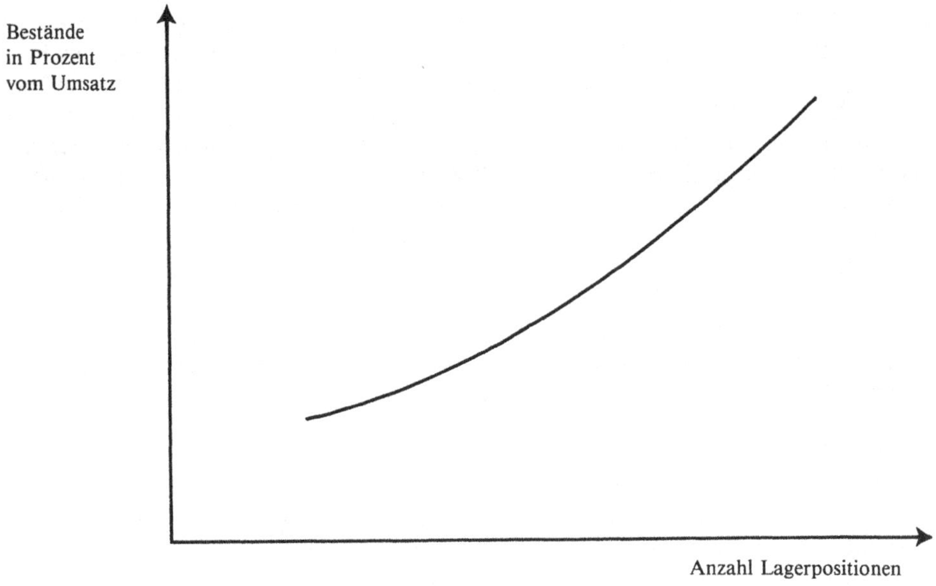

Abb. 4: **Beziehung zwischen Entwicklung von Lagerpositionen und Beständen in Prozent vom Umsatz**

Geht die Straffung des Materialien- und Teilespektrums mit der *Typung* von Erzeugnissen über Branchenverbände oder innerbetrieblich über ein konsequentes Baukastensystem Hand in Hand, verstärken sich die oben genannten Effekte. Über ABC-Analysen lassen sich in beiderlei Hinsicht zwischen Materialmanagement, Vertrieb und Entwicklung Sortimente und Sachnummern analysieren auf ihren Beitrag zum gegenwärtigen und zukünftigen Unternehmenserfolg (Seite 173ff.). Eine den ausgefallensten Kundenwünschen angepaßte Teilevielfalt bindet oft unnötige Bestände und Ressourcen, die durch zusätzliche Umsatzerlöse nicht wettgemacht werden. Die Transparenz über derartige Logistikkosten ist Voraussetzung für eine rationale Entscheidungsfindung im Absatzbereich. Rechnungswesen und Materialwirtschaft müssen hier eng zusammenarbeiten.

Auch unter dem Qualitätsaspekt muß das Material optimal ausgewählt werden. Ingenieure oder Verkäufer neigen manchmal dazu, höchste qualitative Anforderungen zu stellen, während der Einkäufer auf geringe Materialeinstandswerte achten muß. Ob Material mittlerer Qualität dieselben Anforderungen erfüllt und welche Verarbeitungs- und Ausschußprobleme oder Imageverluste durch Verzicht auf Langlebigkeit erkauft werden, kann mit Hilfe einer Wertanalyse (Seite 181 ff.) geklärt werden.

3.2.3 Schnelle und termingerechte Belieferung des Vertriebs

Eine hohe Lieferbereitschaft zu erzielen, ist einerseits über eine ausreichende Bevorratung mit den richtigen Materialbeständen möglich, was zum Teil über die absolute Bestandshöhe, zum Teil über den Einbau von Sicherheits- und Pufferzeiten in die Liefer- und Durchlaufstrecke erreicht werden kann. Diese Vorgehensweise findet ihre Grenzen in der ansteigenden Kapitalbindung im Umlaufvermögen und den damit verbundenen Bestandskosten.

Andererseits wird die Lieferbereitschaft durch Verbesserung der Lieferbedingungen und Verringerung von Bestellzeiten erhöht. Da die Bestellzeit (die Zeitspanne zwischen Materialbestellung und Materialeingang) für neue Produkte ein erheblicher Verzögerungsfaktor werden kann (zum Beispiel in starken Verkäufermärkten wie dem Bauelementemarkt) ist diesem Punkt bereits in der Beschaffungsmarktforschung durch Lieferanten- und Substitutionsanalysen Beachtung zu schenken.

Verantwortlich für die richtige Planung und die Einhaltung der Bestellzeiten ist der Einkauf. Bedingt durch ein hochentwickeltes Verkehrswesen, feste Qualitätsbezeichnungen, Rechtssicherheit geschieht der Einkauf von Material heute im wesentlichen über Distanzgeschäfte, das heißt ohne vorherige Prüfung und Übernahme der Einsatzstoffe; mit Hilfe von Btx können Informationen über Kaufteile noch verbessert werden.

Ist das Material im Lager vereinnahmt und wird es für die Fertigung abgerufen, beginnt die Fertigungsdurchlaufzeit bis zum Zeitpunkt der Ablieferung fertiger Produkte an den Vertrieb zu verstreichen. Die Fertigungsdurchlaufzeit variiert je nach Fertigungstiefe, Ausführungszeiten und Liegezeiten der einzelnen Bearbeitungsschritte.

Die innerbetriebliche Transportzeit beeinflußt dabei die Höhe der Durchlaufzeit in der Regel weniger als die Bearbeitungs- und Liegezeit des Materials, was im wesentlichen auf Rationalisierungslücken der Fertigungsorganisation und des Materialflusses hinweist.

Verantwortlich für die Fertigungsdurchlaufzeit sind die Fertigung über das Maschineninvestment und die Ablauforganisation und die Disposition über das Steuerungsverfahren, Kapazitäts- und Belastungsabgleiche, Losgrößenbildung und ausreichende Materialvorgaben.

3.2.4 Niedrige Kapitalbindung in den Vorräten

Die Materialwirtschaft hat Sorge zu tragen, daß das in den Vorräten gebundene Kapital so gering wie möglich ist. Dazu tragen niedrige Einstandspreise ebenso bei wie die Disposition der richtigen Bestände und eine hohe Durchlaufgeschwindingkeit ohne den Einbau großzügiger Sicherheiten. Geringe Kapitalbindung bedeutet nicht zuletzt, das Risiko eines Kapitalverlustes herabzusetzen, indem in den Vorräten gebundenes Kapital so schnell wie möglich wieder über den Umsatz verflüssigt wird; zumindest sollte der Vertrieb die Chance dazu erhalten. Solange das Material im Betrieb „auf Reisen ist“ oder ruht, besteht für den Unternehmer das Risiko der Verwertbarkeit – um so mehr als für den anonymen Markt gefertigt wird.

Da das Material zum Umlaufvermögen gehört, amortisiert es sich meist schnell und wird daher gern mit Fremdkapital durch Lieferantenkredite, Wechsel und Kontokorrentkredite finanziert. Dabei lohnt der Vergleich mit den Zinsen eines Kontokorrentkredits, um eventuell in den Genuß von Skonti zu kommen.

Tabelle 7: **Bedeutung der Vorräte in deutschen Aktiengesellschaften der verarbeitenden Industrie** (Statistisches Bundesamt 1983)

Branche	Vorräte in Prozent der Bilanzsumme	Vorräte in Prozent des Umsatzes
Verarbeitende Industrie insgesamt	28,0	19,5
Chemische Industrie	20,0	15,5
Chemiefaser-Industrie	26,4	15,7
Mineralölverarbeiter	35,7	12,0
Gummi- und Asbestindustrie	27,0	18,9
Feinkeramik	29,4	18,0
Maschinenbauindustrie	42,2	43,7
Büromaschinen/EDV-Hersteller	25,5	26,0
Straßen- und Luftfahrzeugbau	19,2	10,3
Elektrotechnische Industrie	32,5	35,0
Feinmechanik/Optische Industrie	35,3	24,0
Holzbearbeiter	47,8	26,2
Zellstofferzeuger	24,8	17,6
Textilindustrie	40,4	24,4

3.2.5 Minimierung der Materialkosten

Wie bereits erwähnt hat das Materialmanagement 50 bis 60 Prozent der Kosten, gemessen an der Leistung zu den Herstellkosten (Umsatz zu Herstellkosten ± Bestandsveränderungen zu Herstellkosten), in der Hand. Dazu gehören:

Materialeinzelkosten

Sie bestehen aus dem Einstandspreis des beschafften Materials abzüglich der Skonti und Rabatte. Sie sind abhängig von der Marktposition des Unternehmens, vom Verhandlungsgeschick des Einkäufers und seinen Ausweichmöglichkeiten sowie von der bestellten Menge.

Die Materialeinzelkosten werden dem Produkt anhand der Vorgabemenge unmittelbar zugerechnet. Nicht mengenmäßig vorgegebenes, aber zur Fertigung benötigtes (Hilfs-) Material ist Bestandteil der Gemeinkosten, zum Beispiel Kleber, Kitt, Lack bei der Möbelherstellung.

Materialgemeinkosten

Sie setzen sich zusammen aus:

- Personalkosten (Disposition, Einkauf, Warenannahme, Eingangsprüfung, Qualitätssicherung, Werkstattbüros, Lager, Werkstofftechnik, innerbetrieblicher Transport)
- kalkulatorischen Zinsen auf das Umlaufvermögen (Vorräte) und das Anlagevermögen (Lager) nach dem Opportunitätskostenprinzip: im wesentlichen abhängig von Höhe und Wert der Bestände, der Lagerorganisation sowie dem Zinsniveau
- kalkulatorischen Wagnissen auf die Bestände (je nach Entwicklung der Abwertungen, soweit nicht durch Fremdversicherung abgedeckt), abhängig von der Qualität (technische Veralterung, Preisverfall, Verwurfsrisiko) und der Reichweite der Lagerbestände
- Abschreibungen auf Lagereinrichtungen (Regale, Maschinen, Fördersysteme), abhängig vom Lagervolumen, der Lagertechnik, den Ein- und Auslagerungsmethoden[4]
- Betriebsstoffverbrauch zur Aufrechterhaltung des Materialflusses: Instandhaltungsstoffe, Öl, Gas, Strom, Wasser.

Jede dieser Kostenarten muß in ihrer relativen Höhe und Entwicklung genau verfolgt werden, um die Problembereiche der Materialwirtschaft zu lokalisieren.

So können hohe innerbetriebliche Transportkosten, verspätete Werkstattlieferungen auf verstreute Läger hinweisen oder auf die ungenügende Software eines Zentrallagers. Hohe kalkulatorische Wagnisse weisen auf hohe Abwertungen hin, die wiederum ihre Gründe in schlechter Disposition oder ungenauer Lieferplanung haben können. In Verbindung mit unzureichenden Materiallieferungen in Menge, Qualität und Termin, gegebenenfalls auch am falschen Ort, entstehen *Fehlmengenkosten* in Form eines entgangenen Gewinns, fehlender Umsatzerlöse, entstehender Leerkosten wegen Produktionsstillstand oder Konventionalstrafen. Es gehört zu den zentralen Aufgaben der Materialwirtschaft, diese Fehlmengenkosten, die als Einzel- oder Gemeinkosten in den unterschiedlichsten Kostenstellen auftreten können, zu vermeiden oder so gering wie möglich zu halten.

Soziale Kosten

Neben den betriebsintern entstehenden Kosten gibt es eine Reihe von sozialen Kosten, die aus privatwirtschaftlicher Tätigkeit verursacht sein können, aber von der Allgemeinheit oder anderen Wirtschaftssubjekten getragen werden müssen, wie die forstwirtschaftlichen Verluste durch Waldsterben, mitverursacht durch Stickoxide und Schwefeldioxid von Autofahrern und Kraftwerken. Derartige soziale (externe, volkswirtschaftliche) Kosten der Produktion können durch integriertes, ökologisch orientiertes materialwirtschaftliches Denken vermieden oder gesenkt werden:

- Senkung von transport- und verkehrsbedingten Emissionen und Energieverbrauch
- Substitution von nicht regenerativen, schnell erschöpfbaren Rohstoffen durch regenerative, langfristig verfügbare (Berücksichtigung der sozialen Kosten späterer Generationen durch fehlende Rohstoffe), rechtzeitige Umpolung von Forschung und Entwicklungs-Anstrengungen, Konstruktion recyclingfreundlicher Produkte zur Streckung der Rohstoffvorräte
- Entlastung der Umwelt von Schadstoffen während der Produktion: Unterschreitung der vom Gesetzgeber vorgegebenen Emissionsnormen, freiwillige Prüfungen mit Werbung in der Öffentlichkeit; und im Hinblick auf den späteren Konsum: Verzicht auf gesundheitsgefährdende Stoffe oder schwer abbaubare, persistente Schadstoffe wie PCB, DDT, FCKW, Blei, Cadmium
- Vermeidung von Überbeständen (Bindung unnötiger Ressourcen) und möglichst vollständige Verwertung des Einsatzmaterials (Aufbau von Kuppelproduktions- und Recyclingprozessen).

3.2.6 Materialwirtschaft im Spannungsfeld von Zielkonflikten

Unter den Oberzielen der Wettbewerbsfähigkeit und Rentabilität sieht sich das Materialmanagement bei einer umfassenden Optimierung seines Zielkataloges ständigen Konflikten gegenüber, die je nach Priorität der einzelnen Zielgruppen vermittelt werden müssen. Die unternehmensinterne Konfliktsituation der Materialwirtschaft entsteht aus einem typischen Zieldreieck (Abbildung 5).

Daß zwischen dem engen und erweiterten Zielbündel durchaus Komplementaritäten bestehen können, demnach Ökonomie und Ökologie keine unversöhnlichen Gegensätze sind, läßt sich anhand einiger Beispiele aus der Praxis belegen[5]:

- überschüssige Abwärme aus Werkshallen wird zum Beheizen von Betriebsgebäuden verwendet: Energieeinsparung (Firma Bosch, Bamberg)
- Wärme aus Aggregaten der Milchkühlung heizt Fischteiche auf mit dem Effekt neuer Absatzprodukte: Sortimentserweiterung ohne Energiezuwachs (Rottaler Milchwerke)

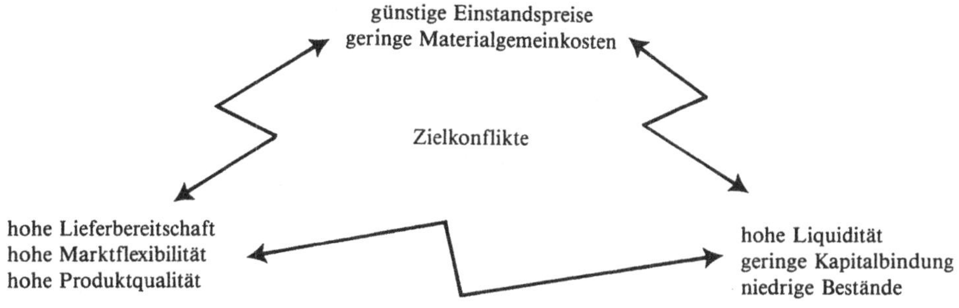

In Berücksichtigung der Einwirkungen auf das ökologische System läßt sich der enge Zielkonfliktbereich folgendermaßen erweitern:

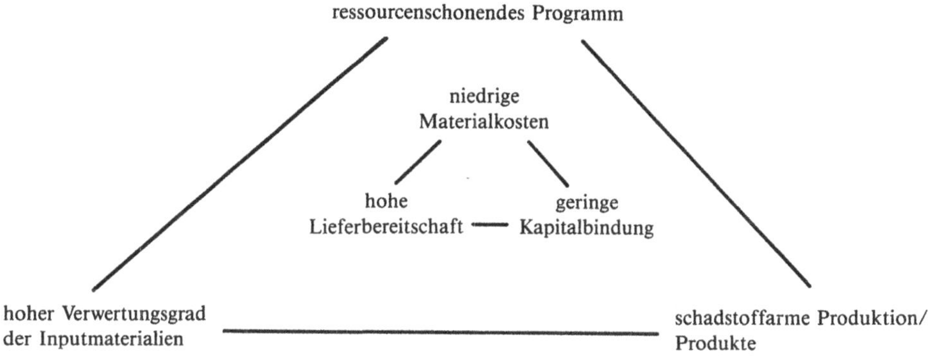

Abb. 5: **Zielkonflikte**

- Gips aus Wirbelschichtbefeuerungsanlagen, wie im Kohlekraftwerk Völklingen, kann der Bauindustrie als Grundstoff verkauft werden
- Verwendung von Altpapier spart Energie und Materialkosten bei der Papierherstellung ein
- Recycling von Fremdscherben spart Energie und Chemikalien (Natron) ein
- Silberrecycling in der Fotobranche spart Materialkosten (Silber)
- Brauchwasserwiedergewinnung in Galvanikbetrieben spart Wasserkosten, Abwasserabgaben und Rohstoffkosten ein.

In einigen dieser Fälle haben sich Investitionen binnen kurzer Zeit amortisiert oder konnten durch organisatorische Maßnahmen unmittelbar Materialkosten eingespart werden. Inwieweit das Materialmanagement ökologische Ziele mit einzelwirtschaftlichen Zielen in Einklang bringen kann, also Gewinn und Rentabilität sowohl einzelwirtschaftliche als auch volkswirtschaftliche Optimierungslösungen annäherungsweise zum Ausdruck bringen[6], hängt von verschiedenen Faktoren ab:

- vom ökologischen Bewußtsein, dem Denken in Kreisläufen und Systemen durch die Ausbildung in Hochschulen, Berufsschulen, Gymnasien
- von der Qualität eines unternehmensinternen Umweltinformationssystems mit Informationen über Verfahren, Abnehmer von Altmaterial, Kooperationsmöglichkeiten, interne Stoffkreisläufe
- von der Kreativität der einzelnen Mitarbeiter, die Verbesserungsvorschläge über Produkte und Abläufe einbringen; der Schaffung von Kreativitätsspielräumen in einem innovationsfreundlichen Klima durch Bildung von Quality Circles oder Wertanalyse-Gremien; der Auffindung neuer Märkte für Recyclingprodukte
- von der Aufgeschlossenheit der Unternehmensleitung gegenüber sich abzeichnendem Wertewandel und neuen wirtschaftspolitischen Rahmenbedingungen
- von einer eindeutigen, konsequenten Gesetzgebung zum Schutz unserer Umwelt, der Verläßlichkeit und Vorhersehbarkeit der Einschränkung unternehmerischer Entscheidungsfreiheit
- von der Zuteilung sozialer Kosten durch wirtschaftspolitische Maßnahmen auf den Verursacher, einer „Entlohnung" des Faktors Natur aus dem Wertschöpfungsprozeß mit der Folge der Verteuerung umweltbelastender Produkte und nichtregenerativer Einsatzstoffe.

Materialwirtschaftliche Konflikte treten als intrapersonelle, interpersonelle und systembedingte Konflikte auf. Intrapersonelle Konflikte können sich ergeben, wenn ein umweltbewußter Betriebsleiter Abwasserreinigungskosten sparen könnte, indem verschmutztes Brauchwasser in einen nahegelegenen „Vorfluter" geleitet wird, er aber weiß, daß dieser Fluß bereits vor dem „Umkippen" steht, beispielsweise stark eutrophiert ist. Die individuelle Interessenlage wäre auch tangiert, wenn der Betriebsleiter begeisterter Angler ist und damit sein Freizeithobby gefährdet sieht. Oder der Vertriebschef ordert beim Fabrikleiter eine weitere Serie schadstoffreicher Holzschutzmittel, um vorhandene Bestände an Chemikalien noch aufzubrauchen, obwohl er bereits zu Hause bei Do-it-yourself-Arbeiten zu schadstoffreien, mit Umweltprädikat ausgezeichneten Imprägniermitteln zum Schutze seiner Gesundheit und der seiner Familie übergegangen ist.

Interpersonelle Konflikte äußern sich zwischen typischen Abteilungsinteressen eines Unternehmens, von denen hier nur einige Schnittstellen pointiert herausgegriffen werden sollen:

Der *Vertrieb* versucht über Marktsegmentierung und Differenzierung spezielle Kundenwünsche zu erreichen. Er fordert von der Produktion eine 100prozentige Lieferbereitschaft, auch von Ersatzteilen, unabhängig von wirtschaftlichen Losgrößen, Beschaffungsschwierigkeiten und Bestandskosten. In nicht wenigen Fällen „diktiert" der Vertrieb heute noch die Stückzahlen, denen sich Fertigung und Beschaffung flexibel unterzuordnen haben.

Die *Fertigung* verlangt von der Disposition und dem Einkauf, daß Material zum richtigen Zeitpunkt in der richtigen Menge am richtigen Ort abrufbereit zur Verfügung steht. Konstante Materialqualität wird unbeschadet von Beschaffungsproblemen ebenso erwartet wie eine gleichmäßige Kapazitätsauslastung, unabhängig von Nachfrageschwankungen, Lagerbestandsab- und -aufbau und Materialeinstandspreisen.

Die *Betriebsbuchhaltung und Finanzierung* streben eine geringe Lagerhaltung an wegen der damit verbundenen niedrigen Kapitalbindung und der höheren Liquidität. Möglicherweise werden dadurch günstige Großeinkäufe verhindert oder Losgrößen auf ein unwirtschaftliches Niveau herabgedrückt.

Die *Entwicklung* fordert die Bereitstellung der neuesten Materialien und Teile für Neu- und Weiterentwicklungen von Geräten, ohne gleichzeitig das Aufbrauchen von Materialüberbeständen zu beachten oder das Anwachsen von immer mehr Typen und Teilen.

Der *Einkauf* neigt dazu, wegen Rabattvergünstigungen und Abwicklungskostenersparnissen in größeren Mengen zu bestellen, ohne die Auswirkungen auf Bestandskosten und Bestandsqualität sowie die technische Veralterung zu bedenken.

Derartige Konfliktsituationen werden um so mehr virulent, als keine übergeordnete Sicht, keine materialwirtschaftliche Oberinstanz eine Einigung im Sinne einer Gesamtoptimierung herbeiführt. Bestehen keine organisatorischen Voraussetzungen für ein integriertes Handeln, gewinnt das machtpolitische Kalkül die Oberhand und materialwirtschaftliche Probleme bleiben ungelöst. Gerade aus den Schnittstellenproblemen entstehen für ein Unternehmen aber Chancen, die Gesamtwirtschaftlichkeit zu erhöhen!

3.3 Organisatorische Konsequenzen

3.3.1 Ausgangssituation

Es leuchtet ein, daß der organisatorische Aufbau der Materialwirtschaft je nach Unternehmensgröße, Branche und Materialintensität von unterschiedlichen Voraussetzungen determiniert wird. So rangiert auch heute noch wegen der geringen Bedeutung bei Versicherungen die Materialwirtschaft innerhalb des Einkaufs im dritten Glied, und Steuerberater und Makler kennen materialwirtschaftliche Probleme so gut wie nicht. In anderen Fällen der Dienstleistungsbranche existieren sehr wohl ausgeprägte Sonderprobleme, wie bei chemischen Reinigungen die Abwassertoxizität oder bei Krankenhäusern die Lagerkontrolle der Medikamente nach Verfallsdaten und kritische Abfälle, die aber die umfassende Einführung einer Materialwirtschaftsorganisation nicht rechtfertigen.

Die vollständige Palette materialwirtschaftlicher Problemfelder von Einkauf, Lagerung, Materialfluß, Disposition, Verteilung und Steuerung wird im verarbeitenden Gewerbe und der Industrie sichtbar, vor allem bei Gerätefertigern mit hoher Fertigungstiefe, großer Materialintensität und breitem Teile- und Produktspektrum. Dabei sind bei Industrieunternehmen mit Ertragszentrengliederung die Aufgabenstellungen des Materialmanagements deutlich auf den Betriebsbereich konzentriert, in dem bei traditioneller Organisation Einkauf und Lagerverwaltung die „Fahne der Materialwirtschaft“ aufrechterhalten, ansonsten aber eine Unterabteilung der Produktion darstellen. Wenngleich die Zusammenfassung von Einkauf und Lager unter *eine* materialwirtschaftliche Leitung bereits den Ausgleich konträrer Zielsetzungen insinuiert, ist damit nicht vermieden, daß Materialwirtschaftsaktivitäten weiterhin von anderen Linienverantwortlichen im Marketing, der Fertigung und dem Finanzbereich nebenbei wahrgenommen werden, die primär andere bereichstypische Zielsetzungen ansteuern. Im Zuge wachsender Kostensensibilität und mit zunehmender Erkenntnis, daß die Analyse der Input- und Outputmaterie sowie der Materieströme das ökologische Interesse zentral berührt, bemüht sich heute die Geschäftsleitung mancher Firmen, durch Koordination dezentraler Aktivitäten, wie übergreifende Bestandskontrollen und die Einbeziehung des Disponenten in die Bestellgrößenrechnung, Materialkosten zu sparen und integrierende Effekte auszulösen. „Da die Geschäftsführungen allerdings mit dieser zusätzlichen Koordinationsfunktion in der Regel überfordert waren, blieben diese Aktivitäten eher eine Seltenheit“[7].

Aufgrund dieser unbefriedigenden Situation setzt sich in der Führungsspitze von Industrieunternehmen mehr und mehr die Einsicht durch, alle interdependenten materialwirtschaftlichen Beziehungen aus verschiedenen Abteilungen auszugliedern und unter eine zentrale Materialwirtschaftspolitik zu stellen.
Oft entstehen hierbei Kompetenzstreitigkeiten:

- zwischen Vertrieb und Materialwirtschaft, wenn aufgrund der gesamten Bestandsverantwortung Erzeugnis-Läger und Distributionssysteme kontrolliert und kritisiert werden
- zwischen Fertigung und Materialwirtschaft, wenn Kapazitätsengpässe als Materialflußbehinderung und Materialkostenverursacher aufgedeckt werden mit dem Hinweis auf alternative Fertigungsorganisationen.

Wichtig ist in diesem Zusammenhang eine starke Geschäftsleitung, die den Prozeß der Kompetenzverlagerung zugunsten eines modernen logistischen Materialmanagements konsequent unterstützt mit Argumenten der Ergebnisverbesserung für das gesamte Unternehmen. In der traditionellen Organisation ist Materialwirtschaft eine Abteilung innerhalb des Betriebsbereichs mit deutlicher Dominanz der Einkaufsfunktion (Abbildung 6).

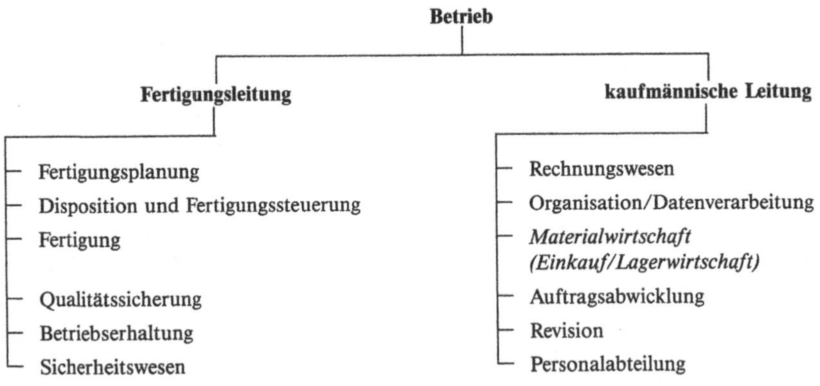

Abb. 6: **Traditionelle Organisation der Materialwirtschaft eines Industriebetriebs**

Die *Organisationsentwicklung zu einem integrierten Konzept der Materialwirtschaft* kann wie folgt skizziert werden:

- Bestellabwicklung (Einkauf)
- Einkauf und Lager („klassische Materialwirtschaft“)
- Einkauf, Lager, Materialfluß, Fertigungssteuerung, Abfallwirtschaft („betriebliche Integrationsstufe“)
- Einkauf, Lager, Materialfluß, Fertigungssteuerung, Abfallwirtschaft, Logistik, physical distribution („Unternehmensintegration“)
- Einkauf, Lager, Materialfluß, Fertigungssteuerung, Abfallwirtschaft, Logistik, physical distribution, Umweltschutz, Ökologie („interne und externe Integration“, „umweltorientierte Materialwirtschaft“).

3.3.2 Neue Formen der Aufbauorganisation

Ein aktives, umfassendes Materialmanagement erfordert eine integrierende Organisation dezentraler Materialregelkreise unter einer übergeordneten Instanz der Materialverantwortlichkeit[8]. Ob Fragen der Kapitalbindung, des Lagerumschlags, der Wiederbeschaffungszeiten und Bestellabläufe – in allen materialrelevanten Fällen soll es für die Geschäftsleitung *einen* Ansprechpartner geben, der über Abweichungen, Störungen, logistische Verbesserungen und Bestandsplanerfüllung Rechenschaft ablegen kann. Dazu bedarf es der organisatorischen Zusammenfassung folgender, früher dezentral verstreuter Materialwirtschaftsaktivitäten:

- Einkauf: Beschaffungsmarktbeobachtungen, Preis-/Konditionenüberwachung, Bezugskostenkontrolle, Beschaffungspolitik, Beschaffungsmethoden, Einkaufsabwicklung
- Lagerwirtschaft: Ein- und Auslagerungsprozesse, Lagerorganisation, Kontrolle des Lagerumschlags
- Qualitätssicherung: Wareneingangskontrolle, Materialfehleranalysen, Ausschußkontrollen, Lieferantenauswahl nach Qualitätsgesichtspunkten
- Disposition: Fertigungssteuerung, Bestandsplanung, -analyse und -kontrolle, Kapazitäts- und Belastungsabgleich, Losgrößen-, Durchlaufzeitenberechnung, Abstimmung der Produktionspläne, Änderungsoptimierungen
- zum Teil die Fertigung: hinsichtlich Materialflußgestaltung, logistischer Probleme, Kapazitätsbelastung
  die Fertigung behält: Planung des Maschineninvestments, Fertigungsverfahrensauswahl, Kapazitätsbereitstellung, Instandsetzung, Durchführung des Fertigungsprozesses
- zum Teil der Vertrieb: hinsichtlich Erzeugnis-Bestände, Versandabwicklung, Transportwege und Distribution an den Kunden, Vertriebslagerorganisation
- der Vertrieb behält: die Marktforschung, das Marketing, die Programmerstellung, Werbung, Akquisition, Kundenverhandlungen.

Mit der Zusammenfassung der oben genannten Funktionen unter *eine* zentrale materialwirtschaftliche Führung entsteht – zumindest organisatorisch – eine starke Abteilung, an die andere Fachabteilungen im Rahmen einer konstruktiven Zusammenarbeit unterschiedliche Erwartungen stellen:

- der Entwicklungsingenieur und Konstrukteur zum Beispiel die Beratung über kostengünstige, zuverlässige Lieferanten und neue Teile
- der Vertrieb zum Beispiel die Mithilfe bei der Sortimentsbereinigung, kurzfristiges Eingehen auf Sonderwünsche wichtiger Kunden, Erhöhung der Lieferbereitschaft bei bestimmten Artikeln
- die Geschäftsleitung zum Beispiel die Entscheidungshilfen bei der Frage „Eigenfertigung oder Kauf", Aufbau eines CAD/CAM-gesteuerten Fertigungssystems
- die Betriebsbuchhaltung zum Beispiel die Auskunft über die aktuelle Höhe der Bestände und ihrer Veränderung während einer Abrechnungsperiode zur Ermittlung des Betriebsergebnisses
- die Kalkulation zum Beispiel die Informationen über Stückzahlprognosen zur Ermittlung der auslastungsabhängigen Gemeinkosten-Zuschläge, Informationen über Mehrzeiten und Ausschuß.

Beispiele einer integrierten Materialwirtschaft lassen sich bereits in zahlreichen Organigrammen der Industrie nachweisen; in Ergänzung des Umweltschutzgedankens ergibt sich die in Abbildung 7 dargestellte *Linien- und Stabstellenorganisation.*

Materialwirtschaft und Umweltschutz bilden hiernach ein Vorstandsressort. Damit wird eine Einflußnahme auf Grundsatzentscheidungen der Unternehmensführung möglich. Der Materialeinkauf gliedert sich in operativen und kreativen Einkauf, die logistische Spannweite reicht von der Programm- und Produktionsplanung bis zur *physical distribution.* Übergreifende Aufgaben der Materialwirtschaft wie Systemanalyse, Umweltschutzkonzepte, Koordination mit Forschung und Entwicklung und Beschaffungsmarketing sind in Stabstellen verlagert.

In größeren Firmen ist auch die *Matrixorganisation* anzutreffen: die Materialwirtschaft tritt neben der Finanz- und Personalwirtschaft als Querschnittsfunktion auf. Die dabei mit den Linienfunktionen Entwicklung/Produktion/Absatz entstehenden Konflikte müssen im Rahmen der Unternehmensorganisation institutionalisiert werden, damit fruchtbare Such-, Lern- und Kommunikationsprozesse ausgelöst werden können[9]. Für eine integrierende materialwirtschaftliche Sicht mit der Chance, ökologische Probleme als typische Querschnittsprobleme ebenfalls mit zu lösen, erweist sich diese Organisationsform als vorteilhaft, wenn Aufgaben und Kompetenzen klar abgegrenzt sind, andererseits eine Zusammenarbeit zum Zwecke einer logistischen Optimierung von der Unternehmensführung gefördert wird (Abbildung 8).

Ähnliche Ansätze zu einem integrierten materialwirtschaftlichen Vorgehen bietet die *Produkt-Management-Organisation.* Da der Produkt-Manager die Aufgabe übernimmt, Produkte (beispielsweise umsatzrelevante Erzeugnisse) vom Entwurf über die Konstruktion, Arbeitsvorbereitung, Fertigung bis hin zum Absatz zu betreuen, kann von ihm eine produktbezogene materialwirtschaftliche Optimierung angestrebt werden. Die Organisationsform des Produkt-Managements ist eine Art spezielle Matrix-Organisation, denn es findet eine Verknüpfung der vertikal angeordneten Produkt-

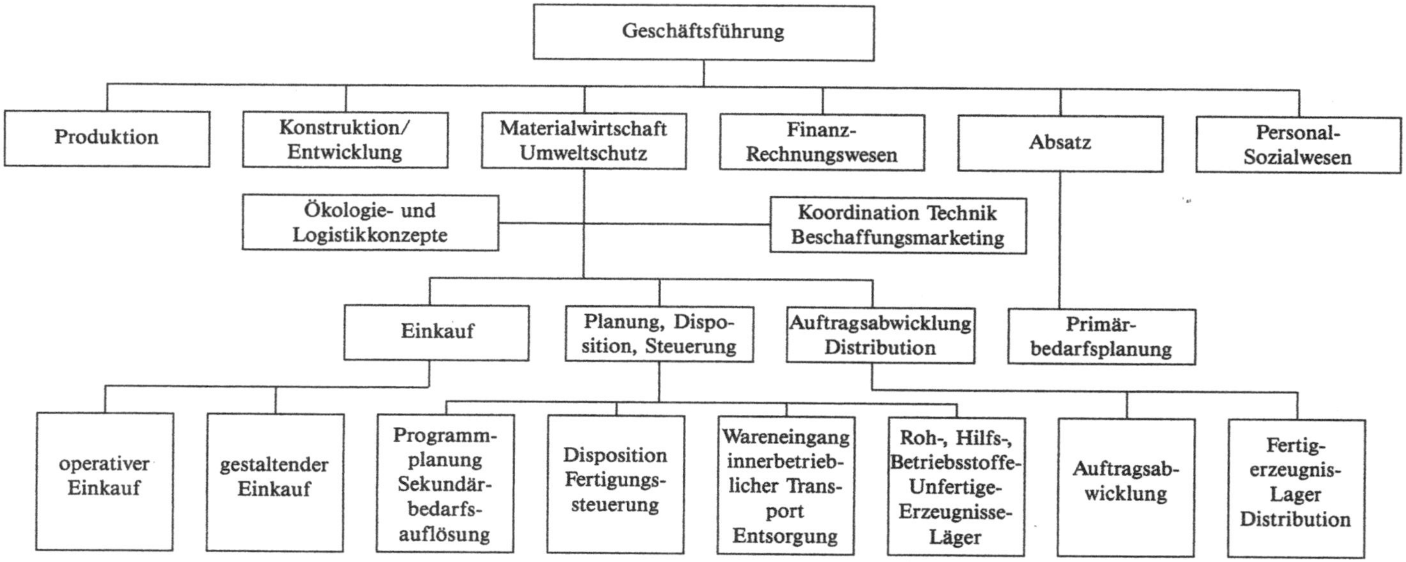

Abb. 7: **Beispiel einer ökologisch erweiterten integrierten Materialwirtschaftsorganisation**

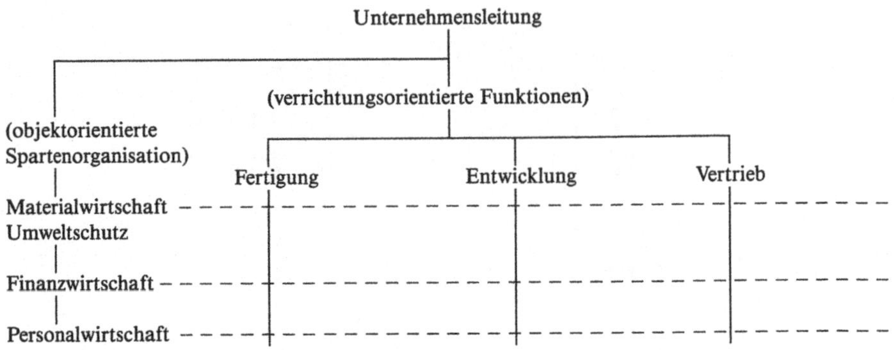

Abb. 8: **Integrierte Materialwirtschaft durch Matrixorganisation**

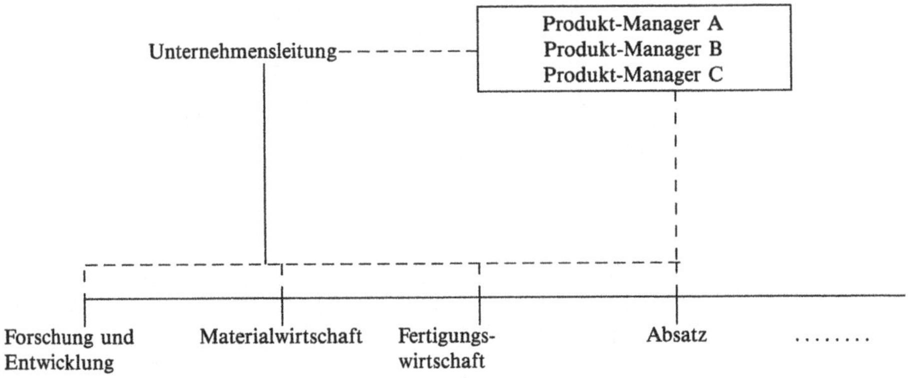

Abb. 9: **Produkt-Management-Organisation**

Management-Bereiche auf Stabstellen-Basis mit den horizontalen Linienfunktionen statt.

Grundsätzlich haben Produkt-Manager kein Weisungsrecht gegenüber den Linienfunktionen und so findet integriertes Denken eines Produkt-Managers dann seine Grenzen, wenn Funktionsbereiche dezentral materialwirtschaftliche Aufgaben erledigen ohne zusammenzuarbeiten. Gerade diese Schwachstellen aufzudecken ist aber nicht zuletzt mit der Tätigkeit des Produkt-Managers verbunden, wenn er Produktbestände verschiedener Veredelungsstufen im Sinne einer logistischen Optimierung kontrollieren soll. Die Geschäftsleitung muß allerdings darauf achten, daß für das übrige Produktspektrum keine gravierenden Nachteile im Durchlauf und im Servicegrad entstehen (Abbildung 9).

In kleineren, mittleren Unternehmen wird die Materialwirtschaft oft *dem* Bereich zugeordnet, der die wichtigsten Entscheidungen in dieser Hinsicht zu treffen hat. Dies ist abhängig von der Branche, der Materialintensität oder auch der Produktkomplexität. In einem entwicklungsstarken Betrieb mit hoher Fertigungstiefe ist es angebracht, positive materialwirtschaftliche Effekte durch integrative Zusammenfassung vor allem im technischen Bereich zu suchen, während bei einer Spedition die Logistik der Distribution dominiert.

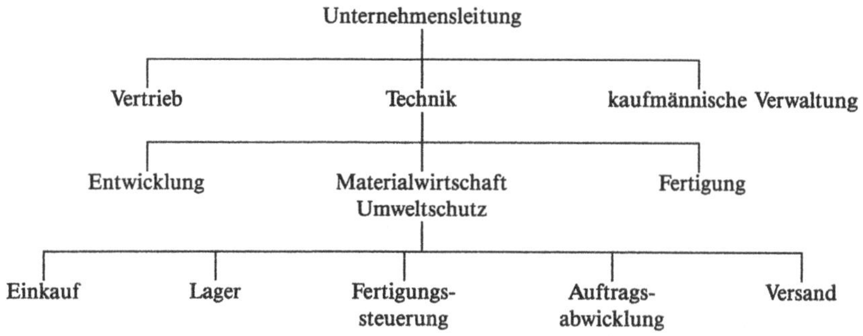

Abb. 10: **Unterordnung der Materialwirtschaft unter den jeweils dominierenden Bereich (hier: Technik)**[10]

3.3.3 Berücksichtigung der ökologischen Belange

Im Zuge der Demokratisierung der Wirtschaft stand lange Zeit ein Ausgleich der Machtverhältnisse zwischen Kapital- und Arbeitnehmerinteresse im Vordergrund, was in die Unternehmensorganisation über das Mitbestimmungsgesetz und das Betriebsverfassungsgesetz mit verschieden intensiven Mitbestimmungs- und Mitspracherechten der Arbeitnehmerseite Eingang gefunden hat. Ökologische Gedanken flossen in die Arbeiter- und Gewerkschaftsbewegung erst spät ein[11] und wurden zuerst in humanökologischen Arbeitsplatz-Schutzvorschriften, etwa in Form der MAK-Werte realisiert. Der unmittelbaren Arbeitsumwelt, nicht den Folgewirkungen von Arbeitsinhalt, -umfang und -intensität auf das eigene Leben, geschweige denn das Leben anderer Menschen, Tiere und Pflanzen, galt das Hauptaugenmerk. Bezüglich der Gestaltung der Arbeitsbedingungen besitzt heute der Betriebsrat ein weitgehendes Mitbestimmungsrecht, eine darüber hinausgehende Verantwortung für den Schutz der Umwelt, sei es durch Produktauswahl, Produktionsverfahren, Sachzielbestimmung des Unternehmens, entsprach ideell historisch nicht den Intentionen der Arbeiterschaft und ist insofern organisatorisch nur rudimentär geregelt.

Die Wahrnehmung des ökologischen Interesses im Unternehmen wurde vom Gesetzgeber bisher lediglich in Person des Gewässerschutzbeauftragten (Wasserhaushaltsgestz § 21a–f), des Betriebsbeauftragten für Abfall (Abfallbeseitigungsgesetz § 11a–f) sowie des Immissionsschutzbeauftragten (Bundesimmissionsschutzgesetz §§ 53ff.) verankert, die aber nur in den Fällen „genehmigungsbedürftiger Anlagen" zum Anwalt des Umweltschutzes de iure aufgerufen sind. So ist der Immissionsschutzbeauftragte gemäß § 54 (BImSchG) berechtigt und verpflichtet:

- auf die Entwicklung und Einführung
  - umweltfreundlicher Verfahren, einschließlich Verfahren zur ordnungsgemäßen Verwertung der beim Betrieb entstehenden Reststoffe
  - umweltfreundlicher Erzeugnisse, einschließlich Verfahren zur Wiedergewinnung und Wiederverwendung hinzuwirken
- bei der Entwicklung und Einführung umweltfreundlicher Verfahren und Erzeugnisse mitzuwirken, insbesondere durch Begutachtung der Verfahren und Erzeugnisse unter dem Gesichtspunkt der Umweltfreundlichkeit
- auf die Einhaltung von Vorschriften und Gesetzen zu achten ...
- die Betriebsangehörigen über schädliche Umwelteinwirkungen der Anlage aufzuklären ...

Der Immissionsschutzbeauftragte achtet demnach auf die Einhaltung der einschlägigen Gesetze und gibt im übrigen Empfehlungen an die Unternehmensleitung, etwa bei Immissionsschutz-Investitionen, und ist Angestellter des Betreibers. Seine Stellung ist insofern abgeschwächt, erstarkt aber in dem Maße, wie die Pflicht zu seinem Einsatz durch Erweiterung der Positivliste ausgedehnt wird und sofern es dem Immissionsschutzbeauftragten gelingt, im direkten Behördenkontakt und eventuell im Kontakt zu Medien oder Bürgerinitiativen seine betriebsinterne Position als Sachwalter des Umweltschutzes in vorderste Fronten zu rücken. Unterstützung kann der Immissionsschutzbeauftragte durch eine ökologische Buchführung, Energieflußdiagramme, kontinuierliche Schadstoffmessungen erhalten, wobei eine enge Zusammenarbeit mit Betriebsingenieuren und dem Materialmanagement geboten ist.

Trotz Immissionsschutzbeauftragten, humanökologischen Vorkehrungen am Arbeitsplatz und gesetzlicher Veränderung der unternehmensexternen Rahmenbedingungen zugunsten des Umweltschutzes muß festgehalten werden, daß Umweltschutz im betriebswirtschaftlichen Zielsystem nur selten und schon gar nicht als autonomes Ziel zu finden ist[12]. Deshalb ist auch keine verläßliche Übernahme in den unternehmerischen Entscheidungsprozeß gewährleistet. Die Sozialbindungsklausel des Privateigentums reicht offenbar nicht aus, um gerade dem „stummen" *Produktionsfaktor Natur* im Unternehmen Gehör zu verschaffen. Aus diesem Grund wird teilweise vorgeschlagen, in großen Unternehmen (Kapitalgesellschaften) zumindest die Parität oder Beinahe-Parität des Mitbestimmungsgesetzes von 1976 zu erweitern um die Teilnahme des „dritten Faktors Umwelt oder Ökologie". Damit entstünde auf höchster Führungsebene ein Mitbestimmungsrecht, das über den „prästabilierten" Gegensatz von Kapital und Arbeit hinausweist und das Eigentum einer „Naturbindung" (analog Artikel 14/II der Grundgesetzes) direkt unterwirft[13] oder zu seiner Anwendung im Sinne eines Patrimonialrechts verhilft. Umweltreferenten oder Umweltbeauftragte könnten hiernach aus Naturschutzverbänden, Bürgerinitiativen der betroffenen Bevölkerung oder von betroffenen Kommunen und Landkreisen in Aufsichtsräte gewählt werden. Zusammen mit dem Immissionsschutzbeauftragten als „untere Fachabteilung" würde das Integrationsziel der Materialwirtschaft erweitert und ergänzt um die Absicherung in allgemein ökologischer Hinsicht, was dann mit größerem Nachdruck Umweltverträglichkeit zu einem inkorporierten, wenngleich nicht konfliktfreien Oberziel der Unternehmensleitung erheben würde.

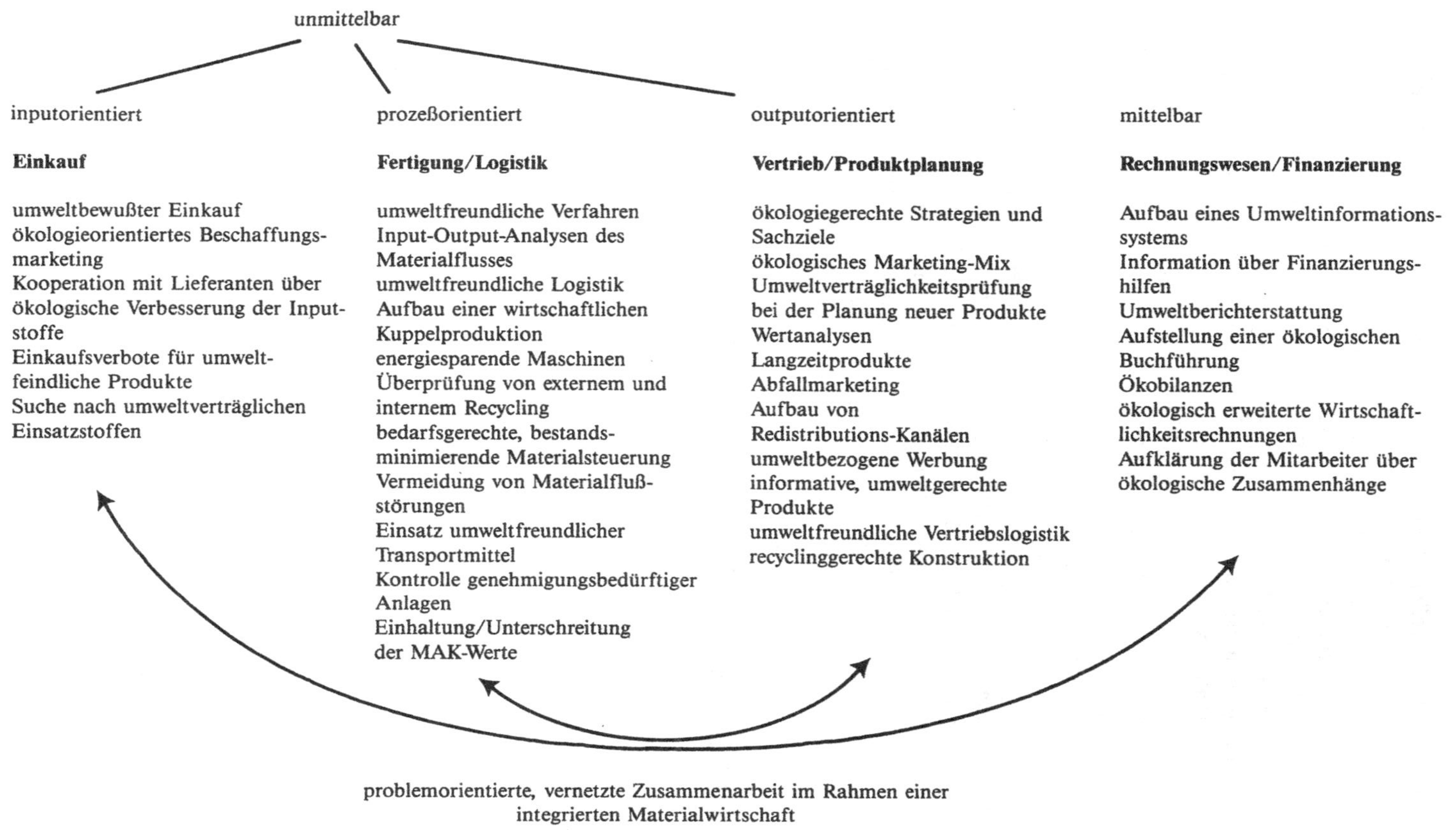

Abb. 11: **Betätigungsfelder des Umweltbeauftragten im Unternehmen**

Im Gegensatz zu offiziellen Mitbestimmungsregelungen haben Firmen in der Bundesrepublik *Umweltreferate* auf Geschäftsleiter- und Sachbearbeiterebene eingerichtet mit zum Teil umfassender ökologisch orientierter Einflußnahme in den unternehmerischen Entscheidungsprozeß[14]. Denkbar ist, daß solche Umweltreferate oder -berater (analog Abbildung 7) als Stabstelle der Unternehmensleitung oder des Vorstandsressorts „Materialwirtschaft und Umweltschutz" gebildet werden mit der Aufgabe, den Umweltschutzgedanken in allen Abteilungen zu verankern. Die Aktivitäten des Umweltreferenten weisen dadurch weit über die Aufgabenstellung heutiger „Betriebsbeauftragter für Umweltschutz" hinaus, deren Schwergewicht eindeutig im technischen Bereich liegt[15]. Die Zielsetzung eines integrierten Umweltschutz-Managements richtet sich neben technischen Verbesserungen auf eine Reihe präventiver Maßnahmen, welche output-, prozeß- und inputbezogen sind. Die Geschäftsinhalte eines Unternehmens können sich dabei entscheidend wandeln, so daß der reine Spediteur zum umweltschonenden Logistikservice-Anbieter, der Maschinenhersteller zum Verkäufer computer-integrierter Fertigungssysteme in Einbeziehung eines Umweltinformationssystems wird und eine umweltbewußte Unternehmensführung Umweltberatungsdienstleistungen an andere Unternehmen oder Kommunen verkauft. Die innovativen Chancen des Umweltschutzes lassen sich am Einsatzspektrum eines Umweltbeauftragten im Unternehmen demonstrieren (Seite 55).

Anmerkungen zu Kapitel 3

1 Als Abfälle bezeichnet man in der Fachliteratur zunehmend schädliche Rückstände oder bewegliche Sachen, derer sich der Besitzer entledigen will (vgl. auch Strebel, H., Umwelt und Betriebswirtschaft, a. a. O., S. 17 ff. sowie AbfG § 1/I)

2 Vgl. Busch, H., Materialmanagement, a. a. O., S. 247 ff.
Wassermann, O., Ein Logistik-System für die Produktionsunternehmen, in: Fortschr. Betriebsführung und Industrial Engineering, Produktivität und Logistik-Systeme, Heft 1, 1985, S. 9

3 Vgl. Nösekabel, E., Bestände im Zielkonflikt – Strategien zur Bestandssenkung, in: Fortschr. Betriebsführung und Industrial Engineering, Heft 6, 1983, S. 372

4 Die angeführten Materialgemeinkostenarten bezeichnet man auch als „Bestandskosten", die in der Industrie mit rund 15–20 Prozent des durchschnittlichen Bestandswertes angesetzt werden. Dieser Prozentsatz wird z. B. in manche Losgrößenrechnungen übernommen

5 Vgl. z. B. o. V., Special: Ökologie, Die Außenwelt als Innenwelt, in: Management-Wissen, Dez. 1985, S. 70 ff.
o. V., Signale aus der Industrie, in: Wirtschaftswoche Nr. 45, 11/85 S. 52 ff.

6 Etwa im historischen Rückgriff auf den Schmalenbachschen Begriff der Gemeinwirtschaftlichkeit

7 Busch, H., a. a. O., S. 218

8 Vgl. Kowarik, R., Organisation der Materialwirtschaft, hg. v. BME Frankfurt/M. 1983

9 Vgl. Grochla, E., Unternehmensorganisation, 9. Aufl., Hamburg 1983, S. 211

10 Vgl. Busch, H., a. a. O., S. 179

11 Vgl. DGB, Leitsätze des Deutschen Gewerkschaftsbundes zum Umweltschutz, Düsseldorf 1972 sowie DGB, Umweltschutz und qualitatives Wachstum, Düsseldorf 1985

12 Vgl. Strebel, H., a. a. O., S. 46 ff.

13 Vgl. Binswanger, H. C., Frisch, H., Nutzinger, H. G., u. a., S. 324 ff.

14 Z. B. die Firmen Winter (Hamburg) und Bischoff & Klein (Lengerich)

15 Vgl. BP Enquete über die Arbeit deutscher Umweltschutzbeauftragter, in: HdU Bd. 4 (Zusammenfassende Analyse der Ergebnisse), III 1. 1, 19

4. Der materialwirtschaftliche Prozeß

4.1 Materialbedarfsermittlung

Materialwirtschaftliche Abläufe stehen unter dem ökologischen Gebot einer bedarfsgerechten Disposition, die umweltverträgliche Produkte ohne unnötige Ressourcenbindung, Emissionen und Abfälle mengen-, termin- und qualitätsgerecht abliefert. Beginnend mit einer Ökologisierung des Marketing und der Entwicklung spannt sich der Bogen über bestandsminimierende Dispositionsverfahren, einen umweltbewußten Einkauf bis hin zu materialflußgerechten Fertigungsprinzipien.

4.1.1 Die Findung des Primärbedarfs

Als Primärbedarf bezeichnet man die zukünftig erwarteten oder bekannten Stückzahlen an verkaufsfähigen Endprodukten, Ersatzteilen oder Halbfabrikaten. Bei auftragsbezogener Fertigung liegt er in Form von mehr oder weniger spezifizierten Kundenaufträgen vor, bei anonymer Fertigungsauslösung ist zum Zeitpunkt der ersten notwendigen Materialdisposition der spätere Käufer noch nicht bekannt.

Dementsprechend ergeben sich unterschiedliche Konsequenzen für Produktion und Materialwirtschaft. Die *Bestellungsfertigung* paßt sich in ihrer „reinen Form" ganz den speziellen Kundenwünschen an, wie bei Maßanzügen, Häusern, Staudämmen und beim Haareschneiden. Oft sind damit die einmalige Konstruktion und Erstellung von Stücklisten, Arbeitsplänen und Werkzeugen verbunden. Das Risiko des Absatzes ist zwar gleich Null, schwierig ist aber auch eine Verstetigung der Produktionsplanung und damit eine gleichmäßige Auslastung, um in eine günstige Kostendegression zu kommen. Die Materialwirtschaft muß mit geänderten Kundenwünschen während der

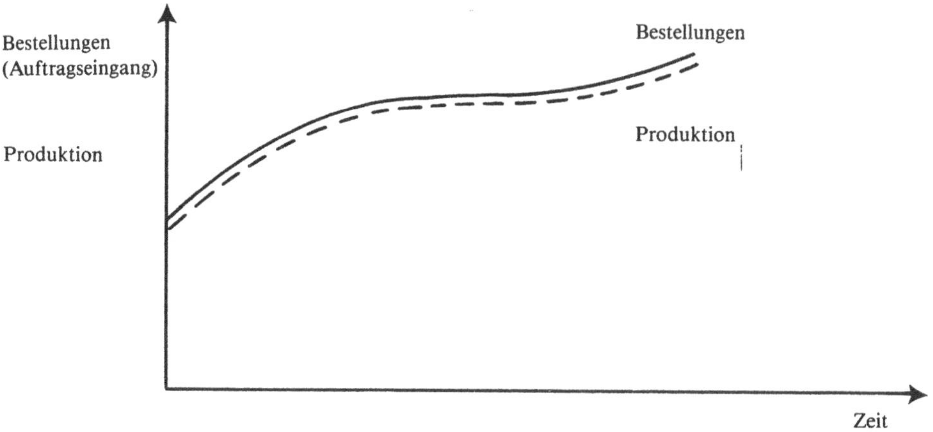

Abb. 12: **Entwicklung von Bestellungen und Produktion bei auftragsbezogener Fertigung**

Fertigungsdauer rechnen. Es entstehen negative Auswirkungen auf Losgrößen, Bestände und ausgelöste Bestellungen.

In Industriebetrieben weit verbreitet ist demgegenüber die *anonyme* oder lagergesteuerte *Fertigungsauslösung*, auch Marktfertigung genannt. In vielen Fällen wartet der Kunde nicht die Wiederbeschaffungszeit der von ihm gewünschten Produkte ab, sondern fordert prompte Verfügbarkeit oder Lieferzeiten, die unter der jeweiligen Wiederbeschaffungszeit liegen. Die Produktionsplanung erfolgt aufgrund von Prognosen oder aus abgeleiteten Vergangenheitswerten mit dem Ziel, eine verstetigte Auslastung ohne übermäßigen Bestandsaufbau und Fehlmengen herbeizuführen. Voraussetzung, teilweise auch Folge dieser Fertigungsmethode ist die Standardisierung und Normung der Produkte und deren Lagerfähigkeit. Für das Materialmanagement ergeben sich hinsichtlich Bestandsoptimierung und Lieferbereitschaft Konflikte mit dem Fertigungsbereich, der vorzugsweise die Produktionsanlagen konstant „durchfahren" möchte.

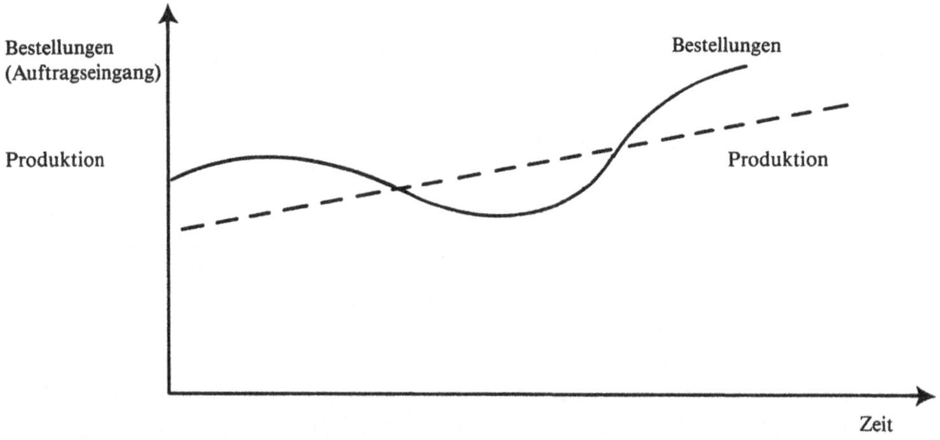

Abb. 13: **Entwicklung von Bestellungen und Produktion bei anonymer Fertigung**

Möglicherweise ergeben sich aber aus einem geschickt standardisierten Programm Ansätze zu einer fertigungssynchronen Beschaffung oder die Bevorratungsebenen werden so gesetzt, daß Rohstoffe und billige Mehrfachverwendungsteile lagerorientiert, teure Baugruppen und die Endmontage auftragsorientiert gesteuert werden. Hier gibt es eine breite Palette von Mischformen.

Die Ermittlung des richtigen Primärbedarfs hängt von einer Reihe von Voraussetzungen ab:

- von der Auswahl des geeigneten Prognoseverfahrens[1]
- von den Informationen der Marktforschung (Marktanalysen, Marktbeobachtungen, Marktprognosen)
- vom Aufbau einer aussagekräftigen Vertriebssystematik mit Angaben der Vertriebsingenieure über Kaufabsichten und produktbezogene Kundenbeurteilung

- vom Verhältnis der sicheren Kundenaufträge zu den risikobehafteten anonymen Prognosen
- von regelmäßigen Anpassungsplanungen aufgrund von Soll-Ist-Vergleichen zwischen Produktion und Umsatz/Auftragseingang
- von der wechselseitigen Information der an der Absatzplanung beteiligten Stellen zum Zwecke einer gesamten materialwirtschaftlichen Optimierung.

4.1.2 Produktplanung und Marketing

Welche Produkte in das Absatzprogramm gehören, in welchem Verhältnis, komplementär oder substitutiv, sie zueinander stehen und wann Ablösungen geplant sind, ist Aufgabe der Produktplanung. Aus ökologischer Sicht richten sich eine Reihe kritischer Fragen an die Sachzielebene:

- Sind die Produkte kurzlebige Wegwerfartikel, vielleicht sogar mit „built in obsolescence", und können sie nicht über Werbung und Erschließung neuer Käuferschichten als langlebige Güter, eventuell mit Austauschmodulen und Fertigung nach dem Baukastenprinzip, konzipiert werden?
- Könnte eine Umstrukturierung der Modellpalette in Richtung einer umweltbezogenen Unternehmensstrategie nicht neue Märkte erschließen, die auf lange Sicht gute Absatzchancen verheißen?
- Was tut die PR-Abteilung/Werbung, um die Nachfrage auf eine Änderung der Produktqualität hinzuweisen?
- Auf welchen Märkten (regional, international, Käuferschicht) und mit welchen Umweltstandards konkurrieren die eigenen Produkte?

Das Marketing hätte in diesem Zusammenhang die Aufgabe, sehr kritisch zu prüfen, ob sich die Qualitätsansprüche der Kunden geändert haben und ob eine aktive Gestaltung des Marktes zur Verbesserung der Aufnahmebereitschaft umweltgerechter Produkte angezeigt erscheint. Dabei kann unter Umständen der materielle Output zugunsten von Beratungs- und Dienstleistungen sinken, wenn etwa Informationen über integrierte Pflanzenschutz-Maßnahmen verkauft werden statt bedenkenlos Pestizide und Dünger. Negative Auswirkungen auf Produktion und Materialwirtschaft, beispielsweise auf Bestände, können in gegenseitiger Absprache mit der Produktplanung und Absatzwirtschaft gemildert werden.

Voraussetzung für einen derartigen Umdenkungsprozeß und ein phantasievolles Denken in Alternativen scheint weniger im fehlenden Willen der Beteiligten zu liegen als in einem jahrelang verinnerlichten expansiven Outputdenken, das als „Erfahrungskurvenstrategie"[2] oft irrationale Wachstumseuphorien entstehen ließ. Ging dieses Konzept in Zeiten der Nachkriegsära mit mehr oder weniger drastischen Fehleinschätzungen der Entwicklung der Nachfrage auf, so wird Marketing bei Fortführung quantitativer Strategien zum exponierten Risikofaktor für Umwelt und die Unternehmensexistenz, denn:

- reines Outputdenken läßt technische Neuentwicklungen oder andere Optionen der Bedürfnisbefriedigung verschlafen

- bei risikoreichen Techniken, wie der Atomkraft, entstehen sogar negative Lerneffekte[3]
- wegen mangelnder Integrierbarkeit des wachsenden Umfeldes kommen Degressionseffekte nicht durch
- die Gefahr, Überkapazitäten aufzubauen, wächst.

Die Zusammensetzung, die Qualität und die Anzahl des Primärbedarfs müssen sich in einer umweltorientierten Materialwirtschaft bei qualitativen Wachstumszielsetzungen entscheidend ändern[4]. Bedarfsdifferenzierende und selbstbewußte Konsumentenhaltungen nehmen zu, der Umweltschutz wird zu einem offenen Bedürfnis. Die dauerhafte Befriedigung von Konsumentenbedürfnissen – ohnehin eine oberste Zielsetzung des Marketing – bekommt unter Berücksichtigung der sozialen Kosten des Konsums ein neues Fundament. Der informierte Verbraucher erwartet ein ökologieorientiertes Marketing-Mix mit *high value* statt *high volume-production.*

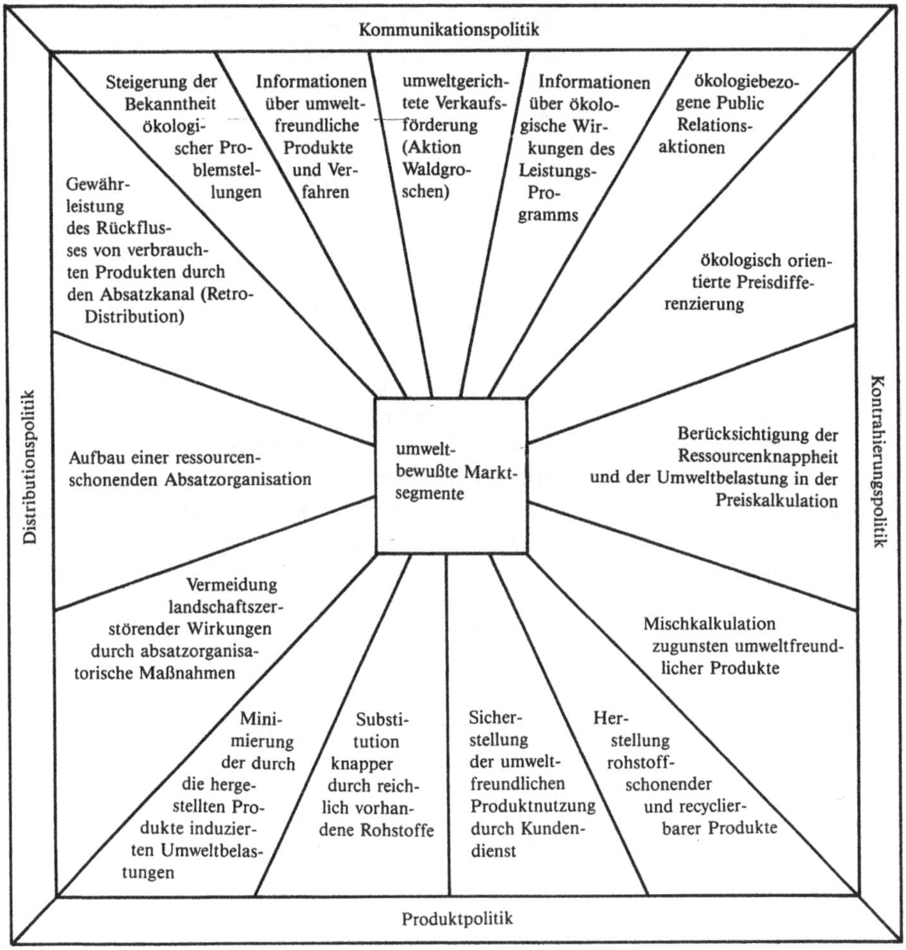

Abb. 14: **Ökologie-orientiertes Marketing-Mix**[5]

4.1.3 Entwicklung und Konstruktion

Wie bereits erwähnt (Seite 29), erhält in einer integrierten Materialwirtschaft die Entwicklung vom Einkauf laufend Informationen über neue Materialien, Teile, die unter ökologischen Aspekten hinsichtlich Ressourcenverfügbarkeit und Umweltverträglichkeit geprüft sind. In einer stark arbeitsteiligen Industriegesellschaft hat der Einkauf eine Schlüsselfunktion für Neu- und Anpassungsentwicklungen innerhalb ökologisch verengter Rahmenbedingungen mit Folgen, die über die Produktplanung bis hin zur Prägung des Primärbedarfs reichen.

Die Forderung einer umweltgerechten Wirtschaft nach Langzeitgütern, Reparaturfreundlichkeit, regenerativem Rohstoffeinsatz, Clean & Recycling-Attributen stellt an Entwicklung und Konstruktion Ansprüche, die allem anderen Folge leisten als simplifizierenden Polemiken, etwa mit dem Motto „Zurück zur Steinzeit"! Die obengenannten Umweltprädikate verlangen neben Funktionstüchtigkeit, ansprechendem Design und Materialqualität vom Entwickler oder Konstrukteur, daß er

- über die Forschung von neuen Materialqualitäten und der Umweltverträglichkeit informiert ist, eventuell mit Hilfe des Umweltbundesamtes oder ökologischen Forschungsinstituten
- über Beschaffungsmarktdateien ökologische Informationen aktuell in Werkstoff-Stücklistendateien abrufen kann
- über CAD-Systeme Kenntnisse über bereits bestehende ähnliche Sachnummern und Analogteile erhält, um aufwendige Neukonstruktionen zu vermeiden, auf Normen zurückgreift, um Bestände zu sparen
- regelmäßig an Wertanalyse-Untersuchungen in Einbeziehung ökologischer Kriterien teilnimmt
- mit Fertigungsplanung und Materialsteuerung neue Produktions- und Montageverfahren studiert
- mit der Marketingabteilung über Variantenbegrenzung und Absatzstrategie einig ist
- ein Produkt aus niederentropischen Bestandteilen aufbaut, die verhältnismäßig einfach zu recyceln sind[6].

Die Konstruktion verursacht zwar nur 7 bis 8 Prozent aller Kosten eines Produktes, legt aber cira 70 Prozent der Kosten fest, besonders im Einkauf. Materialwirtschaftliche Verbesserungen sind deshalb hier besonders effektiv[7].

4.1.4 Lieferplanung

Die zentrale Bedeutung der Primärbedarfszahlen muß in einer integrierten Materialwirtschaft dazu führen, daß nicht der Vertrieb dem Betrieb Stückzahlen autoritär vorgibt, sondern daß eine Abstimmung zwischen Lieferplanung und Disposition erfolgt über Menge, zeitliche Ablieferung und Art des Vertriebswunsches. Diese Abstimmung bringt mehrere Vorteile für das Unternehmen:

- auf die qualitative und quantitative Kapazität der Produktion wird Rücksicht genommen
- Erfahrungen des Materialmanagements bezüglich früherer Prognosegenauigkeit fließen ein in die endgültige Abfassung der abzuliefernden Stückzahlen, unterlegt mit Analysen der Bestands- und Leerkosten bei Produktionsplan-Reduzierungen
- eventuell auslaufende Order werden verlängert und Sonderaktionen des Vertriebs gestartet bei hohen Überbeständen, vor allem bei teuren Einfachverwendungsteilen
- notorische Vertriebseuphorie wird neutralisiert durch Hinweise auf entstandene und entstehende Logistikkosten, die die Umsatzrendite schmälern.

Gelingt es auf diese Art und Weise, Vertrieb und Betrieb in ein gemeinsames Boot zu setzen, sinkt die Gefahr unrealistischer Prognosen und die Rolle der Materialwirtschaft wandelt sich vom Erfüllungsgehilfen, der mit hoher Bestandsbevorratung vorrangig die Lieferbereitschaft mit allen Kapriolen aufrechterhält, zum Partner, der neben dem Umsatzziel eben auch die Senkung der Materialkosten im Auge hat. Voraussetzung dafür sind jedoch Abstimmungsgespräche im Zuge einer revolvierenden oder rollierenden Planung, Simulationsrechnungen, Ermittlung von Kapazitäts- und Belastungsprofilen in der Grobplanphase und Soll-Bestandsrechnungen. Aus dem Vertriebswunsch entsteht somit ein abgestimmter, verbindlicher Produktionsplan. Die Summe aller mit dem Betrieb abgestimmten Produktionspläne ergibt in der Regel das Produktionsprogramm für ein Jahr.

4.2 Die Errechnung des Sekundärbedarfs

Sind die Produktionspläne aller Endprodukte zwischen Vertrieb und Produktion mit entsprechenden Orderreichweiten vereinbart, ist ein Primärbedarf vorhanden, aus dem bei programmorientierter Bedarfsermittlung der Sekundärbedarf errechnet werden kann. Erforderlich dazu sind Stücklisten.

4.2.1 Programmorientierte Bedarfsermittlung

Jedes Fertigprodukt besteht aus einer mehr oder weniger großen Anzahl von Materialien, die entweder selbst gefertigt oder fremdbezogen werden und die unterschiedlich viele Stufen im Fertigungsprozeß durchlaufen. Eine *Stückliste* enthält alle Rohstoffe, Teile, Baugruppen eines Erzeugnisses und gibt darüber verschiedene Auskünfte quantitativer und qualitativer Art, wie Maßeinheiten, Konstrukteur, Disponent, Lagerort, Preis und Lieferant.

Die Stückliste ist in vielen Varianten erstellbar, beispielweise als Mengen-, Baukasten-, Struktur-, Gleichteile-, Plus-Minus-Stückliste. Für die Nettobedarfsrechnung und Fertigungssteuerung ist die Strukturstückliste von zentraler Bedeutung. Als Produkt-Informationsdatei und für den konstruktiven Änderungsdienst wird häufig die Baukastenstückliste herangezogen. In einer ökologischen Materialwirtschaft enthalten Stücklisten – oder in der chemischen Industrie „Rezepturen“ – darüber hinaus Informationen über das Umweltrisiko von Stoffen, Baugruppen mit Hinweisen auf Alternativstoffe und -lieferanten, die aus der Beschaffungsmarktforschung des Einkaufs, Umweltverträglichkeitsanalysen der Produktplanung oder externen Instituten (Datenbanken) resultieren können. Bei Anpassungs- oder Neuentwicklungen kann dann die Konstruktion über CAD-Systeme auf diese Stücklisten zugreifen und umweltverbessernde Teilesubstitutionen vornehmen. Alle Stücklisten werden heute meist maschinell erstellt und miteinander über Stücklistenprozessoren verkettet oder für dispositorische Zwecke aufbereitet. Über entsprechende DV-Programme läßt sich eine Vielzahl zweckmäßiger Kombinationen für unterschiedliche Anwendungen entwicklen.

Steht ein Primärbedarf fest, so wird nach der deterministischen Methode (programmorientiert) der Bedarf Stufe für Stufe den einzelnen Stücklisten-Positionen zugeordnet nach dem Prinzip: Bedarfsmenge mal Menge der Stücklistenpositionen mal Häufigkeit. Die Verkettung der Stücklistenpositionen geschieht dabei von oben nach unten meist nach Dispositionsstufen und von links nach rechts über Stücklistenprozessoren, beispielsweise ISI von Siemens, BOMP von IBM.

Brutto- und Nettobedarfsrechnung

Es wird also zunächst ein Bruttobedarf jeder einzelnen Stücklistenposition ermittelt, was dem Sekundärbedarf aus den Primärdaten entspricht. Dazu kommen (da nicht in den Stücklisten enthalten) ungeplante Entnahmen für Reparaturen, Labor, Entwicklung und Ausschuß. Mithin entsteht der *Bruttobedarf* aus:

Sekundärbedarf (aus Primärzahlen)
\+ ungeplante Entnahmen

\= Bruttobedarf (für Teil XY)

Anschließend wird überprüft, welche Lagerbestände (bei Losgrößenfertigung mit Lagerstufen), welche in Bestellung befindlichen Bestände und welche reservierten Bestände für laufende Aufträge vorliegen. Aus diesen Korrekturen resultiert der *Nettobedarf*:

Bruttobedarf (für Teil XY)
– Lagerbestand (ohne Sicherheitsbestand)
– in Bestellung befindliche Teile
\+ reservierte Bestände für sonst laufende Aufträge

\= Nettobedarf

Ob ein Nettobedarf für ein Teil auf der unteren Strukturebene überhaupt entsteht, hängt selbstverständlich von den Ergebnissen der Durchrechnung auf den höheren Stufen (Baugruppenebenen) ab. Die deterministisch an Primärbedarfsprognosen angekoppelte Bedarfsauflösung wird auch „Stücklistenauflösung“ genannt. Sie findet besonders bei hochwertigen A- und B-Teilen Verwendung, bei schwankendem Bedarf, Kleinserien, individuellen Produkten mit vielen Einfachverwendungsteilen, bei abgesicherten Bedarfsprognosen, also bei konkret vorliegenden Kundenaufträgen oder Kaufabsichtserklärungen. Mit zunehmender EDV-Unterstützung wird die kompliziertere programmorientierte Bedarfsauflösung immer häufiger eingesetzt. Die *Bedarfsauflösung und Terminlegung* kann nach verschiedenen Methoden vor sich gehen:

Fertigungsstufen-Verfahren

Nach dem *Fertigungsstufen-* (Baustufen-) *Verfahren* werden alle Teile eines Erzeugnisses analytisch in der Reihenfolge ihrer Fertigungsstufe aufgelöst und je nach Durchlaufzeit und Bestellzeit oder der Stufe im Terminbaum mit bestimmten Losen in Termin gelegt.

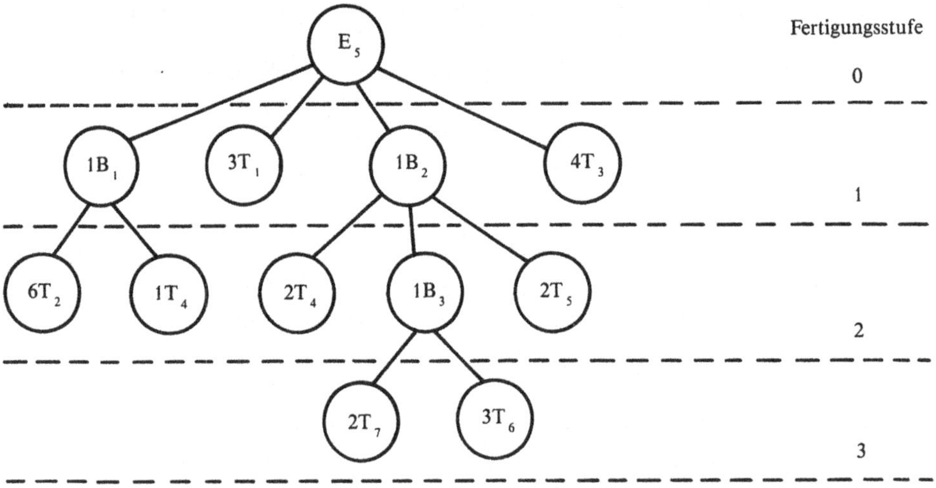

Abb. 15: **Strukturbaum Gerät E_5**

Voraussetzung für eine problemlose Bedarfsauflösung der Sekundärpositionen ist allerdings, daß keine Mehrfachverwendungsteile auf verschiedenen Fertigungsebenen vorkommen wie im obigen Fall. Dies gelingt insbesondere bei einfachen, wenig gestuften Erzeugnissen, etwa Schuhe, Stühle, Lampen.

Dispositionsstufen-Verfahren

Wenn einzelne Teile in mehreren Erzeugnissen oder verschiedenen Fertigungsstufen vorkommen, dann wäre es chaotisch, jedes gleiche Teil hintereinander immer wieder neu zu disponieren. Man zieht deshalb *alle gleichen* Teile innerhalb eines oder mehrerer Strukturbäume auf die unterste Verwendungsstufe oder Dispositionsstufe herunter. Die Abbildungen 16 und 17 zeigen, wie ein nach Fertigungsstufen gegliederter Strukturbaum nach dem Dispositionsstufen-Verfahren erscheint.

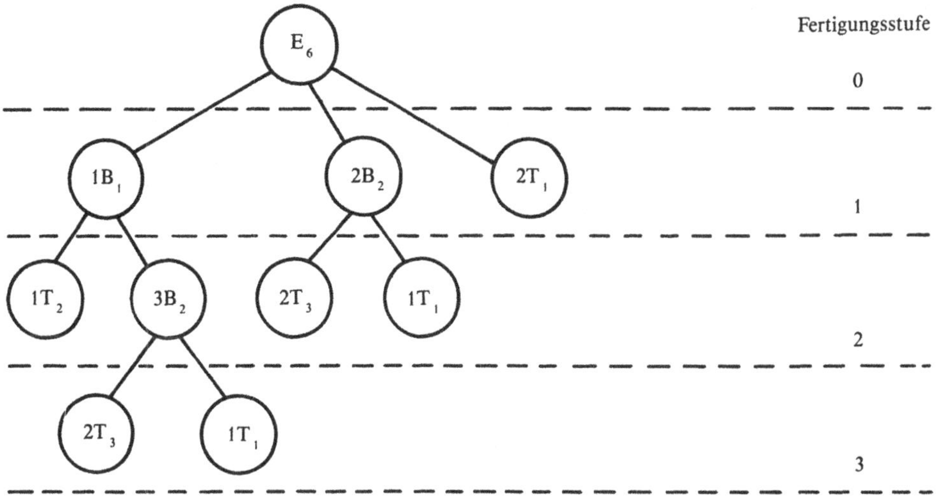

Abb. 16: **Strukturbaum Gerät E_6 nach Fertigungsstufen**

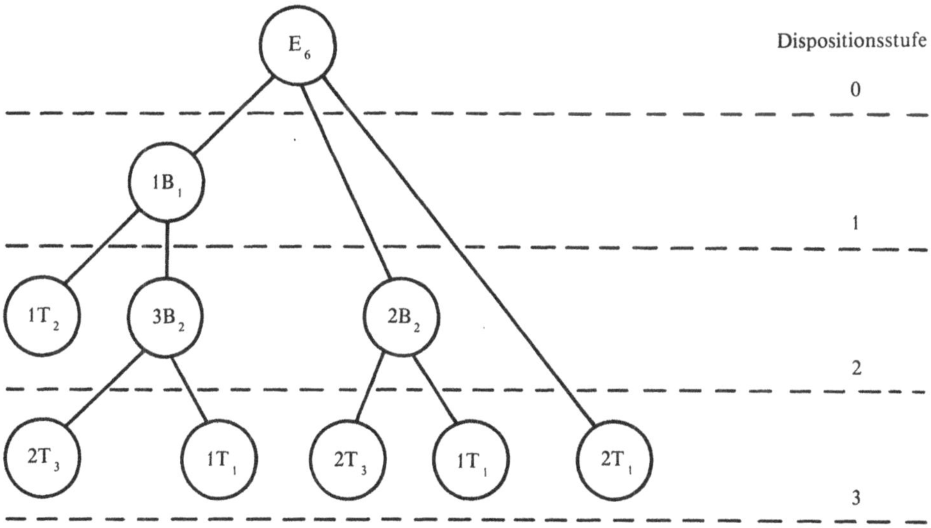

Abb. 17: **Strukturbaum Gerät E_6 nach Dispositionsstufen**

Der nach dem Dispositionsstufenverfahren unter Umständen vorgezogene Bestandsaufbau wird zugunsten der dispositorischen Vereinfachung in Kauf genommen. Analogien ergeben sich zur Fertigung in wirtschaftlichen Losgrößen, wo ebenfalls zukünftiger Bedarf durch Zusammenfassung vorweggenommen wird.

Synthetische Methode der Bedarfsauflösung

Bei komplexer Fertigung mit vielen Mehrfachverwendungsteilen, breitem und tiefem Produktionsprogramm und schwankenden Primärbedarfswerten findet man die „synthetische Methode“. Sie wird auch „anonyme Disposition“ genannt, weil der Disponent den direkten Bezug zwischen Teil und Endprodukt verliert. Über den Teileverwendungsnachweis wird jede Sekundärposition anonym mit der Primärbedarfsebene verkettet. Über jede Sachnummer erhält der Disponent laufend Informationen über:

- den aktuellen Bestand
- die von höheren Strukturelementen eintreffenden Bedarfsmengen mit Terminangabe
- den Nulldurchlauf der Bestände
- die in Berücksichtigung der Vorlaufzeit in Auftrag gegebenen Eigenfertigungs- oder Bestell-Lose etc.

Neben der laufenden Nettobedarfsrechnung für jedes einzelne Teil entwirft das Programm eine Liste, aus der sachnummernspezifisch ersichtlich werden:

- die Teilestammdaten, wie Losgröße, Herstellkosten, Sicherheitsbestand
- der Vergangenheitsverbrauch
- kritische Abweichung von Zielgrößen etc.

4.2.2 Verbrauchsorientierte Bedarfsermittlung

Im Gegensatz zur Ableitung des Sekundärbedarfs aus Prognosewerten und Kundenaufträgen für Endprodukte werden bei der verbrauchsgesteuerten Disposition Vergangenheitswerte zur Auslösung von Bestellungen oder Eigenfertigungsaufträgen herangezogen. Mit Hilfe von stochastisch-mathematischen Methoden (gewogene gleitende Mittelwerte, Regressionsanalysen, exponentielle Glättung, mittlere quadratische Abweichung)[7] werden von EDV-Programmen ständig nach neuesten Ist-Verbrauchsdaten Monats-Durchschnittswerte ermittelt und daraus der Bestellpunkt abgeleitet. Die in der Industrie zugrundegelegte Basislänge für die Erfassung der Vergangenheitswerte liegt bei ein bis zwei Jahren.

Beispiel:
Monatsverbrauch (MV): 50 Stück
Soll-Bestellzeit (BZT): 2 Monate
Sicherheitsbestand (SIB): 50 Stück
Bestellosgröße (LG): 300 Stück

Der Bestellbestand errechnet sich wie folgt:

$(MV \times BZT) + SIB$ also: $50 \times 2 + 50 = 150$

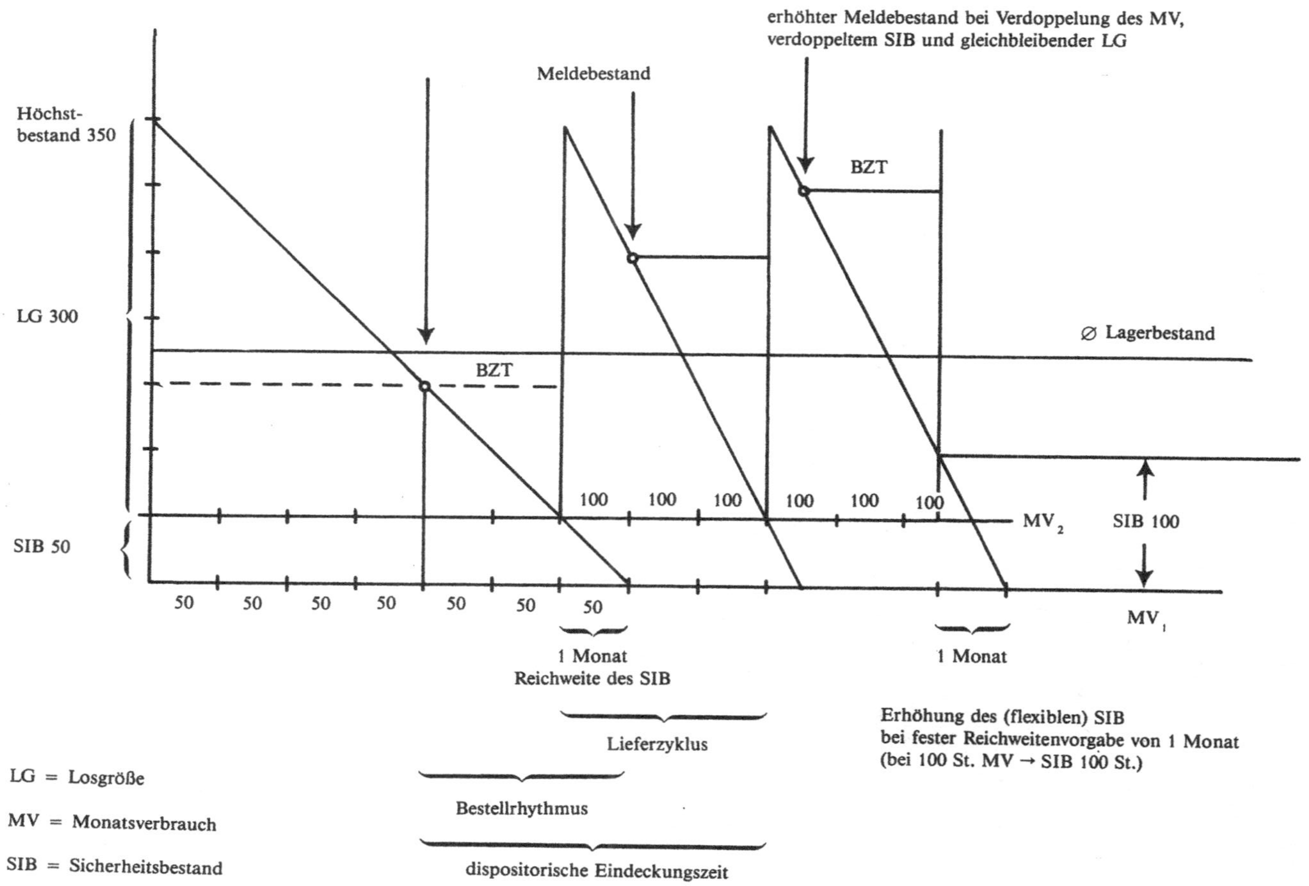

Abb. 18: **Lagerbestandsentwicklung bei konstanter Losgröße, unterschiedlichem Monatsverbrauch und flexiblen Sicherheitsbeständen**[8]

Hierbei wird die Nichtantastung des Sicherheitsbestands unterstellt. Der Sicherheitsbestand selbst vermag einen Lieferverzug (oder eine verspätete Bestellung) von einem Monat abzudecken oder eine Verbrauchssteigerung während der Beschaffungszeit von monatlich 50 Prozent (25 Stück). Die Soll-Bestellzeit sollte auch die Abwicklungszeit des Einkäufers beinhalten und bis zur Abrufverfügbarkeit im Lager reichen.

Ist die Losgröße kleiner als der Verbrauch während der Beschaffungszeit, so muß während der Beschaffungszeit nachbestellt werden. Der Bestellrhythmus in Zeiteinheiten ergibt sich dann aus:

Losgröße = Verbrauch/Zeiteinheit.

Wird eine bestimmte Reichweite der Sicherheitsbestände angestrebt (in Abbildung 18 ein Monat), so empfiehlt sich bei schwankendem Verbrauch eine flexible Sicherheitsbestands-Rechnung.

Eine völlige Loslösung von zukünftigen Entwicklungen der Primärbedarfsebene ist auch bei verbrauchsgesteuerter Disposition nicht angeraten. Bei plötzlich eintretenden Aufwärtsentwicklungen kommt oftmals die Reaktion zu spät und kann bestenfalls vom Disponenten durch vorbeugend erhöhte Sicherheitsbestände abgepuffert werden. Tritt der Nachfrageboom während der Beschaffungszeit ein, ist oft die Flexibilität des Lieferanten die einzige Hoffnung.

Anwendung findet das Bestellpunktverfahren, manchmal kombiniert mit bedarfsgesteuerter Disposition, bei:

- C-Teilen
- Teilen, bei denen keine Bedarfsvorhersagen möglich sind, zum Beispiel wegen fehlender Marktanalysen
- billigen Mehrfachverwendungsteilen (Normen)
- Ersatzteilen
- verderblichen Stoffen
- Hilfs- und Betriebsstoffen
- Teilen und Artikeln mit kontinuierlichem Verbrauch, geringer Änderungshäufigkeit, seltenem Modewandel.

4.3 Materialbeschaffung

4.3.1 Bedeutungswandel des Einkaufs

Im Zuge der wachsenden Bedeutung eines aktiven Materialmanagements verlagerten sich auch die Anforderungen an den Einkauf von einer ehemals primär ausführenden Beschaffungsfunktion mit größter Aufmerksamkeit gegenüber dem Beschaffungsprozeß hin zu einer aktiven Gewinnbeschaffungsfunktion und Partnerschaft der Unternehmensführung.

Die Einbindung des Einkaufs in eine übergreifende materialwirtschaftliche Sicht wurde insbesondere erforderlich wegen:

- des hohen Anteils der Materialkosten am Umsatzerlös (rund 50 Prozent im Durchschnitt der Industrie gemessen an den Herstellkosen); zu Recht vermutet man hier ein großes Kostensenkungspotential
- des wachsenden Zukaufsanteils (sinkende Fertigungstiefe) und einer beschaffungsorientierten Produktion; damit entstehen eine Reihe von beschaffungsorientierten Kontakten, Kooperationen, Joint-ventures, die vom Einkauf bis hin zu einem vertikalen Unternehmenszusammenschluß vorbereitet werden; eine stärkere Abhängigkeit von Lieferanten und vielseitiges subcontracting machen gleichzeitig ein Beschaffungsmarketing unumgänglich
- der innovatorischen Impulse, welche über die Beschaffung, auch von Betriebsmitteln, die Geschäftspolitik maßgeblich beeinflussen
- der Notwendigkeit einer verstärkten kaufmännisch-technischen Zusammenarbeit zwischen Einkäufer, Konstrukteur, Entwickler, Produktplaner; damit sollen nicht zuletzt Beschaffungsaktivitäten „hinter dem Rücken des Einkaufs“ (backdoorselling) seitens der Entwicklung vermieden werden
- der Initiierung eines „qualitativen Wachstums“ durch Materialsubstitution, Beschaffung regenerativer Rohstoffe, gemeinsame Entwicklung umweltfreundlicher Produkte mit Lieferanten.

Die Aufgabenschwerpunkte eines modernen Einkaufs liegen nicht in den operativen Routinearbeiten, dafür gibt es DV-Entlastung, sondern im

- verstärkten Beschaffungsmarketing, der Minimierung von Beschaffungsrisiken und der Sicherung der Marktposition
- Ausbau der Lieferantenpflege mit systematischer Lieferantenbeurteilung, Kooperation mit Lieferanten für verschiedene Problemlösungen, besonders im Umweltbereich
- Wahrnehmung von Kostensenkungsmöglichkeiten über Wertanalyse, Make-or-Buy-Analyse, Subcontracting, EDV-gesteuerte Losgrößenermittlung
- Ausweitung des internationalen Einkaufs (damit werden Fremdsprachenkenntnisse erforderlich!)
- Anwendung von Verhandlungspsychologien
- Ausschöpfung von Gegengeschäften
- Aufbau eines Frühwarnsystems (bei kritischen Teilen Liefererinnerung vor dem Soll-Liefertermin).

Voraussetzungen dafür sind:

- die Lernwilligkeit des Einkäufers zu systemübergreifendem Denken
- bessere wirtschaftliche und technische Qualifikationen
- Höherstufung des Einkaufs in die Unternehmenshierarchie (Gehaltsposition der Verkaufsleiter und Einkaufsleiter bei gleichem Umsatz- und Einkaufsvolumen anpassen!)
- Einbeziehung des Einkaufs in eine integrierte Materialwirtschaft.

4.3.2 Beschaffungsorganisation

Die Bedeutung des Einkaufs innerhalb der Unternehmensorganisation ist abhängig von der

- Beschaffungsintensität (Fertigungstiefe, Branche)
- Eingliederung als aktiver oder passiver Partner des Managements
- Unternehmensgröße.

Ein Großunternehmen kann mehrere Einkaufsabteilungen in verschiedenen Werken sowie einen Zentraleinkauf besitzen. Für eine *Zentralisierung* der Einkaufstätigkeit, auch über Einkaufsgenossenschaften oder Importeure mit besserer Transparenz über Auslandsmärkte, sprechen

- die Beschaffbarkeit größerer Mengen mit besserer Verhandlungsposition, Rabatterzielung
- die bessere betriebsinterne Durchsetzbarkeit der Materialstandardisierung
- in Verbindung mit zentraler Lagerhaltung Rationalisierungseffekte wie automatisiertes Hochregallager und entfallende Mehrfach-Sicherheitsbestände
- bessere Analyse der Beschaffungsmärkte (auch unter Umweltaspekten) durch konzentrierten Einsatz qualifizierten Personals.

Dezentralisierung des Einkaufs empfiehlt sich hingegen bei

- Konzernbetrieben mit diversen Produktionsprogrammen und häufigem Serienwechsel
- bei räumlich weit getrennten internationalen Betrieben mit nationalen Fertigungsprogrammen und Eindeckungspflicht mit landeseigenen Materialien.

Die interne Gliederung des Einkaufs findet entweder statt nach dem *Verrichtungsablauf* (Angebots-, Anfragebearbeitung, Bestellwesen, Terminkontrolle, Wareneingang, Rechnungsprüfung) oder nach dem *Objektprinzip* (Erzeugnisgruppen, Materialarten, Einkaufssegmenten). In der letzteren, in der Praxis überwiegend anzutreffenden Form setzt sich eine Trennung in „verwaltenden" und „kreativen" Einkauf zunehmend durch.

Der verwaltende, weitgehend maschinell unterstützte Einkauf umfaßt dabei die Mengenplanung, das Schreibwesen und die Terminkontrolle, besonders für laufende Aufträge, während der gestaltende (kreative) Einkauf dem Facheinkäufer das Beschaffungsmarketing, Lieferantenbeurteilungen, Vertragsabschlüsse, Verlagerungsmaßnahmen, Wertanalysen und vieles mehr überläßt.

Gutgeführte Einkaufsabteilungen besitzen zudem ein *Einkaufshandbuch*, in dem Richtlinien auch für Spezialkalkulationen, Arbeitsanweisungen, Zeichnungsberechtigungen, maximale Kapazitätsauslastungsgrenzen für Lieferanten, Beschaffungsverbote (beispielsweise für Streusalz, Pestizide und Einwegprodukte) festgehalten werden.

4.3.3 Beschaffungsmarketing

Die Beschaffungsmarktforschung erstellt weitestgehend vorbereitende Analysen. Sie erhält ihre Informationen aus der Primärforschung von Messebesuchen, Anfrageaktionen bei Lieferanten mit Hilfe der IHK und von Marktforschungsinstituten oder aus der *Sekundärforschung* durch Lieferantenveröffentlichungen, Fachzeitschriften und Branchenhandbücher, die sie für den Einkauf aufbereitet.

Das Beschaffungsmarketing hingegen richtet seine Aktivitäten auf die Marktbearbeitung und die systematische Unterstützung der Einkaufstätigkeit. Regelmäßige Beobachtung, Analyse und Prognose der Beschaffungsmärkte sind unverzichtbar für die aktive Erschließung der Beschaffungsmärkte und für die Schaffung einer Basis für optimalen kreativen Einkauf.

Bei einem großen Kaufteilespektrum ist eine gezielte Auswahl nach ABC-Kriterien notwendig, wobei selbst die Anzahl der A-Teile für aufwendige Maßnahmen des Beschaffungsmarketing noch zu hoch sein kann. Es empfiehlt sich eine weitere Verdichtung nach einem Punktebewertungsverfahren, dessen Gewichtung das Resultat einer Teamarbeit zwischen Einkäufer, Konstrukteur, Disponent und Betriebsingenieur sein kann. Die Beurteilungskriterien müssen möglichst überschneidungsfrei sein, da sonst die Gefahr der Doppelbewertung besteht. *Beurteilungskriterien für die Auswahl von Kaufteilen* können sein:

- Stellung in der ABC-Analyse (Verbrauchswert pro Jahr)
- Bestellmenge pro Jahr
- Bedeutung für das Produktionsprogramm als Mehrfachverwendungsteil oder Hauptumsatzträger
- Preiselastizität des Angebots (kritisch bei unelastischem Angebot, einzigartigem Verfahren mit geringer Kapazität und erwarteter Nachfragesteigerung)
- Bestellzeiten („Langläufer" beachten!)
- Rohstoffabhängigkeit, die politische Versorgungssicherheit und die Ressourcenerschöpfung
- Umweltverträglichkeit von Stoffen und Teilen.

Um Fragen der *Rohstoffabhängigkeit und der Umweltgefährlichkeit von Stoffen* (Produkthaftung!) zu beantworten, sind Informationen über die Produktbestandteile unerläßlich. Dazu können eigene Stücklisten oder Rezepturen herangezogen werden und bezüglich der Kaufteile präzise Inhaltsangaben oder Unbedenklichkeitsbescheinigungen von Lieferanten angefordert werden. Aus Geheimhaltungsgründen oder auch Unwissenheit werden diese Daten von Lieferanten zum Teil nur schwer zu beschaffen sein. Die Marktposition des Käufers könnte dabei allerdings erheblich gestärkt werden, wenn sich Unternehmen mit gleichem Umweltinteresse zu einer „buying power" zusammenschließen.

Lassen sich die Hauptproduktbestandteile, die Grundstoffe, in ihre technischen, chemischen und physikalischen Eigenschaften zerlegen, so ist eine *Vormarktanalyse*[9] hinsichtlich der zu erwartenden Preisentwicklung, Beschaffungsprobleme und Umweltverträglichkeit möglich. Dabei wird das eigene Produkt bis zur Rohstoffebene hin untersucht.

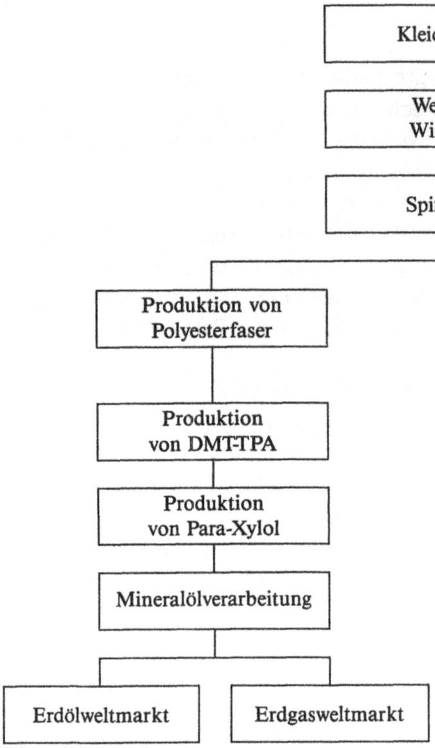

Abb. 19: **Vormärkte einer Kleiderfabrik**

Für die Beschaffung ist entscheidend, wie lange die Vorräte weltweit noch verfügbar sein werden. Obwohl für die Mehrzahl der Rohstoffe im langfristigen Trend reale Preissenkungen erkennbar sind – mit Ausnahme von Rohöl – darf sich der Einkäufer nicht in Sicherheit wiegen. Gerade bei stark homogenen Gütern wie den Rohstoffen und einer kontinuierlichen Verschlechterung der Terms of trade für Länder der Dritten Welt verspricht nur die Produktionsausdehnung steigende Umsatzerlöse. Jede Zunahme der Nachfrage bringt indessen die Rohstoffe ihrem Ende näher, ohne daß der kurzfristig determinierte Marktpreis dieses Ende signalisiert. Für den Einkauf, die Entwicklung und die strategische Planung eines Unternehmens reicht es nicht, wenige Jahre vor Erschöpfung eines Rohstoffes bei steigenden Preisen und Versorgungsengpässen zu reagieren, sondern es müssen aufgrund oft hoher Vorlaufzeiten für Produktentwicklungen weit vorher entsprechende Entscheidungen gefällt werden. Um einen aussagekräftigen Überblick über die tatsächliche Rohstoffsituation zu gewinnen, muß das Beschaffungsmarketing sich sowohl mit den Märkten der Rohstoffe als auch mit ihrer geologischen Situation auseinandersetzen[10] und besonders bei absehbar erschöpfbaren Rohstoffen Substitutionen und Produktveränderungen anregen.

Zunehmend geraten Stoffe aufgrund negativer Auswirkungen auf die Gesundheit von Mensch, Tier und Pflanzen in das Rampenlicht der Öffentlichkeit (Asbest, Form-

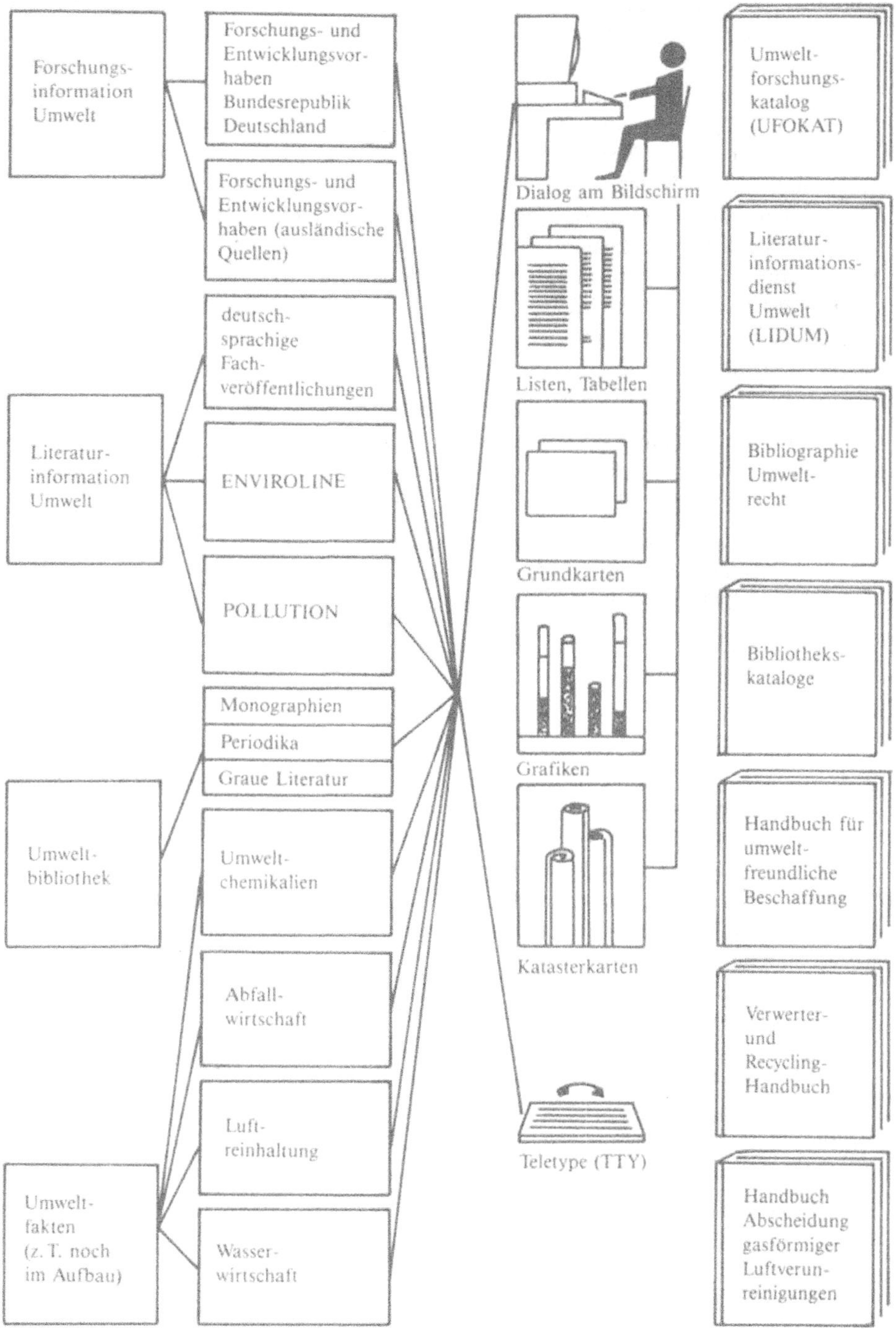

Abb. 20: **Das Informations- und Dokumentationssystem Umwelt (Umplis)**

aldehyd, PCB). Um vorzubeugen, daß ganze Produktionsanlagen geschlossen werden müssen und Geschäftsfelder über Nacht zu kostspieligen Problemfeldern werden, müssen besonders toxische, umweltbelastende Inhaltsstoffe einem intensiven Beschaffungsmarketing unterzogen werden. Dabei sind zunächst mit dem Lieferanten Problemlösungen zu suchen. Darüber hinaus können aber auch unabhängige Umwelt-Labors (zum Beispiel das Kölner Katalyse-Institut) sowie das Umweltbundesamt als neutrale Instanz eingeschaltet werden. Das Umweltbundesamt hält neben einem Handbuch für umweltfreundliche Beschaffung verschiedene Informations- und Dokumentationssysteme über Umweltchemikalien, Abfallarten, -verwerter, -technologien, Luft-, Wasser-, Lärmdaten zunehmend abrufbar bereit (Abbildung 20).

Folgende Institutionen bieten eine Beratung über die technischen Voraussetzungen und Kosten eines Anschlusses an die Umweltdatenbanken über DATA-STAR und DATEX-P-Netz an:

Umweltbundesamt Fachgebiet Z 2.6
Bismarckplatz 1, 1000 Berlin 1
Telefon (030) 890 33 80, 890 33 81

Bertelsmann Datenbankdienste GmbH
Dingolfinger Str. 6, 8000 München 80
Telefon (089) 49 20 51

Datennetzkoordinatoren der Deutschen Bundespost
in der Dienststelle UD

Aus einer Summe ausgewählter Kriterien kann das *Beschaffungsmarktpotential* für hochwertige Kaufteile abgeleitet werden. Einen Kriterienkatalog mit einer relativen Bewertungsskala zeigt Abbildung 21.

Das Beschaffungsmarktpotential ist generell niedrig, wenn zum Beispiel der Lieferant ein spezielles Know-how besitzt, die Preisentwicklung stark ansteigend ist, der Lebenszyklus der eigenen Bedarfsträger absteigend ist. Die Einkaufsstrategie lautet in diesem Falle: Position halten und gute Kontakte pflegen! Umgekehrt gibt es für leicht substituierbare Normteile auf polypolistischen Beschaffungsmärkten mit einer vorsehbar steigenden Nachfrage eines attraktiven, gut eingeführten Produktes ein großes Marktpotential.

Die Beziehung zwischen Einkaufsvolumen und Marktpotenital läßt sich anschaulich in einer Portfolio-Matrix darstellen (Abbildung 22).

Die Position in der Portfolio-Matrix bestimmt dabei die Anfragestrategie und die Intensität der Anfragen.

Nach Auswahl der für ein intensives Beschaffungsmarketing in Frage kommenden A-Teile können folgende Untersuchungen und Maßnahmen ergriffen werden:

Untersuchung der Angebotsstruktur

Auswahl der Lieferanten nach einer Checkliste zum Teil über EDV-maschinelle Auswertung von Wareneingangsdaten unter Kriterien wie Zuverlässigkeit, Qualität,

Materialgruppe: Holzlacke
Produkt: Grundierung S1008

Kriterien	Marktpotential	Punkte
Kriterien	niedrig … hoch 0 1 2 3 4 5 6 7 8 9	Punkte
technische Anforderung an Produkt/Verfahren	sehr hoch – hoch – mittel – niedrig 0 1 2 3 4 5 6 7 8 9	8
Notwendigkeit der Substitution wegen Umweltgefährdung	nicht gegeben – gegeben – akut 0 1 2 3 4 5 6 7 8 9	8
Beschaffungsmarktform	Monopol – wenige Anbieter – viele Anbieter 0 1 2 3 4 5 6 7 8 9	6
Branchen-Konjunktur	sehr hohe Auslastung – niedrige Auslastung 0 1 2 3 4 5 6 7 8 9	6
Einzigartigkeit des Produkts	gegeben – nicht gegeben 0 1 2 3 4 5 6 7 8 9	7
Eigene Bedarfsentwicklung in Berücksichtigung des Lebenszyklus	stark rückläufig Auslaufphase – Konstant – stark ansteigend Anlaufphase 0 1 2 3 4 5 6 7 8 9	5
Marktpreisentwicklung	stark ansteigend – stabil – Preisdruck 0 1 2 3 4 5 6 7 8 9	6
technischer Fortschritt	ausgereift – findet nicht statt – starker Wandel 0 1 2 3 4 5 6 7 8 9	6
Produktentwicklung	Lieferant – Branchenstandard – internationale Norm 0 1 2 3 4 5 6 7 8 9	3
Summe		55
Gesamtbewertung des Marktpotentials	0–24 niedrig | 25–49 mittel | 50–81 hoch	

Abb. 21: **Beschaffungsmarktpotential-Analyse**

Bereitschaft zur Zusammenarbeit bei Umweltproblemen, eigener Anteil am Umsatz des Lieferanten und technischer Stand der Fertigungsverfahren.

Um eindeutige Lösungen für die Auswahl optimaler Lieferanten zu erhalten, können Zielvariable mit Mindestanforderungen in Abhängigkeit von der Beschaffungspolitik gebildet werden.

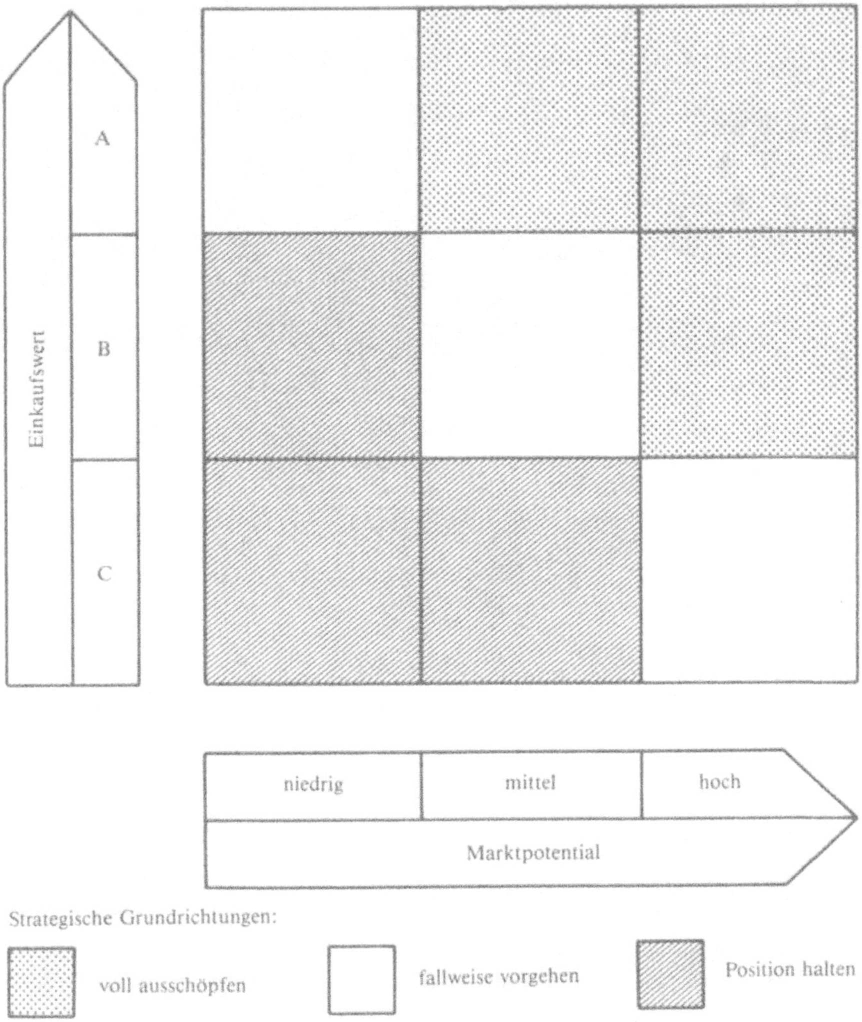

Abb. 22: **Anfrage-Portfolio**

Beispiel: Checkliste „Lieferantenwahl" mit Zielvariablen und Minimalforderung

Beschaffungspreis	→Min.
Lieferzeit	< 10 Tage
Entfernung der Lieferanten	≤ 200 km
Zahl der Lieferanten	≤ 5
Zahl der ausländischen Lieferanten	≥ 2
Service	≥ Standardservice
Qualität	≥ Standardqualität
Beschaffungspreis	≤ 50,– DM

Der Nachteil dieses Verfahrens besteht darin, daß Abweichungen von Variablen negativer Art durch Abweichungen von Variablen positiver Art nicht ausgeglichen werden.

Einer Aufrechnung positiver und negativer Eigenschaften von Lieferanten sucht das *vendor rating system* von General Electric gerecht zu werden. Dabei werden zum Preis q Abweichungskoeffizienten addiert oder subtrahiert. Dies ergibt den Vergleichspreis q_v zu anderen Lieferanten. Preiswirkung und Gewichtung der Abweichungskoeffizienten können betriebsindividuell verändert werden.

Tabelle 8: **Vendor Rating System** [11]

$$q_v = q\,(1 + \sum \text{Abweichungskoeffizienten})$$

1. **Zeit – Termintreue**		
Die Lieferung erfolgt mehr als 4 Wochen zu früh:	+0,01	Punkte
Die Lieferung erfolgt 1–4 Wochen zu früh:	−0,01	Punkte
Die Lieferung erfolgt 0–1 Woche zu früh:	0,00	Punkte
Die Lieferung erfolgt 0–1 Woche zu spät:	+0,01	Punkte
Die Lieferung erfolgt 2–3 Wochen zu spät:	+0,05	Punkte
Die Lieferung erfolgt 4–6 Wochen zu spät:	+0,10	Punkte
Die Lieferung erfolgt mehr als 6 Wochen zu spät:	+0,20	Punkte
1 Mahnung notwendig:	+0,10	Punkte
2–3 Mahnungen notwendig:	+0,20	Punkte
4 und mehr Mahnungen notwendig:	+0,30	Punkte
Auftragsbestätigung innerhalb von 2 Wochen:	0,00	Punkte
nach mehr als 2 Wochen:	+0,005	Punkte
2. **Qualität**		
Kein Ausschuß:	0,00	Punkte
Ausschuß kann trotz Qualitätsabweichung verwendet werden:	+0,05	Punkte
Ausschuß muß vernichtet und ersetzt werden:	+0,14	Punkte
Ausschuß muß nachgearbeitet werden (Kosten werden vom Lieferanten ersetzt)	+0,03	Punkte
Ausschuß muß nachgearbeitet werden (Kosten werden vom Lieferanten nicht ersetzt)	+0,43	Punkte
3. **Service**		
Prompte Beantwortung von Anfragen	0,00	Punkte
Langsame Beantwortung von Anfragen	+0,005	Punkte
Erledigung von Reklamationen nach mehr als 2 Wochen	+0,005	Punkte
Kooperation zur Lösung von Qualitätsproblemen	−0,10	Punkte
Technische Ausrüstung ausgezeichnet	−0,005	Punkte
4. **Umweltschutz**		
Kooperation zur Lösung von Umweltproblemen	−0,10	Punkte
Einsatz umweltfreundlicher Transportmittel	−0,05	Punkte
Zweckmäßiger, minimaler Verpackungsaufwand	−0,05	Punkte
Umweltfreundliche Fertigungsverfahren	−0,05	Punkte

Wurden nach dem angeführten Beispiel im letzten Jahr fünf Anfragen langsam beantwortet, so erhält der Angebotspreis des entsprechenden Lieferanten einen Aufschlag um $5 \times 0{,}005 = 0{,}025$ Punkte.

Analyse der Preisentwicklung

Eine Analyse der Preisentwicklung setzt die Kenntnis der Marktform, der Angebots- und Nachfragesituation auf den Beschaffungsmärkten voraus. Aus Vorproduktanalysen kann man von der Materialzusammensetzung her die Materialpreisentwicklung ableiten. Sind aus Lieferantenanfragen die Hauptkostenbestandteile bekannt, so lassen sich Preissteigerungsankündigungen beurteilen. Teilweise können hierfür eigene Kalkulationen ähnlicher Teile herangezogen werden oder Zahlenmaterial aus Heften des Statistischen Bundesamtes[12].

Steht ein Lieferant in einer ausgeprägten Monopolsituation, so kann versucht werden, Lieferer von ähnlichen Produkten zur Programmveränderung zu bewegen oder eigene Produktveränderungen vorzunehmen, damit andere Lieferanten Angebotschancen erhalten.

Substitutionsanalysen

Produkte mit einem ungünstigen Kosten/Preis-Verhältnis, umweltgefährdenden Bestandteilen, leistungsschwachen Aggregaten sollten einer Wertanalyse unterzogen werden, wofür der Einkäufer wertvolle Hinweise der Verbesserung liefern kann. Gezielte Abfragen von Informationen über umweltfreundliche Alternativstoffe sind dabei in Stücklisten-/Werkstoffdateien der Konstruktion zu speichern, so daß bei Neu-, Anpassungsentwicklungen umweltgefährdende Bestandteile möglichst eliminiert werden. Im Rahmen der Wertanalyse ist dabei in erster Linie die Funktion zu bedenken, welche ein Produkt zu erfüllen hat. Möglicherweise existieren auch Problemlösungen, die weitgehend auf stofflichen Einsatz verzichten können. Ökologische Materialwirtschaft zielt auf Leistungserstellungen bei möglichst geringem Material- und Energieinput!

Analyse der Bestellzeiten

Alternativlieferanten sollten nach Bestellzeiten sortierbar sein. Stärker im Vordergrund als die Beschaffungspreise steht bei vielen Firmen die Lieferbereitschaft, wofür bei hohem Zukaufsanteil niedrige Bestellzeiten entscheidend sind. Zu prüfen ist, ob Bestellzeiten durch Verkleinerung des Bestellrhythmus, durch längere Vorausplanung, durch Optimierung der Beschaffungswege und Transportmittel (logistisches Problem!) gekürzt werden können. Auch hier ist eine Kooperation mit dem Lieferanten unumgänglich.

Beschaffungswerbung

Entgegengesetzt zur Richtung der Absatzwerbung zielt die Beschaffungswerbung auf eine aktive Beeinflussung des Lieferanten durch Informationen über eigene Produkte, Leistungen und Strategien. Vor allem wenn viele Nachfrager nur wenigen Anbietern gegenüberstehen (Verkäufermärkte im Beschaffungssektor), sollte eine gezielte Vertrauenswerbung stattfinden, um „aus dem Kollektiv der Nachfrager herauszutreten". Dazu gehört, daß Lieferanten informiert werden über die eigene Stellung am Absatzmarkt, zukünftige Bedarfsschätzungen, Gutachten über die finanzielle Bonität sowie die Übersendung von Geschäftsberichten. Man strebt einen „guten Eindruck zu erwecken", um den Zulieferer zu besseren Konditionen zu bewegen.

4.3.4 Beschaffungswege und -methoden

In der Regel entsprechen die Absatzwege der Lieferanten den Beschaffungswegen der bestellenden Unternehmen. Die klassische Unterscheidung ist die der *direkten* und *indirekten* Beschaffung.

Bei der direkten Beschaffung erfolgt der Einkauf unmittelbar beim Hersteller. Es werden meist günstige Beschaffungspreise bei größerer Mengenabnahme gewährt, dafür entfallen Vergleichsmöglichkeiten. Vorteile ergeben sich also bei großen Bestell-

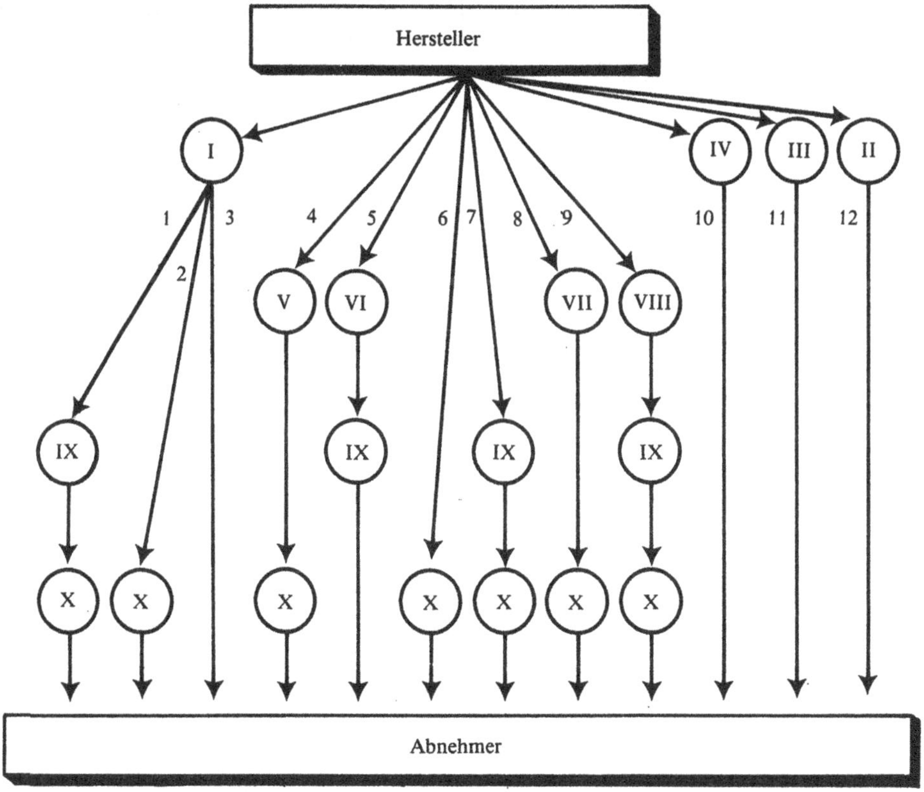

I = Werksgebundene Unternehmen
II = Reisende
III = Fabrikfiliale
IV = Mitglieder der Geschäftsführung
V = Handelsvertreter
VI = Makler
VII = Kommissionäre
VIII = Verkaufssyndikate
IX = Großhandel
X = Einzelhandel

Abb. 23: **Darstellung alternativer Absatzwege**[13]

mengen, kontinuierlichem Bedarf und enger Zusammenarbeit zwischen Hersteller und Abnehmer, zum Beispiel bei fertigungssynchroner Zulieferung.

Die indirekte Beschaffung vollzieht sich über den Groß- und Einzelhandel. Durch seine Bevorratungspolitik vefügt der Großhandel meist über größere Vorräte, er bietet den Vorteil des Sortimentsvergleichs, Transportzeiten und -kosten sind bei regionaler Streuung der Auslieferungsläger geringer, Mindestabnahmeverpflichtungen entfallen oder sind niedriger.

In der Praxis sind verschiedene Absatz- und Bezugswege erkennbar, was von der Beschaffungsmarktstruktur, der Absatzstruktur der Lieferanten und der Marktkonstellation abhängt.

So sind für Investitionsgüterhersteller die Absatzwege 12 (über Reisende), 10 (Mitglieder der Geschäftsführung) und 11 (Fabrikfilialen) typisch, für die Roh- und Grundstoffindustrie dominiert der Weg 9 (über Verkaufssyndikate, Großhandel, Einzelhandel).

Unter ökologischen Aspekten muß der Einkauf neben einer Transportkosten- und Einstandspreisminimierung Transportmittel und Absatzwege mit der geringsten Umweltbelastung (Emissionen, Landschaftsverbrauch, Energieverbrauch) wählen. Wie Tabelle 7 zeigt, ist hier das Transportmittel Bahn mit Abstand die umweltschonendste Lösung[14].

Tabelle 9: **Vergleich der Verkehrsmittel bei gleicher Transportleistung unter dem Aspekt sozialer Kosten**

äquivalente Umweltkosten	Verkehrsmittel
1,0	Schiene E-Lok
2,3	Schiff
4,1	Schiene Diesel-Lok
53,0	LKW

Manche Unternehmen, wie zum Beispiel der MIGROS-Konzern, der die größte Einzelhandelskette der Schweiz betreibt, sind deshalb konsequent auf Bahntransporte umgestiegen.

Als *Beschaffungsmethode* ist zwischen Eigen- und Fremdbeschaffung zu unterscheiden. Bei der Fremdbeschaffung treten Handelsvertreter im Namen der Firma, Kommissionäre im eigenen Namen auf Rechnung des Auftraggebers, Makler als Vermittler von Geschäften, Einkaufsgenossenschaften, Konsortien und Arbeitsgemeinschaften zur Bewältigung größerer Beschaffungsprobleme wie Rohstoffeinkäufe im Ausland auf.

Obwohl beide Beschaffungsmethoden hinsichtlich der Kosten quantitativ schwer vergleichbar sind (qualitative Unterschiede, zum Beispiel Informationsvorteile eines Kommissionärs im Ausland!), läßt sich aus der verschiedenen Kostenzusammensetzung eine Tendenzaussage zur kritischen Beschaffungsmenge ableiten. Die betriebseigene Beschaffung beginnt dabei mit einem höheren Fixkostenanteil, bei der betriebsfremden Beschaffung werden sonstige Ausgaben im wesentlichen über Provisionen abgedeckt.

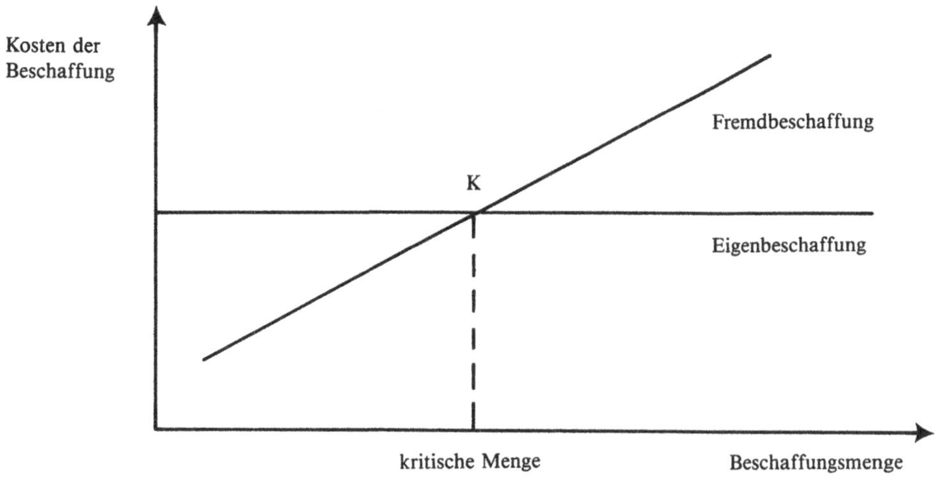

Abb. 24: **Beschaffungsmethode und kritische Beschaffungsmenge**

4.3.5 Beschaffungsprinzipien

Bei der Beschaffung von Repetierfaktoren sind Überlegungen anzustellen, für welchen Zeitraum die Materialien bevorratet werden sollen. Unter dem Aspekt der Kapitalbindung erscheint eine Beschaffung kurz vor dem Bedarf ratsam, was andererseits mit erhöhten Risiken, Transportkosten und ungünstigen Preisen wegen kleiner Bestellmengen verbunden sein kann.

Im wesentlichen bieten sich drei Beschaffungsprinzipien an, die innerhalb eines Unternehmens gleichzeitig zum Einsatz gelangen können: *Einzelbeschaffung, Vorratsbeschaffung* und *fertigungssynchrone Beschaffung.*

So können beispielsweise A-Teile in kurzen Abständen an Fertigungsstraßen angeliefert werden, während Normteile wie Schrauben und Profile in großen Mengen auf Vorrat eingekauft werden. Auch können Preisentwicklungen dazu führen, daß von dem einen auf das andere Beschaffungsprinzip gewechselt wird.

Bei der *Einzelbeschaffung* orientiert sich die Beschaffung am fallweisen Bedarf, der typischerweise bei industrieller oder handwerklicher Einzelfertigung in Erscheinung tritt. Es entstehen kaum Lagerhaltungskosten, da die kundenauftragsbezogene Bedarfsmenge mit der Beschaffungsmenge identisch ist. Die Lagerungszeit von Teilen und Rohmaterialien, die produktbezogen bestellt werden, ist fertigungsablaufbedingt. Auch bei Einzelfertigung kann eine Vorratsbeschaffung stattfinden, wenn nämlich Mehrfachverwendungsteile in die Einzelprodukte immer wieder eingebaut werden.

Die Einzelbeschaffung ist insbesondere von Terminrisiken behaftet sowie von Mengen- und Qualitätsrisiken, da lediglich gemäß Stückliste die Einzelauftragsmenge bestellt wird. Häufig im industriellen Bereich, vor allem bei Werkstattfertigung und

Serienproduzenten mit komplexer Stufung des Fertigungsablaufs, ist die *Vorratsbeschaffung* anzutreffen. Hier weichen Beschaffungsplanung, Produktionsablauf, Beschaffungsmenge von der kurzfristigen Bedarfsmenge ab. Die Lagerhaltung übernimmt eine Ausgleichsfunktion zwischen Beschaffungsmenge und Produktionsablauf: Bestellrhythmus und Bedarfsrhythmus der Fertigung werden über die Lagerhaltung in Einklang gebracht.
Die Vorteile dieses Beschaffungsprinzips liegen:

- in der Verbesserung der Marktposition durch größere Abnahmemengen (dadurch ist eine aktive Preisbeeinflussung möglich)
- Ausnutzung von Preisvorteilen mit Mengenrabatten, Transportstaffeln
- Sicherung der kontinuierlichen Fertigungsbelieferung
- Bildung wirtschaftlicher Losgrößen für Einkauf und Fertigung.

Auf der anderen Seite dürfen die Nachteile nicht übersehen werden:

- höhere Lagerkosten und Kapitalbindung
- höheres Lagerrisiko durch Verderb und Gefahr von Überbeständen.

In manchen Fällen beruht die Vorratsbeschaffung nicht auf der freien Entscheidung eines Unternehmens, besonders dann, wenn Lieferanten eine starke Marktstellung innehaben und Mindestabnahmemengen vorschreiben.

Unter ökologischer Sicht zeichnet sich die Vorratsbeschaffung durch hohe Ressourcenbindung in der einzelwirtschaftlichen Vorratsposition aus, womit auch das Verwertungsrisiko bei Bedarfsstruktur- und Volumensänderungen hoch ist. Mit wachsender Zahl von Lägern für gleiche Teile, zum Beispiel innerhalb eines Konzernverbundes, steigen die Bestände überproportional wegen der vervielfachten Sicherheitsbestände. Die negative Auswirkung einer Vorratswirtschaft verschiedener Wirtschaftsstufen auf die Ressourcenbindung wurde von Forrester[15] untersucht.

Jede der dargestellten Stufen betreibt Lagerhaltung über das Vorratsprinzip und füllt durch Aufträge an die vorgelagerten Produktionsstufen ihre Läger wieder auf. Erhöht sich die Endverbrauchernachfrage sprunghaft, ergeben sich durch Verzögerungen und Überreaktionen der individuellen Bestellpolitik Schwingungen der Lagerbestände, die weit über den Niveausprung der Endnachfrage hinausgehen können.

Durch bedarfsgerechte Disposition und Bevorratung kann eine – gemessen an der Veränderung des Sozialprodukts – überproportionale Ressourcenbindung vermieden werden. Daß die Vorratsbeschaffung im Aufschwung wie im Abschwung prozyklisch wirkt, belegen Zahlen, die einer repräsentativen Erhebung aus Industrie und Handel entstammen[16]:

Jahr	Veränderung des Bruttosozialprodukts	ohne Lagereinfluß	mit Lagereinfluß
1975	sinkend	1,6%	2,5%
1976	steigend	4,0%	5,7%

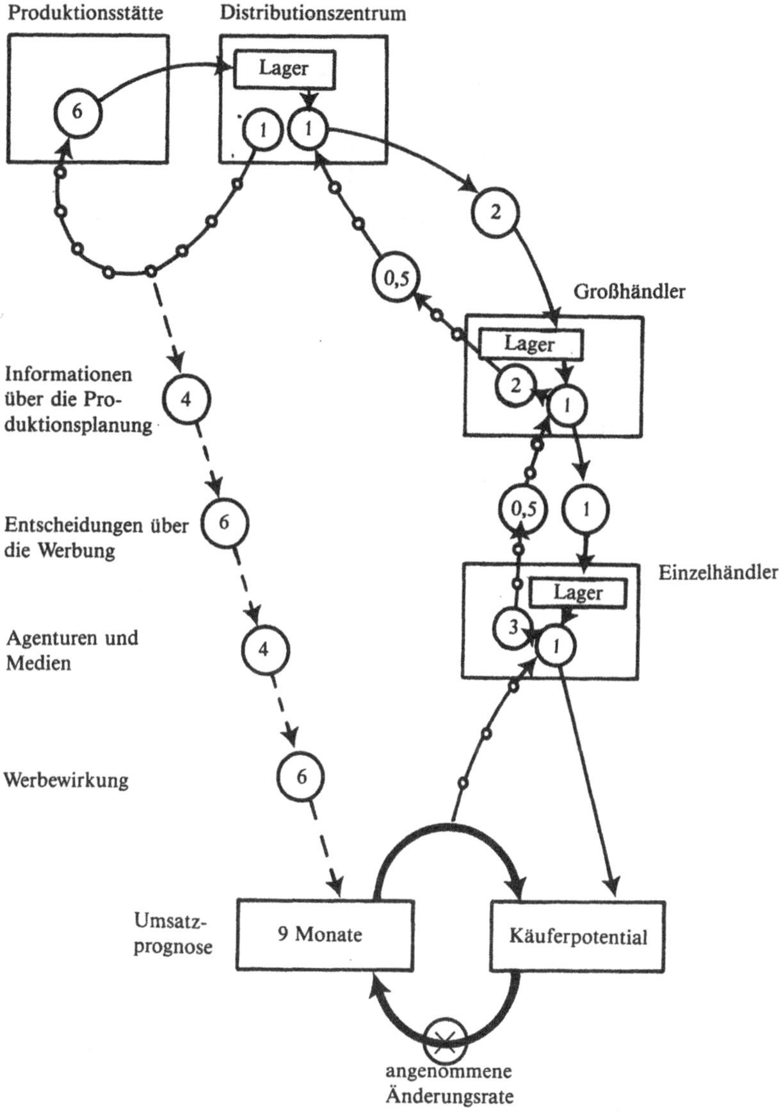

Abb. 25: **Simulationsmodell eines einfachen logistischen Systems**

Unter dem Aspekt der Verpackungsminimierung ermöglicht die Vorratsbeschaffung in größerem Umfang den Einsatz optimaler Gebinde. Statt Einweg-Verpackungen können Mehrwegverpackung, regelmäßig ausgetauschte Gitterboxpaletten, Collicos eventuell unter Nutzung des Bundesbahn-Pools eingesetzt werden. Die Transporthäufigkeit sinkt, was wiederum die Verkehrs-Infrastruktur entlastet und zu relativ – gemessen an Just-in-time-Belieferung – niedrigen Emissionen führt.

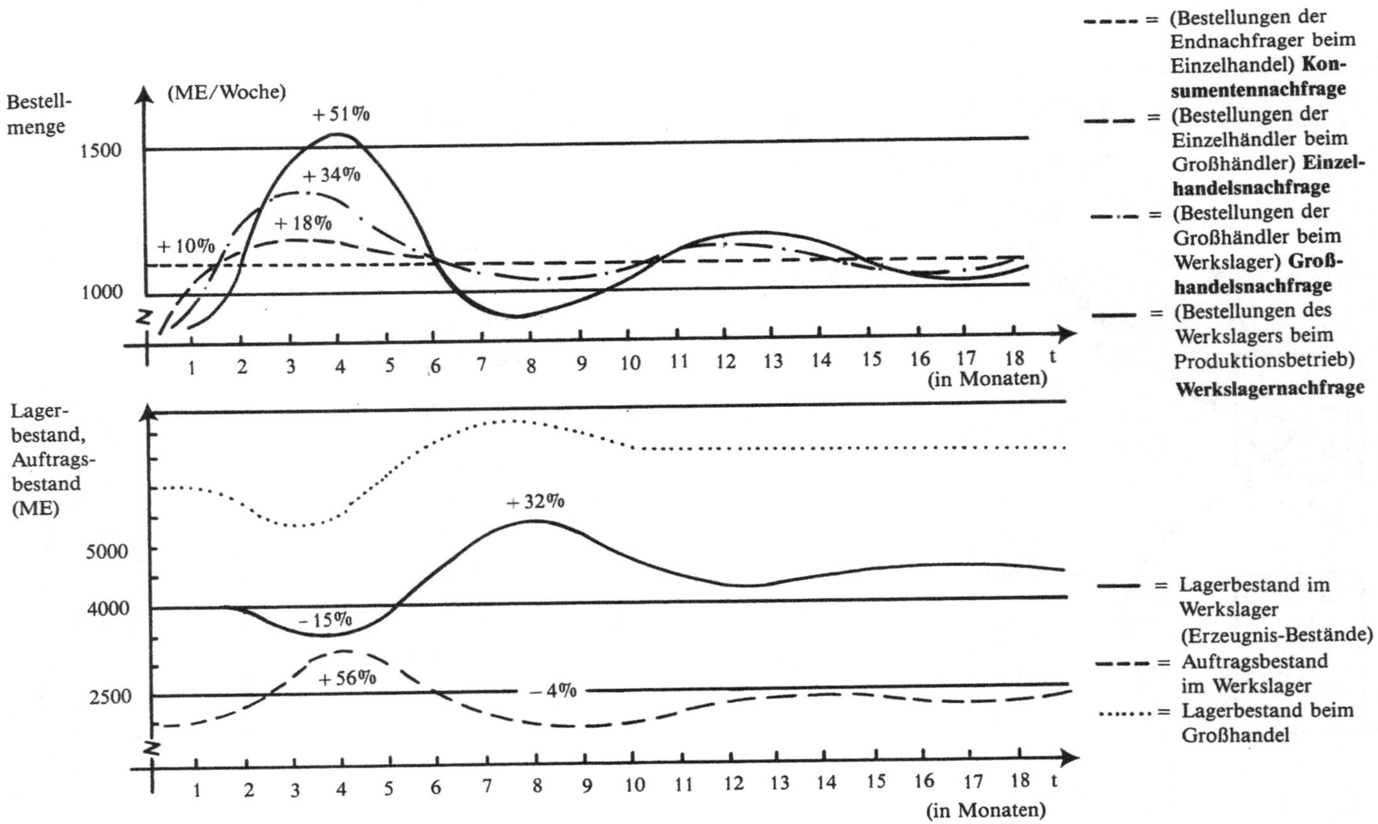

Abb. 26: **Reaktion eines Distributionssystems auf einen sprunghaften Anstieg der Konsumentennachfrage**[17]

Im Zusammenhang mit der Diskussion um die Einführung von KANBAN-Steuerungsprinzipien werden in der Industrie zunehmend *fertigungssysnchrone Belieferungen* erprobt mit den Zielen einer Durchlaufzeit- und Bestellzeitverkürzung, der Senkung von Beständen und einer größeren Flexibilität gegenüber Nachfrageänderungen. Hierfür sind oft erhebliche Veränderungen in der Fertigungsorganisation, den Verfahren, dem Teilespektrum nötig, so daß die Realisierung einer Just-in-time-Belieferung (JIT) nur partiell gelingt. In letzter Konsequenz werden die angelieferten Mengen terminlich dem Produktionsablauf exakt angepaßt; über Rahmenverträge werden Lieferverträge für große Materialmengen geschlossen, die auf Abruf bestellt werden. Der Lieferant kann seine Fertigung auf lange Sicht einstellen und erfährt dabei eine Kostenersparnis, der Abnehmer erspart sich die Lagerhaltung durch direkte Fertigungsbelieferung. Die Voraussetzungen für eine fertigungssynchrone Materialbeschaffung sind:

- der Käufer muß eine starke Stellung im Markt haben
- der Produktionsablauf muß vorhersehbar und stetig sein, analog dem Fließprinzip
- das Produktionsprogramm muß standardisiert sein mit relativ einfachen Teilen und wenigen Arbeitsgängen pro Teil in Großserien- und Massenfertigung
- die Lieferanten müssen absolut verläßlich sein in Menge, Termin und Qualität.

Bei fehlerhaften Lieferungen sind empfindliche Konventionalstrafen vereinbart, weil die Produktion des beschaffenden Unternehmens sofort zum Erliegen käme.

Fertigungssynchrone Beschaffung verhindert zwar die mit der Vorratsbeschaffung verbundene antizipierte Ressourcenbindung und vermeidet Überhangbestände bei Nachfrageverschiebungen weitgehend, führt aber zu einer Erhöhung der Transporthäufigkeit mit allen negativen Begleiterscheinungen der Luft-, Lärm- und Raumbelastung und des Energieverbrauchs durch Verkehrsmittel (insbesondere LKW-Transporte). Teilweise können diese Effekte durch zentrale Speditionsläger in unmittelbarer Nähe des Herstellers abgeschwächt werden. Die Möglichkeit, via Durchlaufzeitbeschleunigung bei Just-in-time-Verfahren einen höheren Output pro Zeiteinheit zu erreichen, kann über aggressive (weltweit operierende) Marketingstrategien dazu führen, daß der Druck auf die natürlichen Ressourcen weiter verstärkt wird.

Auf der andere Seite liegt ein nicht zu unterschätzender ökologiefreundlicher Effekt in der Organisationsentwicklung, hervorgerufen durch Just-in-time-Projekte: es entsteht die Notwendigkeit einer stärkeren Kooperation zwischen den einzelnen Wirtschaftsstufen. Diese Zusammenarbeit kann letztlich auch dem Umweltschutz im Unternehmen zugute kommen, wenn sich vernetztes Denken auch in Kooperationen zur Entwicklung umweltfreundlicher Produkte, gemeinsamer Nutzung von Labors zur Umweltfolgeabschätzung, Austausch von Reststoffen und Qualitätssicherung auswirkt.

4.3.6 Beschaffungspolitik

Um eine Beschaffungspolitik festlegen zu können, muß das Materialmanagement bereits seine Querschnittsfunktion als gleichberechtigter Partner der Unternehmensführung wahrnehmen, weil Prioritäten der Unternehmenspolitik nur mit Hilfe materialwirtschaftlicher Informationen gefunden und mit Hilfe eines „Materialmanagements by Objectives" verwirklicht werden können. So kommt in Zeiten enger werdender Absatzmärkte und rezessiver Konjunkturentwicklung der Kostensenkung über eine Veränderung der Transport- und Distributionssysteme, Kontrolle der Bestände, Make-or-Buy-Untersuchungen, erhöhte Bedeutung zu. In Zeiten eines raschen technologischen Wandels und hoher Wettbewerbsintensität entscheiden Lieferbereitschaft und Service oft über Umsatz und Newcomer-Gewinne. In beiden Fällen ist die Beschaffung gefordert, diese Ziele mit Unterstützung von Lieferanten- und Beschaffungsmarktdateien mit zu erreichen. Ein „Materialmanagement by Objectives" hat dabei den Subfunktionen der Materialwirtschaft klare Zielsetzungen vorzugeben und diese zu kontrollieren.

Während die Zielvorgabe an den Einkauf bei neu entwickelten Produkten auf heißumkämpften Märkten in einer Minimierung der Bestellzeit liegen kann, resultiert aus Geschäftsfeldern, die unter Preisdruck geraten, die Forderung nach Kostenminimierung vor allem der Einstandspreise. Bei sich abzeichnender Konsumentenkritik gegenüber Schadstoffen oder anstehenden Änderungen von Umweltgesetzen stehen Substitutionsüberlegungen im Vordergrund. Bei einer generellen Unternehmensstrategie nach Bestandsdrosselung und Flexibilisierung von Fertigungssystemen mit Einführung von Fließprinzipien, muß die Zusammenarbeit zwischen Einkauf und Lieferant intensiviert werden, auch in organisatorischer und technologischer Hinsicht. Wichtig dabei ist, daß nicht von der Unternehmensleitung „Einkaufsmacht" demonstriert wird, sondern dem Lieferanten Kooperation angeboten wird, was letztlich die Vorbedingung für reibungslose Just-in-time-Fertigung ist.

Nach den genannten Vorgabekriterien, differenziert nach Produktgruppen oder Teilefamilien, ist es Aufgabe des Einkäufers, über eine zielgerichtete Lieferantensortierung den Beschaffungsmarkt neu zu durchleuchten und Vertragsabschlüsse unter neuen Konditionen und mit anderen Lieferanten vorzunehmen. Aufgrund der Ergebnisbeurteilung muß das Materialmanagement in Abstimmung mit der Unternehmensleitung unter Umständen die Programmplanung korrigieren, um eine endgültige Zielerreichung sicherzustellen.

4.3.7 Einkaufsabwicklung

Das Einkäuferprogramm oder ein EDV-gestützter operativer Einkauf erhält regelmäßig von der Disposition Bedarfsmengen und -termine. Dort werden diese Bestellanstöße nach Prioritäten, Liefertermin und Bestellwert geordnet. Dabei zeigen Einkäufer-Expertensysteme (EES)[18] zum Beispiel an, warum ein bestimmter Lieferant zur Auswahl kam. Der Einkäufer kann im Dialog dem Systemvorschlag zustimmen oder ihn verwerfen, weil etwa aus einer Angebotseinholung über Btx ein besserer Lieferant gefunden wurde. Wenn Vorgaben der Bedarfsmeldung nicht erfüllbar sind, wie Liefertermin oder Bestellmenge, macht das EES dem Einkäufer Vorschläge, die Bestellzeit zu verlängern oder die Losgröße zu verkleinern, was wiederum zwischen Einkäufer und Disponenten abgestimmt werden muß.

Die Auswahl der Lieferanten kann, je nach Beschaffungspolitik, differenziert nach verschiedenen Parametern (Beschaffungszeit, Qualität, umweltfreundliches Programm) vom Einkäufer im Dialog erfragt werden; ansonsten ist aber auch eine Auswahl nach der vorliegenden Standard-Gewichtung, zum Beispiel analog dem vendor-rating-system, möglich. Die Problemfelder eines computergestützten Einkaufs liegen in der Software-Entwicklung und in der laufenden Pflege der Daten.

Basis für jegliche rationelle Einkaufstätigkeit ist eine systematische Beschaffungsmarktforschung im Vorfeld. Aufgrund früherer Lieferantenanfragen kann dabei eine kontinuierliche Bereinigung der Produkte um Stoffe mit schädlichen Nebenwirkungen vorgenommen werden, indem Stücklistendateien in Abstimmung mit Konstruktion und Fertigung durch umweltfreundliche Substitute verändert werden und die nächste Bestellung bereits EDV-maschinell mit einer neuen Kaufteile-Nummer und veränderter Bezugsquelle dem Einkäufer ausgedruckt wird.

Die Durchführung der Beschaffung gliedert sich chronologisch in folgende Schritte (siehe auch Abbildung 27):

Angebotseinholung

Die Auswahl der in Frage kommenden Lieferanten geschieht mit Hilfe von Bezugsquellenverzeichnissen[19] oder firmeneigenen Lieferantendateien, die eine Auswahl nach verschiedenen Sortierungskriterien ermöglichen sollten. Eine Erweiterung um ökologische Bedingungen kann über Alternative Branchenverzeichnisse[20] oder Datenbanken des Umweltbundesamtes vorgenommen werden. So gibt es mittlerweile etwa 900 Produkte, an die das Umweltzeichen der Vereinten Nationen, der „Blaue Engel" verliehen wurde[21]. Besonders der Einkäufer in Handelsbetrieben kann objektiv geprüfte umweltfreundliche Marken als Verkaufsförderungsmaßnahme und Imageverbesserung beschaffen, aber auch viele Kaufteile, die erst noch in Produkte einfließen, können bereits nach Informationen des Umweltbundesamtes bezogen werden. Ergänzend hierzu bietet das Institut für Stadtforschung und Strukturpolitik in Berlin eine Datenbank mit über 2000 Herstellern umweltschonender Alternativen vom Recycling bis zu Energiesparlampen an. Gegen einen geringen Kostenbeitrag sind folgende Informationen erhältlich:

- bekannte Gefahren herkömmlicher Produkte
- umweltschonende Alternativen
- Herstellernachweis
- Preisvergleich herkömmlicher und alternativer Produkte, soweit bekannt.

Durch sorgfältige Angebotseinholung können sowohl die eigenen Produkte umweltverträglicher gestaltet als auch Materialeinzelkosten eingespart werden. Bei wertvollen Teilen und komplizierten Anfragen empfiehlt sich eine schriftliche Angebotseinholung anhand vorgedruckter Formulare, in die der Lieferant, Preis, Konditionen, Liefertermin und Inhaltsstoffe eingetragen sind. Bei minderwertigen Teilen wie Schüttgut genügen oft mündliche Anfragen.

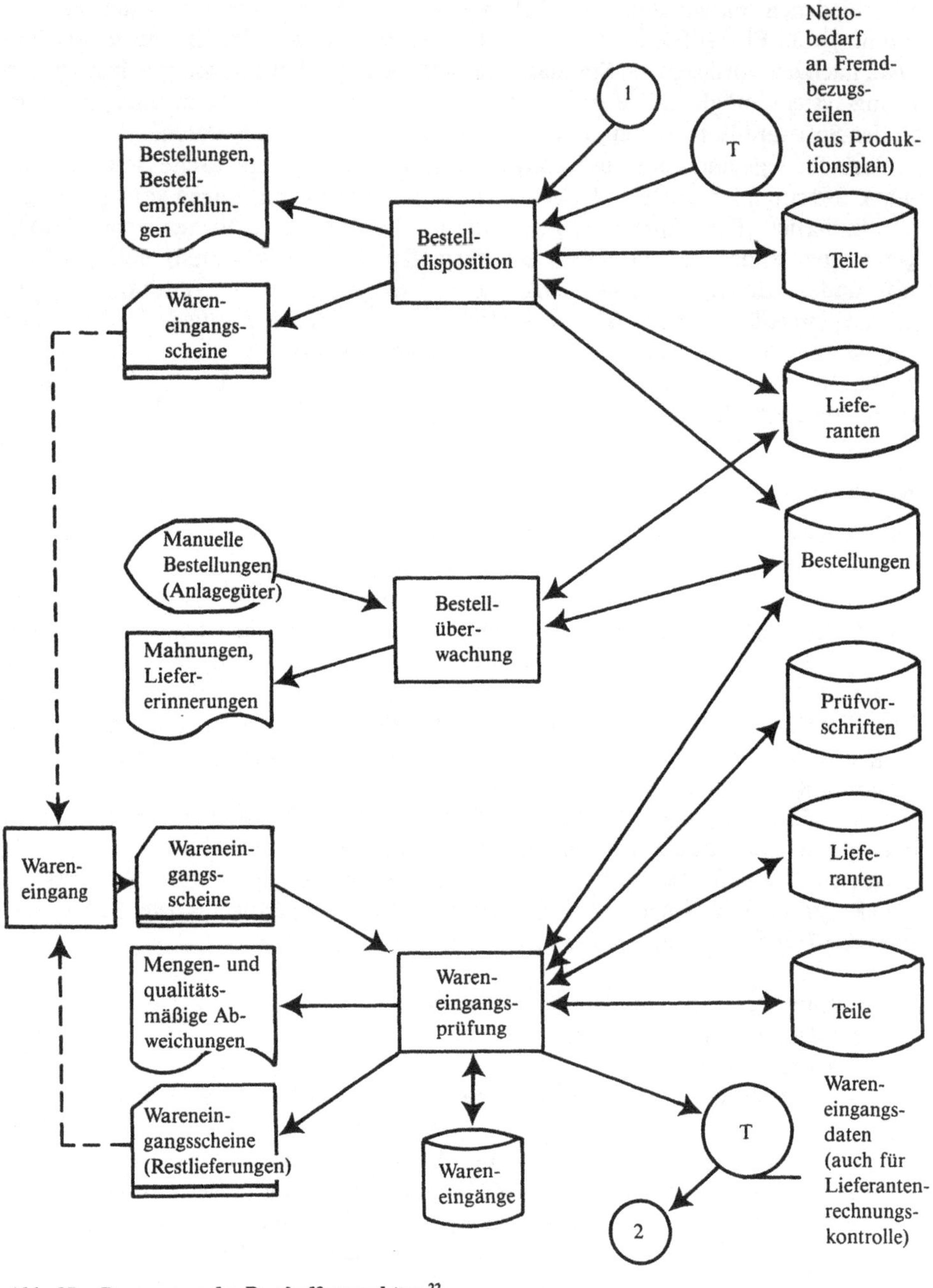

Abb. 27: **Programme des Beschaffungssektors**[22]

Angebotsprüfung

- Formell:
  Stimmt die Anfrage mit dem Angebot sachlich, terminlich, quantitativ überein?
- Materiell:
  Kann die gewünschte Qualität garantiert werden? Eventuell Prüfung an Ort und Stelle. Bessere Qualitäten haben meist einen höheren Preis, können aber unter Umständen durch die Fertigungsweise (Massenproduktion) auch kostengünstiger sein!

Preisermittlung

Der Preis läßt sich passiv ermitteln als Ermittlung des günstigsten Einstandspreises, abzüglich Barzahlungs- und Mengenrabatte, inclusive Liefer- und Zahlungsbedingungen, oder aktiv, indem der Einkäufer den Preis mitbestimmt.
Preisvereinbarung als

- fester Preis
- gleitender Preis (Preisgleitklauseln zum Teil an die Veränderung bestimmter Kostenelemente gekoppelt)
- Tagespreis (Vereinbarung über Ermittlungsmethode nötig!)

Lieferterminabstimmung

Die Lieferterminabstimmung ist wichtig zur Einhaltung der dem Vertrieb zugesagten Wiederbeschaffungszeit, besonders bei Neuanläufern!

An der Lieferfrist können oftmals günstige Preisangebote scheitern, die für zukünftige Bestellungen trotzdem interessant sein können, wenn der Bestellvorgang früher ausgelöst werden kann.

Von Bedeutung ist auch die Prüfung der Flexibilität des Lieferanten in puncto Quantität und Qualität. Kritische Lieferplanpositionen müssen vorher mit dem Vertrieb als solche gekennzeichnet werden. Auch dies ist ein Bestandteil der Prognosegenauigkeit!

Bestellung

Die Bestellung kommt durch Angebot und Annahme als Vertrag zustande, meistens schriftlich oder über Fernschreiber und Telefon. Nach Abschluß des Vertrags sollte der Einkauf auf einer Auftragsbestätigung bestehen mit nochmaliger genauer Überprüfung der Fakten.
Der Vertrag kann geschlossen werden als:

- Kaufvertrag: Lieferung bestimmter Sachen
- Werkvertrag: Herstellung bestimmter Sachen, wobei die Ausgangsstoffe von beiden Vertragspartnern gestellt werden können
- Werklieferungsvertrag: Ausgangsstoffe werden vom Lieferant gestellt.

Ablaufkontrolle

Ziel ist, einen ständigen Überblick über das Bestellobligo (Bestellaußenstände) zu gewinnen: Welche Arten von Materialien, welche Mengen, sind bei welchen Lieferanten zu welchen Lieferterminen und Konditionen bestellt worden? Es geht also um die Bestellmengenkontrolle und Lieferterminkontrolle.

Mit EDV-Unterstützung können „Vorwarnungen“ des Einkäufers über anstehende Liefertermine bei kritischen Teilen ermittelt werden.

Materialeingangsprüfung (Warenannahme)

Bei der Belegprüfung erfolgt die Identifikation der Bestellung aufgrund der Begleitpapiere: Lieferschein und Warenbegleitschein. Die Auftragsnummer/Sachnummer wird verglichen mit dem Bestellsatz im Einkaufsprogramm, also der Losnummer, der Menge und der Art.
Probleme bestehen in:

- Doppellieferungen
- falscher Adresse
- Eilbestellung ohne Bestellunterlagen
- falschem Eingangslager bei mehreren Betrieben einer Firma.

Bei der Mengenprüfung wird die Lieferung mit der Mengenangabe der Begleitpapiere/Bestellsatz verglichen.
Probleme bestehen in:

- Überlieferungen (der Lieferant faßt mehrere Lose zusammen)
- Unterlieferungen (Teilmengen wegen Fertigungsschwierigkeiten)

Qualitätsprüfungen finden meist direkt in der Warenannahme, zum Teil aber auch in der Werkstatt oder im Labor statt; bei KANBAN-System zero-defect-Prüfung beim Lieferanten.

Für jedes Material gibt es unterschiedliche Prüfvorschriften nach

- Umfang (100 Prozent oder Stichproben nach Accepted Quality Level – AQL)
- Art (Gewicht, Belastbarkeit, Prüftoleranzen)
- Ablauf (Festlegen der Prüfschritte, Prüfvorgang, Prüfbericht)

Zeitprüfung (Lieferterminkontrolle)

Es findet ein Vergleich statt zwischen den gelieferten Materialmengen zum Ist-Liefertermin und Soll-Terminen laut Bestellsatz (darauf erfolgt die Fortschreibung der Bestellzeiten-Datei).

Die eingetroffenen und geprüften Materialien sind sofort zu verbuchen, ansonsten Fertigungsverzug, obwohl im Lager bereits körperlich vorhanden (auf Synchronisierung achten!).

Um die eigenen Lagerkosten zu senken, liefern manche Lieferanten zu früh oder in Teillieferungen, was dem Sicherheitsstreben des Einkäufers entgegenkommt. (Gegenmaßnahmen durch Bestandscontrolling, verfrühte Lieferungen eventuell zurücksenden. Die Kapitalbindung in den Beständen beginnt mit der wertmäßigen Zubuchung der Bestandszugänge!)

Rechnungsprüfung

Man vergleicht die Lieferantenrechnung mit Auftragsbestätigung, Bestelldaten und Prüfbericht.

- sachliche Prüfung: Übereinstimmung von Bestellmenge und Liefermenge und Rechnungsbetrag (sind zum Beispiel vereinbarte Preise, Rabatte eingehalten?)
- preisliche Prüfung: bei großen Unternehmen oft durch Rechnungswesen oder Bestandscontrolling mit Abstufung der Prüfintensität nach Höhe des Rechnungsbetrages (Ziel: Unterbindung von Absprachen zwischen Einkäufer und Lieferanten).

Inhalt der Prüfung:

- Welche Marktpreise liegen de facto vor?
- Weicht der vereinbarte Preis wesentlich ab?
- Welche Gründe der Bevorzugung eines Lieferanten gibt es?
- Sind mindestens drei Angebote eingeholt worden?

Durch automatisierte Wareneingangskontroll-Systeme kann eine Vielzahl von Betriebsstellen mit Informationen versorgt werden, zum Beispiel über Qualitätsbewertungsprogramme, Termintreuebewertungsprogramme, Preisbewertungsprogramme, Lieferantenumsatzanalyseprogramme, Beschaffungsgeschichts-Programme[23].

4.4 Materialsteuerung

Im Zuge des Bedeutungszuwachses und der Verselbständigung des materialwirtschaftlichen Bereichs wird zunehmend der Begriff „Materialsteuerung" gebraucht. Er umfaßt die Bedarfsermittlung, die Bestandsrechnung und die Bestellrechnung und verfolgt und lenkt den Materialfluß vom Einkauf über die Läger in die Fertigungswerkstätten bis hin zum Versand. Damit ist Materialsteuerung inhaltlich im Industriebetrieb auf weiten Strecken deckungsgleich mit dem Begriff der Fertigungssteuerung. Darüber hinaus weist Materialsteuerung auch auf den gesamten Materialfluß außerhalb des Fertigungsbereichs im logistischen Sinne hin und schließt ebenso Nicht-Fertigungsbetriebe wie Handel und Speditionen mit ein, wo dann allerdings eher von „Warensteuerung" die Rede ist.

Im folgenden sollen die instrumentellen Voraussetzungen der Materialsteuerung eines Industriebetriebs kurz umrissen werden, um danach die wesentlichen Methoden der Auftragsterminierung und Werkstattsteuerung darzustellen.

4.4.1 Instrumentelle Voraussetzungen

Neben den bereits besprochenen Stücklisten und Rezepturen bei synthetischer Stoffumwandlung sind besonders Arbeitspläne, Losgrößen und Laufzeitenberechnungen wichtige Vorbedingungen, um Material unter den bekannten Zielsetzungen zu disponieren, sie termin-, mengen-, orts- und qualitätsgerecht zur Verfügung zu stellen.

Arbeitsplan

Der Arbeitsplan dokumentiert auftragsunabhängig den Arbeitsablauf in der Fertigung für Teile, Halbfabrikate und Enderzeugnisse für jeweils *eine* Fertigungsstufe. Er muß für jede Stücklistenposition der Eigenfertigung erstellt werden. Neben den allgemeinen Daten im Kopfteil (Sachnummer, Typennummer, Ausgabedatum, Disponent, Arbeitsplaner, Losgröße) enthält der Arbeitsplan weitere materialbezogene Daten wie Mengeneinheiten in Stück, Kilogramm sowie Qualitätshinweise, zum Beispiel mit DIN-Angaben.

Eine Reihe von Fertigungsdaten kann im Ablaufteil angeführt sein, zum Beispiel Betriebsmittel, Werkzeuge, Vorrichtungen, Lohngruppe des jeweiligen Arbeitsplatzes, Splittung, Überlappung, Rüstzeit, Bearbeitungszeit, Soll-Durchlaufzeit in Planwochen. Diese Vielzahl von Informationen wird von verschiedenen Abteilungen, wie Arbeitsplanung, Fertigungsplanung, Disposition, Konstruktion, beigesteuert. Durch Losgrößenänderungen, Ersatz eines Betriebsmittels oder Änderung der Vorgabezeiten, müssen die Daten laufend korrigiert werden. Diese Datenpflege ist von grundlegender Bedeutung für jegliche Disposition, denn der Arbeitsplan findet eine vielseitige Verwendung:

- in der Terminplanung für die Durchlaufzeit-Berechnung
- in der Fertigungssteuerung für die Auftragsterminierung
- in der Werkstatt als Produktions- und Montagevorlage
- als Druckvorlage für die Arbeitskarten
- im Rechnungswesen für die Kostenarten-, Kostenstellen- und -trägerrechnung.

Aus dem Arbeitsplan wird ersichtlich:

- Wer liefert: welche Werkstatt, welcher Arbeitsplatz, welche Kostenstelle?
- Was wird geliefert: Art des Teiles, Menge, Losgröße?
- Woraus wird das Teil erstellt: Werkstoff, Qualität, Abmessungen?
- Wie wird das Teil weitergeleitet: in welchem Bearbeitungs- oder Montagezustand?
- Wann soll die Lieferung erfolgen: in welcher Planwoche?
- An welche Folgearbeitsplätze soll geliefert werden: zu welchem Arbeitsgang?

Losgröße

Jeder Fertigungs- oder Handelsbetrieb steht vor dem Problem, den ermittelten Material- und Artikelbedarf in wirtschaftlich zu fertigende oder vom Lieferanten zu bestellende Losgrößen einzuteilen. Die Losgröße ist dabei eine Zusammenfassung von Teilen zu einer geschlossenen Einheit, die bestellt wird oder als Gesamtheit die Fertigung bis zu ihrer kompletten Bearbeitung durchläuft. Die Frage nach ihrer richtigen Wahl entsteht besonders bei Wiederholfertigungen, mehrstufigen Serienfertigungen mit breitem Produktspektrum und Werkstattfertigungen, weil hier:

- bei Mehrfachverwendungsteilen unterschiedliche Primärbedarfsträger mit verschiedenen Absatzentwicklungen vorliegen
- eine ständige Konkurrenz verschiedener Teile um knappe Maschinen- und Arbeitsplätze besteht und damit durch zu hohe Losgrößen Maschinen für andere Aufträge blockiert werden können
- unterschiedliche Kostensituationen nach Fertigungsstufen berücksichtigt werden müssen.

Von geringerer Bedeutung ist die Ermittlung der optimalen Losgröße bei Sonderfertigung mit Parallelproduktion, wie der Zigarettenherstellung, fast bedeutungslos bei Einprodukt-Massenfertigung. Hier werden von der Bandkapazität abhängige Mengen unlimitiert gefertigt. Die auflagenfixen Kosten sind in der Regel sehr hoch, so daß die *Serien*losgröße gegen unendlich tendiert. Sind Anlagen und Maschinen für eine bestimmte Massenfabrikation gerüstet, so kann hintereinander immer die Losgröße 1, eventuell mit geringfügigen Variationen des Teils oder des Produkts, über die Fertigungsstraße laufen.

Die Bedeutung der Losgröße für die Materialwirtschaft erklärt sich aus folgenden Gründen:

- zu hohe Losgrößen eines Teiles können bei langen Bearbeitungszeiten auf einer Maschine Aufträge erheblich verzögern; zu kleine Losgrößen können Transportmittel über Gebühr in Anspruch nehmen und bedingen Materialflußprobleme
- die Losgrößen bestimmen maßgeblich die Höhe der Lagerbestände
- über die Losgröße werden Materialkosten beeinflußt, wie Rüstkosten, Einstandspreise, kalkulatorische Zinsen, Wagnisse und Bestellkosten.

Die auf die Losgröße im Vorfertigungsbereich einwirkenden Faktoren lassen sich in drei Gruppen gliedern: die *losrelevanten Kosten*, die *Werkstattsituation* und die *Marktlage*. Darunter befinden sich für die Berechnung der *wirtschaftlichen Losgröße* quantifizierbare Größen als auch nicht rechenbare Imponderabilien, die dennoch für die letzte Entscheidung „vor Ort" maßgeblich sein können, wie etwa das Prognoserisiko des Bedarfs und die kurzfristige Belastungssituation in den betroffenen Werkstätten. Die Abwägung aller Einflußfaktoren auf die Losgröße, die eine qualifizierte Disposition bei A-Teilen vorzunehmen hat, ergibt die *optimale Losgröße* (Abb. 28).

Aus ökologischer Sicht sind eine Verkleinerung der Losgrößen durch das damit verbundene sinkende Bestandsrisiko mit kleineren Reichweiten und steigender Umschlagshäufigkeit der Bestände und die sinkende Bevorratung zunächst zu befürworten. Mit der Änderung der Fertigungsverfahren durch automatisierte Abläufe und niedrige Umrüstzeiten, mit fertigungs-synchroner Beschaffung durch das KANBAN-Prinzip und mit Hilfe einer EDV-gestützten Bestellabwicklung sinken die los-

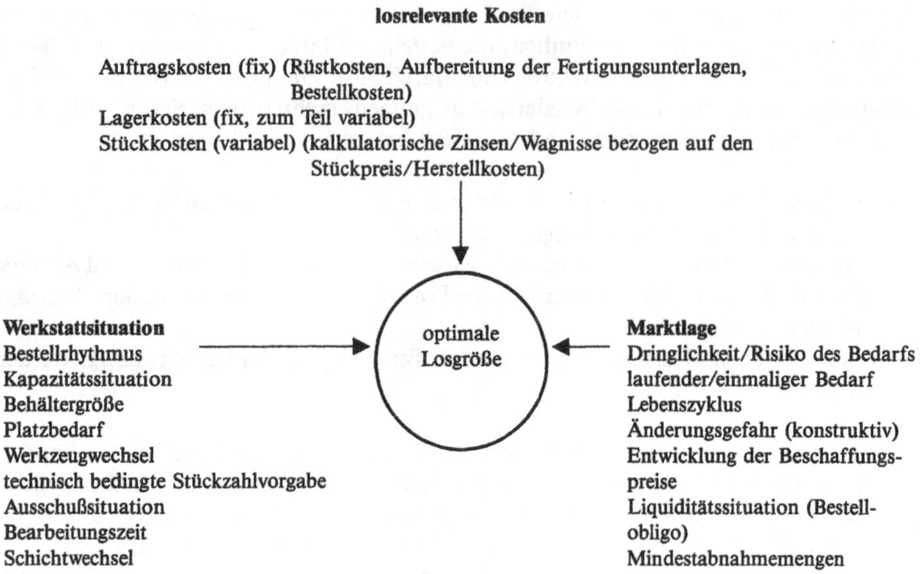

Abb. 28: **Einflußfaktoren der optimalen Losgröße**

fixen Kosten, so daß ohnehin im industriellen Bereich die Auftragsbildung für Eigenfertigung und Fremdbezug in diese Richtung verändert wird.

Auf der anderen Seite ist – wie schon früher erwähnt – zu bedenken, daß zumindest auf der Beschaffungsseite ein kürzerer Lieferrhythmus auch intensive Transportströme hervorruft mit allen umweltbelastenden Nebenwirkungen wie Straßenbau, Abgase, Energieverbrauch. Welcher Effekt letztlich überwiegt, ließe sich vielleicht mit Hilfe ökologischer Bilanzen annäherungsweise ermitteln. Festzuhalten ist, daß die Flexibilisierung der Fertigung mit dem Ziel der kurzen Durchlaufzeiten und kleinen Losgrößen gegenwärtig eindeutige Prioritäten genießt.

Das Problem vieler Losgrößen-Algorithmen ist, daß sie keine Optimierung des gesamten logistischen Prozesses berücksichtigen, sondern stufenbezogen auf „Status-quo-Bedingungen" eine „wirtschaftliche" Mengenzusammenfassung errechnen. Verändert man die Fertigungsbedingungen durch materialflußgerechte Maschinenanordnung, flexible Fertigungszellen mit kurzen Umrüstzeiten, bedarfssynchrone Fertigungstechnik[24], so paßt sich die Losgröße letztlich den Behälterkapazitäten an, die die Werkstücke weitertransportieren. Da dennoch im Vorfertigungs-/Einzelteilebereich und im Beschaffungssektor noch viele diskontinuierliche Fälle der Materialbereitstellung zu bewältigen sind, sollen die wichtigsten Methoden kurz vorgestellt werden.

Fallweise Festlegung

Die Vorgabemengen werden ad hoc nach spezifischen Kriterien gebildet, meist bei kundenauftragsbezogener Einzelfertigung, Einfachverwendungsteilen und Einzelbedarf. Bei Mehrfachverwendungsteilen müssen bereits wieder Überlegungen der Zusammenfassung angestellt werden, ebenso bei voraussichtlichen Wiederholaufträgen. Die Sekundärpositionen werden gemäß Häufigkeit der Stückliste gefertigt. Diese Methode ist im Handwerk und bei Spezialbedarf verbreitet.

Synchrone Losgröße

Bei Wiederholfertigung lohnt sich die Zusammenfassung von Teilen zu wirtschaftlichen Einheiten aus Gründen der Fixkostenersparnis und der Rabatterzielung. In der Regel errechnet man dabei die Losgröße auf *eine* Sachnummer bezogen, unabhängig von den Losgrößen anderer Sachnummern. Bei gestuften Fertigungsprozessen läßt sich dabei nicht vermeiden, daß die Losgrößen unterer Fertigungsstufen in den Losgrößen oberer Fertigungsstufen nicht ohne Rest aufgehen. Kurzfristig kommt es dadurch zu Lagerbeständen, die um indisponible Restmengen überhöht sind.

Dieser Effekt kann durch Bildung synchroner Losgrößen vermieden werden, das heißt Teile der unteren Fertigungsstufen werden als ein Mehrfaches der oberen Fertigungsstufen hergestellt.

Beispiel:

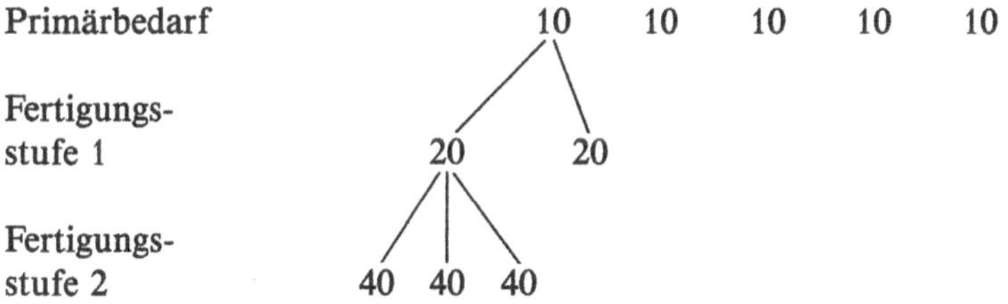

Sinnvoll ist diese Methode der Losgrößenbildung allerdings nur, wenn konstante Wechselbeziehungen zwischen einzelnen Fertigungsstellen wie bei KANBAN-Steuerung geschaffen werden, relativ wenige Standardteile im Fließprinzip die Fertigung durchlaufen und keine Qualitätsmängel auftreten. Sobald die Vorfertigungsteile von schwankenden Primärbedarfszahlen abhängen und Ausschußprobleme auftreten, wird diese Methode fragwürdig. In komplexen Werkstattfertigungen verzichtet man deshalb meist darauf.

Feste Standard-Losgröße

Bei Werkstattfertigung und Serienherstellung noch häufig anzutreffen ist die Methode der festen Losgrößenrechnung nach dem Andlerschen Algorithmus. Hier wird die Losgröße nach meist vergangenheitsorientierten Durchschnittswerten einmalig ermittelt und im Arbeitsplan für jedes Eigenfertigungsteil in den Beschaffungsunterlagen für Kaufteile festgehalten. Nur bei gravierenden Änderungen des Bedarfs oder der losrelevanten Kosten wird der Rechenvorgang erneut durchgeführt. Im Anschluß an die Dispositionsrechnung (Seite 106ff.) werden die fixierten Standardlosgrößen gemäß Vorlaufzeit terminiert und decken streng genommen immer eine bestimmte Reichweite lang den Bedarf anderer Teile ab.

Die Andlersche Losgröße ermittelt eine wirtschaftliche Vorgabemenge, bei der die Gesamtkosten minimiert werden. Die Errechnung des kostenoptimalen Punktes ergibt sich durch Differenzieren[25]:

$$\text{Wirtschaftliche Losgröße (WL) (nach Andler)} = \sqrt{\frac{JB \times 100 \times 2 \times FK}{P/_{St.} \times BK\,(\%)\ \text{(variable Kosten)}}}$$

$$\text{oder} = 49 \sqrt{\frac{MB \times FK}{P/_{St.} \times BK\,(\%)}}$$

JB	=	Jahresbedarf (Einheiten pro Periode)
MB	=	Monatsbedarf
FK	=	losfixe Kosten (Bestellkosten, Rüstkosten)
$P/_{St.}$	=	Preis/Stück (Einstandspreis, Herstellkosten)
BK	=	Bestandskostenprozentsatz (variable Bestandskosten gemessen am durchschnittlichen Lagerbestand)

Abbildung 29 zeigt, wie sich der Zusammenhang grafisch darstellen läßt.

Man erkennt hierbei den geringen Grad der Abweichung der Gesamtkostenkurve bei einer geringen Variation der wirtschaftlichen Losgröße, wobei der Toleranzbereich in Richtung Erhöhung der Losmenge deutlich größer ist.

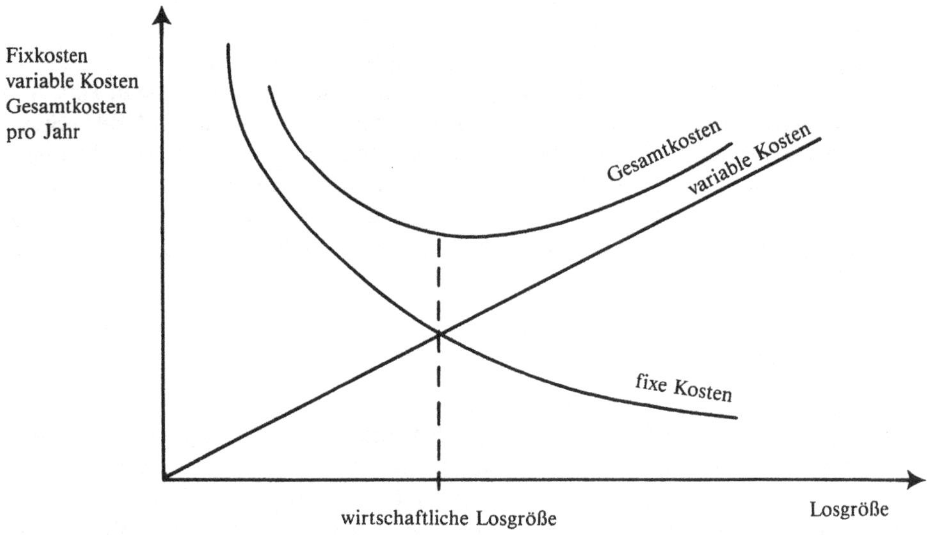

Abb. 29: **Entwicklung der fixen und variablen Kosten sowie der Gesamtkosten pro Jahr bei Losgrößenerhöhung**

Die Andlersche Losgröße gilt nur unter bestimmten Bedingungen:

- der Jahresbedarf muß vorhersehbar sein und kontinuierlich während eines Jahres anfallen;
- die gesamte Losmenge geht geschlossen *auf einmal* auf Lager;
- Kapazitäten und Material sind ausreichend vorhanden;
- die Rüstkosten werden als fix angesehen, obwohl leerstehende Maschinen und untätige Einrichter auch Kosten verursachen;
- Zins-, Wagnis- und Lagerkosten haben als variable Kosten einen proportionalen Verlauf;
- der Preis pro Stück ist vorgegeben und konstant.

Trotz unvollständiger Erfüllung aller Voraussetzungen wird mit der Andlerschen Losgrößenformel bei mehrstufigen Fertigungen mit Zwischenlagerung häufig gerechnet, wobei feste Programme/Nomogramme oder Spezialrechenstäbe für schnelle Überschlagsrechnungen herangezogen werden. Der Einfachheit halber wird manchmal nur mit Zeiten gerechnet (Rüstzeiten statt Rüstzeit mal Verrechnungssätze der betroffenen Maschinen und Vorgabezeit statt Preis pro Stück). Kompliziertere Berechnungen, etwa mit Berücksichtigung von Mengenrabatten oder sukzessivem Lagerzugang können mit Hilfe der EDV insbesondere bei A-Teilen durchgeführt werden[26].

Gleitende Losgröße

Im Gegensatz zur festen Standard-Losgröße kann die gleitende Losgröße auch bei schwankenden Bedarfswerten eingesetzt werden. Relativ einfach ist dabei die Bedarfsraffung nach vorher festgelegten Sollreichweiten (den Raffkennzahlen), die differenziert werden können nach ABC-Analysen (zum Beispiel A-Teile kurze Reichweiten und C-Teile lange).

Beispiel: Sollreichweite Teil X: 4 Monate

Bedarf/Monat |50|30|10|40| – – – – – – – –

↑
heute

Losgröße (heute): 130

nach 4 Monaten: |20|10|10|5| – – – – – – – –

↑
heute

Losgröße (heute) : 45

Die gleitende Losgröße läßt sich ebenso *kostenorientiert* ermitteln:

Beispiel:	losfixe Kosten	:	50,– DM
	Preis/Stück	:	18,– DM
	Bestandskosten (%)	:	20
	Bestandskosten/Stück	:	3,60 DM
	Bestandskosten/Stück und Monat	:	0,30 DM

Das Minimum der Gesamtkostenkurve wird durch Probelose, kumulierte Monatsbedarfswerte errechnet. Dabei wird unterstellt, daß der aktuelle Monatsbedarf die entsprechende Teilmenge der Losgröße sofort abruft, wodurch Bestandskosten entfallen.

Tabelle 10: **Gleitende Losgröße (kostenorientiert)**

		Monatsbedarf					
		25	10	30	5	40	10 ....
Probelos	K_{fix}	Bestandskosten$_{(variabel)}$				K_{Ges}	$K/_{Stück}$
25	50					50,–	2,0
35	50	10 · 0,3				53,–	1,51
65	50	40 · 0,3	30 · 0,3			71,–	1,09
70	50	45 · 0,3	35 · 0,3	5 · 0,3		75,50	1,07 ← Stückkostenminimum
110	50	85 · 0,3	75 · 0,3	45 · 0,3	40 · 0,3	123,50	1,12

Nach obigem Beispiel ergibt die Durchrechnung das Stückkostenminimum von 1,07 bei einem Los von 70 Stück, das vier Monatsbedarfswerte abdeckt. Für die darauffolgenden Bedarfselemente muß die gleitende Losgröße erneut berechnet werden (unter Umständen mit einem dann veränderten Ergebnis). Bei komplexen Fertigungsprogrammen ist die aufwendige, ständige Rechnung nur über EDV-Programme möglich.

Auftragsdurchlaufzeit

Für das Materialmanagement eines Unternehmens sind einige Zeitbegriffe von entscheidender Bedeutung, die in Abbildung 30 verdeutlicht werden.

Die Bedeutung der einzelnen Zeitstrecken ist abhängig von der Fertigungsorganisation, der Bedarfsauslösung der Fertigung, der Häufigkeit der hintereinander gefertigten Produkte und der Lagerorganisation.

So ist bei Werkstattfertigung mit vielen Fertigungsstufen der Anteil der Fertigungsdurchlaufzeit ziemlich groß. Bei reinen Montagefertigungen dominieren die Bestellzeiten. Bei anonymer Fertigung sind die Distributionszeiten relativ kurz, da die Fertigwarenläger bei richtigen Prognosen gefüllt sind, es sei denn, Kapazitäten werden bei unelastischer Nachfrage bewußt gedrosselt. Die Lieferzeit entspricht hier in der Regel der Distributionszeit.

Bei einer auftragsbezogenen Einmalfertigung (etwa Spezialmaschinen) dagegen entspricht die Lieferzeit der Auftragsdurchlaufzeit, das heißt mit der Fertigung wird begonnen, wenn ein Auftrag vorliegt. Hier spricht man auch nicht von der Wiederbeschaffungszeit eines Produktes (weil dieses ja nur *einmal* erstellt wird), sondern von

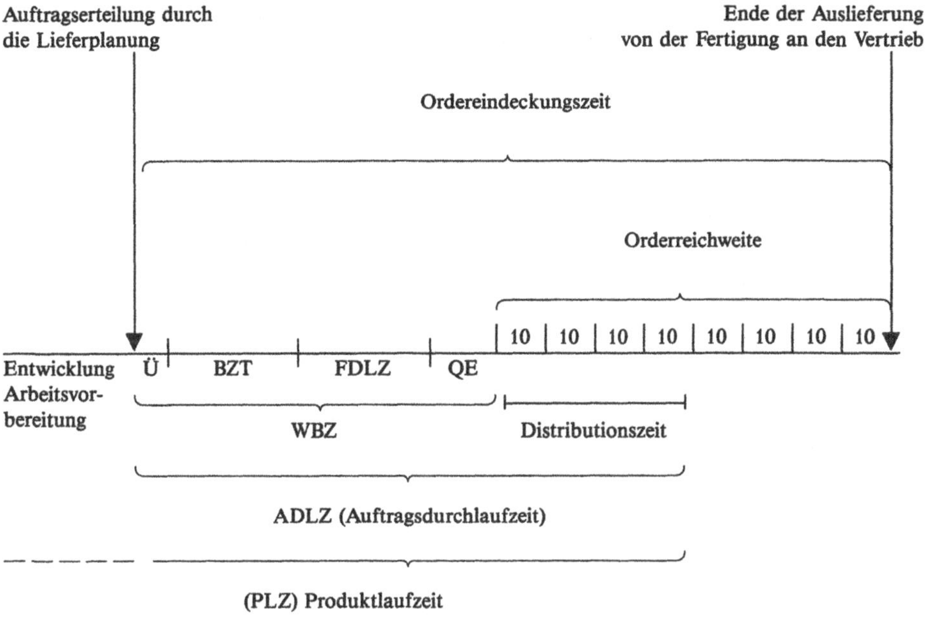

Ü	= Überprüfungsintervall (Abstimmung Disposition Lieferplanung)
BZT	= Bestell-/Beschaffungszeit
FDLZ	= Fertigungsduchlaufzeit
QE	= Endprüfung
Orderreichweite	= Prognosezeitraum des Vertriebs für Stückzahlen einer bestimmten Serie
Ordereindeckungszeit	= Zeit, innerhalb derer der Betrieb durch Vertriebsorder beschäftigt ist
WBZ	= Wiederbeschaffungszeit eines Produktes in Wiederholfertigung. Zeit, die der Betrieb braucht, um dem Vertrieb ein fertiges Produkt verkaufsfähig abzuliefern
ADLZ	= Auftragsdurchlaufzeit: Zeit, die nach Auftragsvergabe durch den Kunden oder den Vertrieb verstreicht, bis eine Lieferung erfolgt ist
PLZ	= Produktlaufzeit: Zeit, die verstreicht von der Produktidee, Entwicklung, Arbeitsvorbereitung, Fertigung bis zur Auslieferung an den Kunden
Distributionszeit	= Zeit der Auslieferung eines Erzeugnisses vom Fertigerzeugnis-Lager (Abbuchung) bis zum Kunden (Eingang).

Abb. 30: **Zeitbegriffe in der Materialwirtschaft**

der Produkt- oder Projektlaufzeit, zu der alle vorbereitenden Arbeiten der Produktplanung, Entwicklung, Arbeitsvorbereitung und Stammdateneingabe dazugehören. Dies gilt strenggenommen auch für das *erste* Produkt einer neuen Serie.

Bei einer Wiederholfertigung (Serien-, Sorten-, Massenfabrikation) dagegen fällt für alle dem ersten Produkt oder der Vorserie folgenden Produkte der Vorbereitungsaufwand, abgesehen von der laufenden Datenpflege, weg und man spricht berechtigterweise von *Wiederbeschaffungszeiten,* die im theoretischen Fall der längsten Laufzeitkette eines Produktes entsprechen.

Im Falle einer mehrstufigen Werkstattfertigung mit Einlagerung der Losgrößen schwankt die Wiederbeschaffungszeit jedes einzelnen Erzeugnisses in Abhängigkeit der disponiblen Bestände auf unterschiedlichen Fertigungsebenen.

Arbeitsabschnitte	1986 J F M A M J J A S O N D	1987 J F M A M J J A S O N D
Marktforschung/ Produktplanung	xxxxxxxxxx	
Entwicklung	xxxxxx	
Konstruktuion	xxxx	
Normenprüfung	xx	
Fertigungsplanung	xxxx	
Prüfplanung	xx	
Arbeitsplanung	xxx	
Planwochen/Losgrößeneintragung	xx	
EDV-Erfassung	xxxxxxxxxxx	
Rohmanterial/Teile Bestellung		xxxx
Bestellung von „Langläufern“	xxxxxxxxxxxxxxxxxxxxxx	xxx
Vorfertigung		xxxx
Montage		xxxxx
Endprüfung		xx
Ablieferung an Vertrieb		xxxxxxxxxxxx

◄ Produktlaufzeit ►

Abb. 31: **Ablaufplan eines neuen Produkts (Produktlaufzeit)**

Die Wiederbeschaffungszeit eines Produktes setzt sich zusammen aus der Bestell- und Beschaffungszeit und der Fertigungs- oder Durchlaufzeit.

Die *Bestellzeit* sollte vom Einkauf möglichst niedrig gehalten werden, was de facto über Beschaffungsmarktforschung und Lieferantenauswahl zu erreichen ist. Dabei ist wichtig, daß die in den Teilestammdaten gespeicherten Plan-Bestellzeiten laufend gepflegt werden. Sind die Plan-Bestellzeiten überhöht (auch wegen eingebauter Sicherheiten), werden Prognosen früher abgegeben als nötig mit allen Risiken der Ungenauigkeit, die abgebaut werden könnten, wenn durch kürzere Bestellzeiten auch kürzere (also näher am „Heute-Zeitpunkt“ liegende) Prognosezeiträume ausreichen.

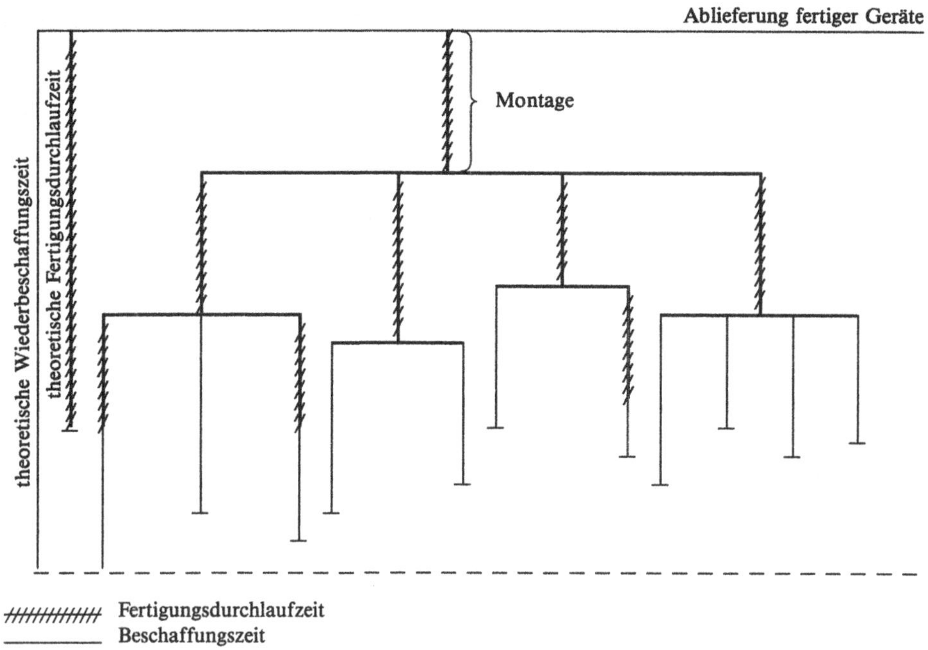

Abb. 32: **Terminbaum eines Gerätes**

Je längere Prognosen der Vertrieb bei anoymer Fertigung abgeben muß, desto mehr wächst das Risiko der Verwertbarkeit der eingekauften Materialien.

Die *Fertigungsdurchlaufzeit* eines Auftrags setzt sich zusammen aus Rüst- und Bearbeitungszeit, Prüfzeit, Transportzeit und schließlich den Liegezeiten vor und nach den Maschinen. In Betrieben der metallverarbeitenden Industrie, bei Klein- und Mittelserienfertigung erreicht die Liegezeit bis zu 85 Prozent der gesamten Durchlaufstrecke, was insbesondere auf Steuerungsprobleme hinweist und einen mangelhaften Kapazitäts- und Belastungsabgleich. Dagegen fallen die störungsbedingten, durch Menschen oder lagerbedingte Liegezeiten kaum ins Gewicht[27].

Bei Fließbandfertigung, Massenproduktion und beim Großserienbau fallen die ablaufbedingten Liegezeiten sehr viel geringer aus. Die Fertigungsdurchlaufzeit ist für die Materialwirtschaft von mehrfacher Bedeutung:

- sie bestimmt die Terminierung der einzelnen Fertigungslose (beispielsweise vom Ablieferungstermin rückwärts gerechnet). Zu lang geplante Durchlaufzeiten haben bestandserhöhende Wirkung. Außerdem wächst das Abwertungsrisiko, die Umschlagshäufigkeit der Lagerbestände sinkt
- sie beeinflußt maßgeblich die Höhe der Werkstattbestände und damit die Kapitalbindung in einem (je nach Fertigungstiefe) wichtigen Teilbereich
- je geringer die Durchlaufzeit und die Bestellzeit, desto schneller ist Umsatz möglich, desto schneller kann auf Nachfrageänderungen reagiert werden

- je kürzer Durchlaufzeit und Bestellzeit, desto größere Prognosegenauigkeit, desto kürzer der erforderliche Prognosehorizont, desto geringer das Änderungsrisiko.

Eine wichtige Zielsetzung ist deshalb, den Materialfluß zu beschleunigen, also den Arbeitsflußgrad im engeren Sinne –

$$\frac{\text{Bearbeitungszeit} \cdot 100}{\text{Fertigungsdurchlaufzeit}}$$ – zu erhöhen.

Produktbezogene Maßnahmen zur Verkürzung der Durchlaufzeit

- konsequente Normung aller Baugruppen und Teile, Konstruktion aus möglichst vielen Gleichteilen, Aufbau der Geräte aus Standardmodulen, um größere Stückzahlen für kontinuierliche Materialflüsse zu schaffen
- Reduzierung von Varianten, Typenbereinigung durch ABC-Analyse
- serienreife Entwicklung von Produkten
- Wertanalysen bei der Produktgestaltung und Produktverbesserung hinsichtlich der Durchlaufstrecken.

Maßnahmen der Fertigung und der Arbeitsvorbereitung

- Kapazitäten erhöhen (aber Leerkosten beachten!)
- Kapazitätsmäßige Verkettung von Arbeitsplätzen im Regelkreis, wie bei KANBAN
- Einsatz von Universalmaschinen mit kurzen Umrüstzeiten
- vorbeugende Instandhaltung
- Engpaßmaschinen durch Verlagerung von Arbeitsgängen, Überstunden, Schicht, zusätzliches Maschineninvestment entlasten
- Änderung der Fertigungstechnik: Teile kleben statt schweißen, Lochen statt Bohren
- Ausführungsvarianten vermindern: gleiche Bohrbilder und gleiche Bohrdurchmesser verwenden
- Verringerung der Fertigungstiefe durch konsequente Verwendung marktüblicher Teile statt überzüchteter Eigenentwicklungen
- Mitanfertigung durch Übernahme von Arbeitsgängen in den hierarchisch nachfolgenden Arbeitsablauf (zum Beispiel Vormontage von Baugruppen in Endmontage mit übernehmen, wodurch auf jeden Fall Abrufzeiten entfallen)
- Abbau überzogener Qualitätsanforderungen durch Laufkontrollen statt fester Prüfplätze
- Erhöhung der Personalflexibilität durch Arbeitszeitflexibilisierung, Motivation und Ausbildung
- Zusammenfassen mehrerer Arbeitsgänge an *einem* Arbeitsplatz
- Bildung von „Fertigungsnestern“, wenn verschiedene Arbeitsplätze in unterschiedlichen Werkstätten immer in der gleichen Zwangsfolge angesprochen werden.

Maßnahmen der Fertigungssteuerung

- Kapazitäts- und Belastungsabgleich, Simulation und Optimierung der Belastungsvorgaben nach Maschinengruppen, Auftragsvergabe mit Belastungsschranken (ABS)[28];
- überlappende Fertigung; bei langen Bearbeitungszeiten und großen Losen wird der nächste Arbeitsgang begonnen, bevor der unmittelbar vorhergehende abgeschlossen ist (Transportkosten steigen!)

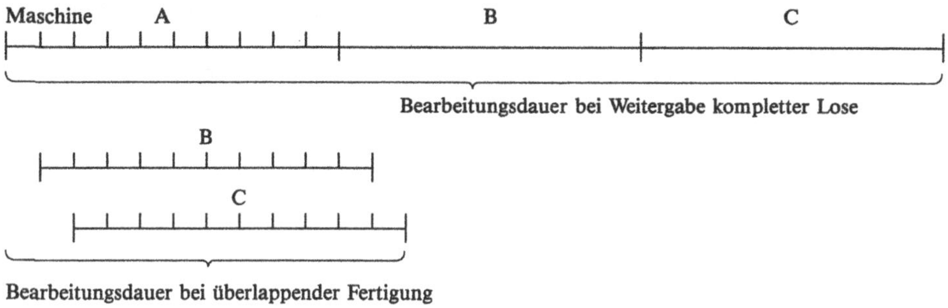

Abb. 33: **Überlappende Fertigung**

- Splittung; ein Los wird bei Parallelfertigung auf mehrere homogene Maschinen aufgeteilt (Rüstzeiten steigen!)
- Einführung einer Abrufoptimierung oder Verfügbarkeitsvorabfrage
- Überdenken der Lagerstrategie; in Teilbereichen auf Werkstatt-Werkstatt-Lieferung und Fließprinzipien übergehen (Wegfall der Ein- und Auslagerungszeiten);
- Terminraster verkleinern; auf Tag, maximal Wochen disponieren, Zwischentermine nicht auf Wochen aufrunden!

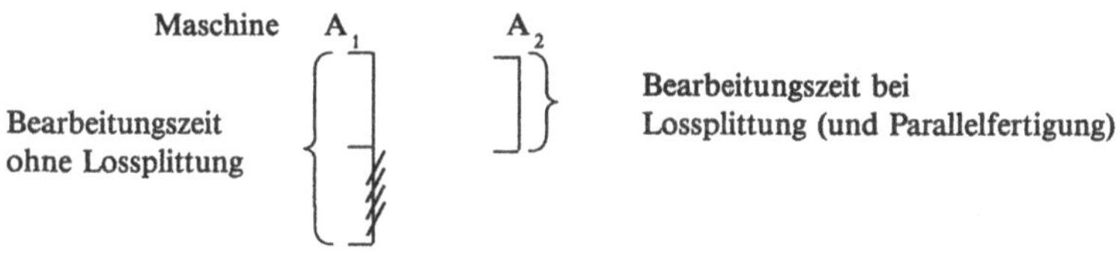

Abb. 34: **Lossplittung**

4.4.2 Die Auftragsterminierung

Sind die Soll-Durchlaufzeiten und Soll-Bestellzeiten aller Sachnummern errechnet, können die benötigten Mengen des Sekundärbedarfs terminlich eingerastert werden, je nach Feinheit der Planung in ein Wochen-, Tages- oder Stundenraster. In der Gerätefertigung herrscht das Wochenraster vor. Die Terminierung selbst kann rückwärts oder vorwärts gerichtet sein.

Retrograde Planung

Bei der Rückwärtsterminierung (retrograden Planung) geht man vom Endtermin der abzuliefernden Erzeugnisse aus, was dem Produktionsplan und dessen Primärbedarfsraster entspricht und terminiert alle Sekundärpositionen in Richtung Gegenwart. Der spätestmögliche Ablieferungstermin (Verfügbarkeit im Fertigerzeugnis-Lager) kann dabei vereinbarungsgemäß auf das Ende oder den Anfang eines Monats oder einer Woche gelegt sein.

Jeder Auftrag wird dabei so spät wie möglich begonnen, das heißt alle Abläufe werden künstlich kritisch gemacht, in der Sprache der Netzplantechnik befinden sich alle Abläufe auf dem „kritischen Weg". Um die einzelnen Vorlaufverschiebungen deutlich zu machen, sei ein einfach strukturiertes Erzeugnis unterstellt, dessen Aufbau nach Dispositionsstufen aufgelöst ist:

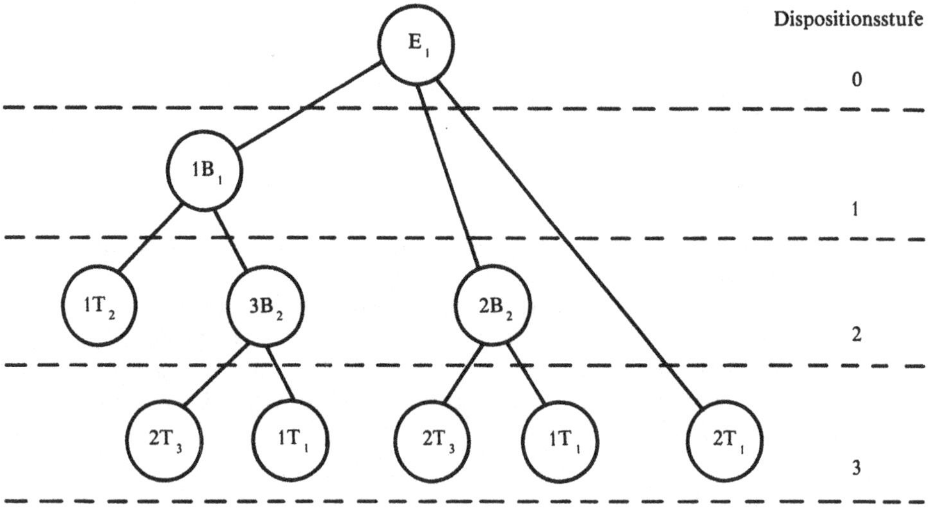

Abb. 35: **Beispiel Strukturbaum für Planzeitenrechnung**

Aus der Planzeitenrechnung seien die Zeitstrecken für jedes Teil oder Los bekannt:

E_1	2 Tage	Montage
B_1	5 Tage	Baugruppenmontage
B_2	6 Tage	Baugruppenmontage
T_1	4 Tage	Beschaffungszeit
T_2	2 Tage	Beschaffungszeit
T_3	8 Tage	Beschaffungszeit

Daraus ergeben sich nach der *retrograden Methode* der Terminierung die in Abbildung 36 dargestellten Vorlaufverschiebungen.

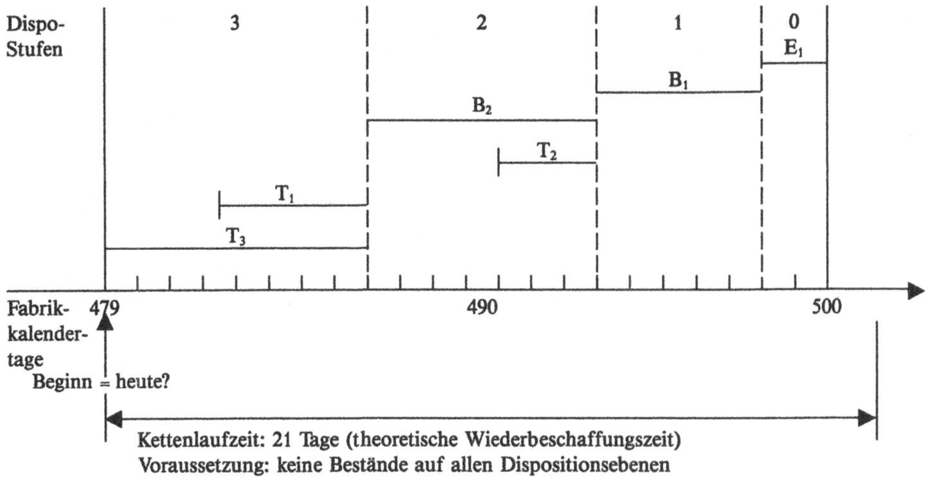

Abb. 36: **Retrograde Terminierung**

Aus der Darstellung folgt, daß (überall Nullbestände vorausgesetzt) für die Fertigstellung eines Erzeugnisses am Fabrikkalendertag 479 mit der ersten Bestellung begonnen werden muß. Der *Vorteil* dieser Terminierungsmethode liegt darin, daß durch die Planung keine unnötigen Bestände der Einzelteile und Baugruppen ruhen. Bestandskosten treten zum spätest möglichen Zeitpunkt auf, wodurch der Liquiditätsspielraum erhöht, der Zinsverlust gemindert und die Rentabilität durch Erhöhung des Kapitalumschlags gesteigert wird.

Nachteilig wirkt sich aus, daß jede Störung irgendeines Ablaufs den Endtermin gefährdet, wenn nicht Pufferzeiten in den Durchlauf- und Bestellzeiten, etwa durch großzügige Übergangszeiten, verborgen sind. Wenn der Vertrieb die notwendigen Wiederbeschaffungszeiten der Endprodukte „ignoriert" oder zu optimistisch und nur aus Marktgesichtspunkten Liefertermine vorgibt, ergeben sich aus der Rückrechnung unter Umständen Starttermine, die vor der „Heute"-Linie der Produktion liegen. Die Ungewißheit einer rechtzeitigen Ablieferung kann dann entweder durch Lieferzeiten gegenüber dem Kunden abgefangen werden, äußert sich aber bei starker Absatzorientierung nicht selten in einer „Preß"-Fertigung, wo der Betrieb und die Produktion mit Sonderaktionen unrealistische Vorgaben der Lieferplanung wettmachen müssen. Die bei EDV-unterstützter Fertigungssteuerung häufig anzutreffende retrograde Planung ist also nur dann effizient, wenn zwischen Lieferplanung und Disposition der Primärbedarf so terminiert wird, daß die ersten Beginntermine frühestens auf die „Heute"-Linie treffen und mit wirklichkeitsnahen Sollzeiten geplant werden. Diese Forderung gilt insbesondere für neuanlaufende Produkte.

Progressive Planung

Bei der Vorwärtsterminierung oder progressiven Planung geht man vom Anfangstermin aus, wobei frühester Start unumgänglich der „Heute"-Zeitpunkt ist. Danach richtet sich der Ablieferungstermin der Endprodukte. Entscheidend ist, daß alle Sachnummern mit dem frühestmöglichen Start-Termin eingerastert werden. Bezogen auf das Strukturbaum-Beispiel (Abbildung 35) ergibt sich Abbildung 37.

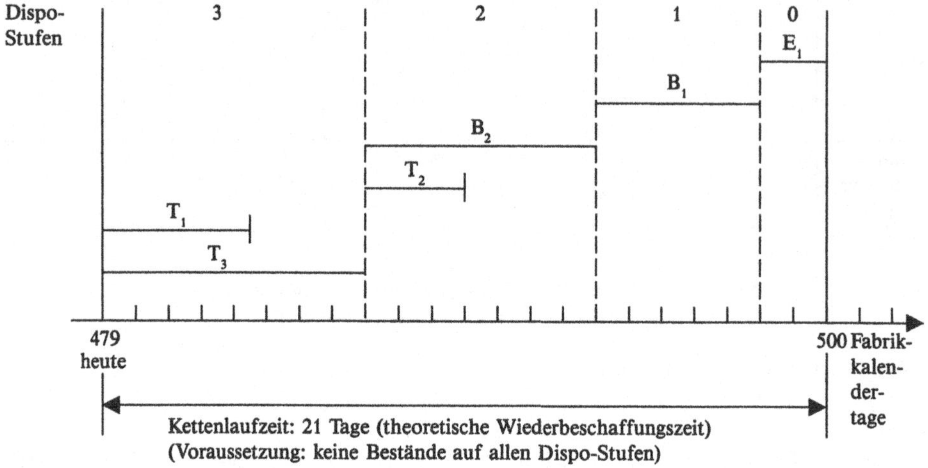

Abb. 37: **Progressive Terminierung**

Der Vorteil dieser Methode ist, daß von vornherein aus dem frühestmöglichen Beginntermin „Heute" durch Aneinanderkettung des „kritischen Wegs" ein eindeutiger Endtermin errechnet werden kann. Die Vorwärtsterminierung findet sich demnach häufig bei kundenauftragsbezogener Einzelfertigung und in *den* Fällen, wo die Produktion aus kapazitativen oder beschaffungspolitischen Gründen tonangebend ist.

Natürlich können auch bei dieserart Terminierung Verzögerungen auftreten, insbesondere wenn Schwierigkeiten bei Teilen auf der kritischen Strecke entstehen. Der wohl gravierendste *Nachteil* ist allerdings, daß bei unterschiedlichen Laufzeiten von Einzelteilen und Baugruppen *einer* Dispositionsstufe zusätzliche Liege- und Lagerzeiten auftreten, was eine erhöhte Kapitalbindung nach sich zieht. Allerdings ist nicht ausgeschlossen, daß auch Vorwärtsterminierung mit spätestmöglichem Beginn aller Teile kombiniert werden kann.

Teilweise wird die Vorwärtsterminierung in Kombination mit der Rückwärtsterminierung eingesetzt, um zum Beispiel die Haltbarkeit eines Kundenwunsch-Termines oder des Vertriebswunsch-Rasters zu überprüfen. Bei der Verbindung beider Verfahren ergeben sich aus den Anfangsterminen gemäß Vorwärts- und Rückwärtsterminierung Pufferzeiten, die für die Einlastung von Aufträgen (Kapazitätsglättung) nutzbar gemacht werden können.

Die Terminierung des Nettobedarfs

Die Terminierung des Nettobedarfs geschieht weitverbreitet nach analytischen Verfahren und hier nach der bereits demonstrierten Dispositionsstufen-Methode. Auflösungsprogramme nach Fertigungs- und Baustufen haben wegen der langen Rechenzeiten[29] vor allem bei tiefgestuften Fertigungsprogrammen keine Bedeutung mehr. Die Gozinto-Methode liefert zwar bei umfangreichen Baukastensystemen mit Hilfe der Graphentheorie und Matrizenalgebra gute Ergebnisse, fand aber auch in der Praxis nur geringe Verbreitung.

Die Dispositionsstufe kennzeichnet die unterste Fertigungsstufe, in der eine Sachnummer im gesamten Produktionsprogramm erscheint. Trotz Mehrfachverwendung wird damit sichergestellt, daß eine Sachnummer nur *einmal* aufgelöst wird. Eventuell auftretende Änderungen werden über Stücklistenprozessoren automatisch korrigiert. Um eine Nettobedarfsrechnung für einzelne Stücklistenpositionen durchführen zu können, braucht man:

- die mengen- und strukturmäßige Zusammensetzung der Produkte sowie ihre Verbindung über Stücklistenprozessoren
- Beschaffungs- und Durchlaufzeiten von Kauf- und Eigenfertigungsteilen, um die Vorlaufzeit der zu disponierenden Komponenten zu ermitteln
- den Primärbedarf auf der Grundlage von Vergangenheitswerten oder Kundenaufträgen in Form von Schätzwerten; die Speicherung erfolgt in den Bedarfsfeldern des Teilestammdatensatzes
- den frei verfügbaren Lagerbestand.

Die Bedarfsauflösung findet vom Primärbedarf ausgehend von oben nach unten und links nach rechts statt, wobei über Stücklistenprozessoren Mehrbedarfselemente addiert werden. Sickert aufgrund vorhandener Bestände der betrachteten Sachnummer kein Bedarf durch, so bleibt diese Sachnummer vorläufig unberührt, bis ein späterer Primärbedarf die unteren Dispositionsebenen erreicht. Dieser Zusammenhang sei an einem einfachen Beispiel *eines* Primärbedarfsträgers dargestellt:

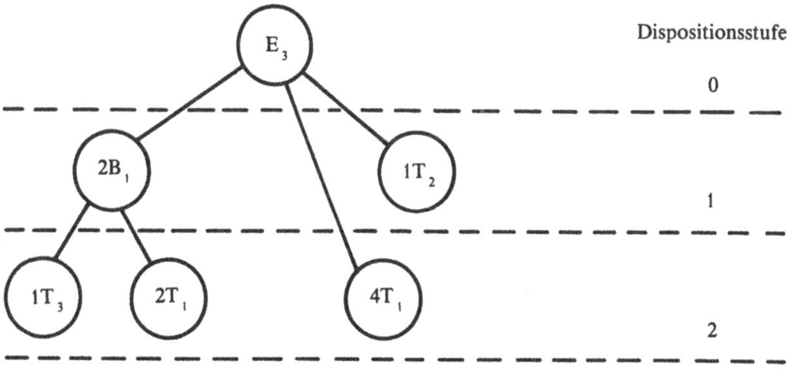

Abb. 38: **Strukturbaum für das Beispiel „Bedarfsauflösung und Terminierung“**

Anknüpfend an das Dispositionsstufen-Verfahren der Bedarfsauflösung werden gemäß den geplanten Soll-Bestellzeiten und Soll-Durchlaufzeiten die vom Vertrieb beorderten Erzeugnismengen mit ihren Sekundärbedarfspositionen in Termin gelegt (Abbildung 39).

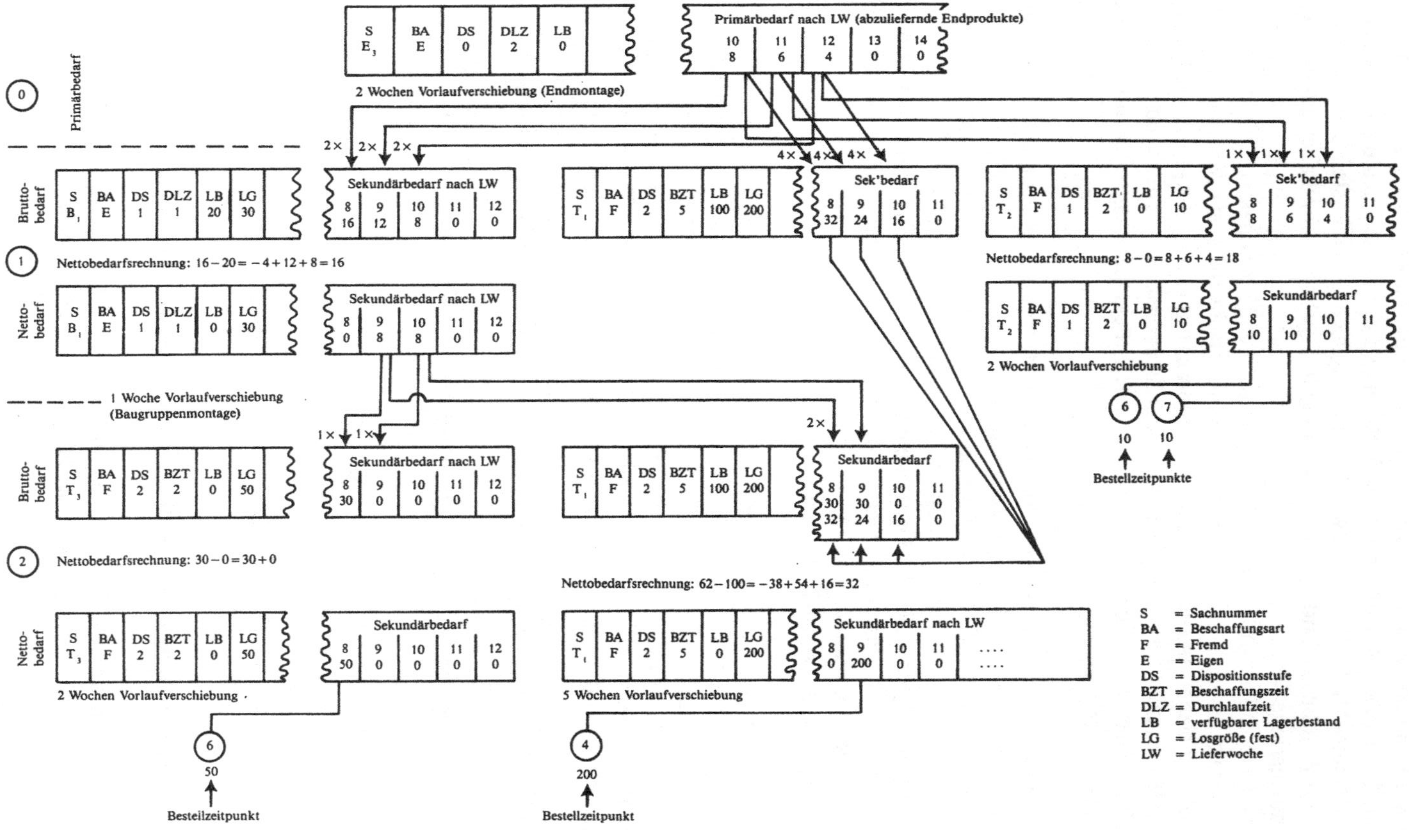

Abb. 39: **Bedarfsauflösung und Auftragsterminierung nach Dispositionsstufenverfahren**

Auf jeder Dispositionsstufe der Sekundärpositionen wird ein Bruttobedarf errechnet, der unter Berücksichtigung des frei verfügbaren Lagerbestandes (LB) in einen Nettobedarf nach Lieferwochen/Lohnwochen (LW) aufgeteilt wird. Wird mit festen Losgrößen disponiert, so löst der in einer Lohnwoche erstmalig ermittelte Bedarf einen Auftrag nach Vorgabe dieser Losgröße aus, womit wieder eine zeitlang Bedarf höherer Dispositionsstufen abgedeckt werden kann. Im verarbeitenden Gewerbe sind in der Regel die untersten Dispositionsstufen eines Produktes Kaufteile, die entsprechend ihren Bestellzeiten die jeweiligen Bestellzeitpunkte auslösen.

Bei Mehrfachverwendungsteilen, die in mehrere Endprodukte einfließen, wird der Bedarf über Stücklistenprozessoren querverkettet und addiert und gemäß den Dispositionsstufen und Vorlaufverschiebungen auf die einzelnen Lohnwochen verteilt, analog demselben Rechengang wie oben beschrieben.

Befinden sich in einem Produktionsprogramm viele Mehrfachverwendungsteile innerhalb eines breiten Teilespektrums, geht man zur *synthetischen Disposition* über. Hier erhält der Disponent nurmehr Informationen über die einzelne Sekundärposition ohne unmittelbaren Bezug zu den auslösenden Primärbedarfselementen. Man spricht insofern auch von *anonymer Disposition.* Gleichwohl kann über vertikale Strukturverkettungen jederzeit über den Bildschirm der Primärbedarf abgefragt werden. Die Auftrags- und Bedarfsrechnung sowie der Abgleich mit dem verfügbaren Lagerbestand findet in ähnlicher Weise statt wie oben geschildert. Als entscheidendes Hilfsmittel zur Bedarfsermittlung wird der Teileverwendungsnachweis herangezogen.

4.4.3 Das Produktions-Planungs-Steuerungs-System (PPS)

Die Aufgabe des Planens, Steuerns und Überwachens des Produktionsprozesses vom Eingang des Kundenauftrags bis zur Auslieferung wird heute zunehmend von Produktions-Planungs-Steuerungs-Systemen (PPS) übernommen, die das Grundgerüst bilden für spätere Komplettierungen zu einem Computer-Integrated-Manufacturing (CIM)-System oder letztlich zu einer integrierten Gesamt-DV-Lösung: Computer-Aided-Industry (CAI). Die Programme eines PPS-Systems sind meist modular aufgebaut, so daß eine stufenweise Implementation in Unternehmen möglich ist (Abb. 40).

Betrachtet man den Planungsprozeß von links nach rechts, so nehmen die Details der Planung von Stufe zu Stufe zu, während die Planungshorizonte in ihrer Reichweite abnehmen. Jeder Baustein des unten gezeigten dialogorientierten PPS-Systems enthält circa 20 Programme. Durch Rückmeldungen sorgt das Gesamtsystem dafür, daß jede Planungsebene über einen aktuellen Informationsstand verfügt.

In einem ständigen Turnus (Dispositionszyklus) errechnet das maschinelle Verfahren der Materialbedarfsrechnung den Sekundärbedarf für jedes einzelne Teil aus dem Primärbedarf, der in der Regel nur zu bestimmten Zeitpunkten, in der Investitionsgüterindustrie beispielsweise quartalsweise, in revolvierenden Planungen geändert werden darf. Dabei wird nach dem bekannten Verfahren der Nettobedarfsrechnung der gesamte Auftragsbestand für den Sekundärbedarf mengen- und terminmäßig überarbeitet und für die gesamte Prognosestrecke neu durchgerechnet. In kürzeren Zyklen werden Grunddaten und außerplanmäßige Werksaufträge aktualisiert. Ausgangsdaten für die Materialbedarfsrechnung sind:

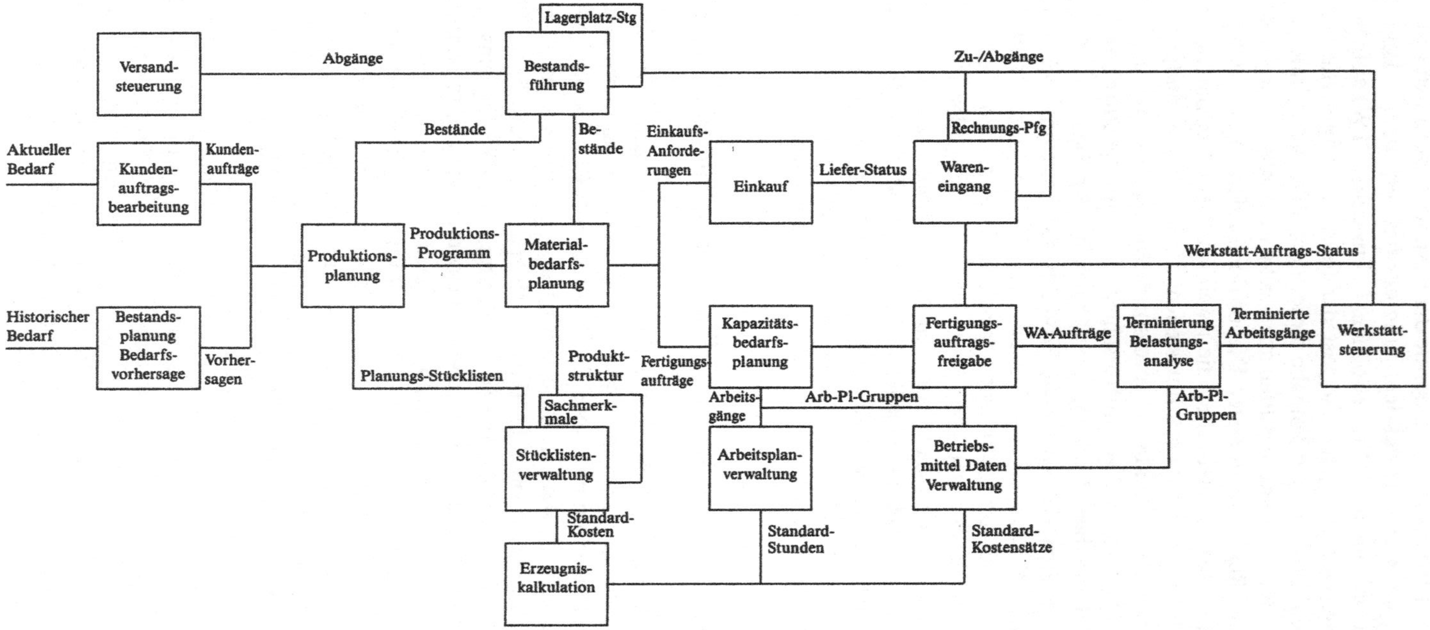

Abb. 40: **PPS-System COPICS (IBM) – Programmübersicht**

- die Primärbedarfsverwaltung (Abspeicherung der Lieferpläne, externer Bedarf von Verlagerungsnehmern, Ersatzteillager und Labor);
- Lagerbestandsführung (Bestandsfortschreibung und Verbrauchsermittlung)
- Auftragsfortschreibung der in Bestellung befindlichen Auftragsbestände und der reservierten Bestände
- Teilestammsätze wie Sachnummer, Maßeinheit, Größe, Geburtsdatum, Preise/ Kosten, Bedarf pro Jahr, ABC-Klassifizierung, Fertigungsstufe, Dispositionsart, Durchlaufzeit, Eigenfertigungsteil oder Bezug, Ausschußzuschlag und Status
- Stücklisten-Struktursätze (Qualifizierung der über- und untergeordneten Teile)
- Arbeitsplatzverwaltung mit Vorgabezeiten, Arbeitswertgruppe, Lohnform, Maschinengruppe, Arbeitsablauf, Losgröße und Durchlaufzeit nach Arbeitsgängen

Der Dispo-Plan

Als sichtbares Ergebnis und wichtige Arbeitsunterlage für den Disponenten erscheint der Dispo-Plan – entweder als Bildschirm-Layout oder Listenbild-Ausdruck.

Im vorliegenden Beispiel einer synthetischen Disposition erhält der Disponent über die von ihm zu steuernden Sekundärpositionen folgende Informationen:

Im Kopfteil:
- beschreibende Daten zur jeweiligen Sachnummer (Bezeichnung, Durchlaufzeit, Losgröße, Wirtschaftswert brutto)
- Hinweise auf etwaige Dispositionsfehler und Störungen (Kontrollbytes über zum Beispiel fehlende Dispositionsdaten der Sachnummer, überhöhte Bestände, fehlender Bedarf trotz Auftragsbildung)
- Verbrauchsstatistiken und Bedarfsprognosen.

Im Rechenfeld:
- den für die Sachnummer relevanten und bekannten Bedarf höherer Dispositionsstufen im linken Feld mit jeweiligen Auftrags- und Sachnummern
- die jeweils verfügbaren Bestände mit ersichtlichem Null-Durchlauf in der Mittelspalte
- die in der Vergangenheit und für die Zukunft ermittelten Aufträge mit der zugrundeliegenden Losgröße im rechten Feld.

Um sich auf wesentliche Eingriffe zu konzentrieren, erhält der Disponent derartige Dispo-Pläne nur für diejenigen ihm zugeordneten Sachnummern, für die eine direkte personelle Bearbeitung notwendig ist; zum Beispiel wenn die Auftragsmenge größer ist als der Bedarf, der Lagerbestand größer ist als der gesamte vorhandene Bedarf, die Auftragsfolge zu kurz ist, Sachnummern für maschinelle Disposition gesperrt sind wegen fehlender Grunddaten und Bestellaufträge in Terminverzug geraten. Hinweise dafür liefern vor allem die aufgeführten Kontrollbytes (KONT). Alle anderen Sachnummern werden mit ihren Dispo-Plänen auf Mikrofiches archiviert oder sind über den Bildschirm abrufbar.

Siemens Aktiengesellschaft
Medizinische Technik

3. Lauf 7935 M1P683/15. 06. /Blatt 3.86

DS	STO	DISPO	PRI	Sachnummer	TYP
35	01	M22		17 52 286	G2017

Benennung: Kreuzschalter
Bezeichnung

FKZ	A	F	DA	BA	STT	EGR	HK-%	KONT20.1	KONT20.2	KONT20.3	KONT20.4	KONT20.5
	8	4	G	E		05	7043	....5....	...... 6.8	....5....	....	1.......8

SA	ESN	SG	LZT	BEI	PSE	BESTGRF	LOSGRFR	TECHL	ZB	MINMENG	HOEMENG	BZT	UMRECHN. FAKT	MKF	MKL	SA	LBS	PL	ASZ	AMZ	ZUS	TOV	AMX
														1	1	12	F		*0	*0	*3	*11	*5

AST	KONT21.1	LOSGRE	DLZ	TECHL	STUECKZAHLBER	AST	KONT21.2	LOSGRE	DLZ	TECHL	STUECKZAHLBER	AST	KONT21.3	LOSGRE	DLZ	TECHL	STUECKZAHLBER
1	8	10	3	1	1 – 1000												

VBR12-10	VERBR9-7	VERBR6-4	VERBR3	VERBR2	VERBR1	VERBR0	JAHRVERB	JAHRBEDA	UE12-10	UPLE9-7	UPLE6-4	UPLEM3	UPLEM2	UPLEM1	UPLEM0
		10	0	0	0	0	10	15							

MTPW1	PROG-MT1	PROG-MT2	PROG-MT3	PROG-QBED	PTERM	PROGMTALT	ALPH	KONT24.1	DATLBUEB	DATLTZBW	INV	LG1	LG2	LG3	SICHBES	AKTUELLER LB
05. 79	0	0	0					....4....	01. 06. 79	25. 01. 79		133			0	1

AUFTRAGSNR-VA	SACHNR-VA	LOS -VA	DIS -VA	SST	B S	H	BEL	ENTNAHME- MENGE MKL	BEDARFSMG IN MKL	RECHENFELD
AKTUELLER LAGERBESTAND:										1
10479	17 58 739	008	M22	1.1	N	M	930	1	S	0
										10
10479	17 58 739	008	M22	1.1	N	M	930	3	E	7
6 1935386001	19 35 386	001	M22	1.1	N	M	934	5		2
6 1758739010	17 58 739	010	M22	..1	N	M	947	2	S	0
										10
6 1758739010	17 58 739	010	M22	..1	N	M	947	3	E	7
10479	17 58 739	009	M22	..1	N	M	006	5		2
6 1758739011	17 58 739	011	M22	..1	N	M	016	2	S	0
										10
6 1758739011	17 58 739	011	M22	..1	N	M	016	3	E	7
6 1758739012	17 58 739	012	M22	..1	N	M	039	5		2
6 1935386002	19 35 386	002	M22	..1	N	M	106	2	S	0
										10
6 1935386002	19 35 386	002	M22	..1	N	M	106	3	E	7
6 1758739013	17 58 739	013	M22	..1	N	M	107	5		2
6 1758739014	17 58 739	014	M22	..1	N	M	129	2	S	0
										5
6 1758739014	17 58 739	014	M22	..1	N	M	129	3	E	2
6 1758739015	17 58 739	015	M22	..1	N	M	147	2		0

NETTOMENGE BRUTTOMEN. KONT40.1	ZTL ETL ZTK ETK KONT40.2	BTL BTK KONT40.3	GELIEF.MEN Z TERM	B S BTER H KONT40.4	ASTAT ANRKE/AK KONT40.5	AUFTRAGS-NR LOSP LOS RAA
29	813 813 811		30	E N 12..7	8088153	
30		L 922		A	53956	001
....	1........	....		....	....	
9	820 820 818		10	E N 12..7	10479	
10		L 747		A	43011	004
....	1........	....		....	....	
10	928 007 005			E N....3	10479	
10				A	43011	009
.2.......	....	...4.....		....	....	
10	946 946 944			E N....1 6	1752286010	
10				M		010
....	....	....		....	....	
10	015 015 013			E N....1 6	1752286011	
10				M		011
....	....	....		....	....	
10	105 105 103			E N....1 6	1752286012	
10				M		012
....	....	....		....	....	
5	128 128 126			E N....1 6	1752286013	
5				M		013
....	...4.....	....		....	....	

Abb. 41: Beispiel eines Dispo-Planes

Die Werkstattsteuerung

Nach jedem Neuaufwurf der gesamten Bedarfs- und Auftragssituation erhalten die Werkstätten neue Auftragsvorgaben, bei Werkstattfertigung getrennt nach Maschinengruppen, Arbeitsplätzen und Lohnwochen. Im Zuge einer dialogorientierten Fertigungssteuerung entfallen Papier-Belege, die Terminkarten, Lieferscheine und Zeichnungen weitgehend, sofern nicht arbeitsrechtliche oder dokumentationspflichtige Erfordernisse dagegen sprechen.

Gerade die Werkstattsteuerung steht und fällt mit einem exakten Verfahren der Betriebsdatenerfassung (BDE), also mit einer möglichst synchronen Rückkoppelung der Ist-Daten zu den Soll-Vorgaben. So erhalten komplexe Fertigungssysteme bei einer Auftragssteuerung im Dialog innerhalb des Fertigungsablaufes, nach Werkstätten und Prüfstellen verteilt, einzelne Zählpunkte mit Terminals für die Eingabe von Daten und Bildschirme für den Abruf verschiedener steuerungsrelevanter Listenbilder. Die Funktionen einer Auftragssteuerung im Dialog stellen sich im chronologischen Ablauf wie folgt dar:

- Werksaufträge werden gemäß der maschinellen Bedarfsauflösung mit einem erforderlichen Beginntermin freigegeben (gegebenenfalls mit Berücksichtigung bestimmter Kriterien wie der Materialverfügbarkeit und der Kapazitätsschranken). Die Belegerstellung sollte dabei so spät wie möglich erfolgen!
- Die freigegebenen Aufträge werden über ein Listenbild in den Werkstätten sichtbar, Material kann vom Lager abgerufen werden, ebenso Zeichnungen und Werkzeuge. Zum vorgegebenen Einstoßtermin werden die Arbeiten infolge der Prioritätenvorgaben auf die einzelnen Arbeitsplätze verteilt, zum Beispiel durch eine „Terminaußenstelle“ als „verlängerter Arm“ der Disposition in den Werkstätten oder durch Fertigungsleitstände. Prioritäten des Arbeitsvorrates können vom Disponenten täglich mit Berücksichtigung von Beschaffungs-, Produktions- und Absatzschwierigkeiten verändert werden (bei gravierenden Veränderungen erfolgt eine Abstimmung mit dem Gruppenleiter oder Betriebsleiter).
- Erfassung des Arbeitsfortschritts und der Vergleich der Ist-Daten mit den Soll-Vorgaben als Mengen- und Zeitvergleich. Je nach Abweichungsursache werden verschiedene Reaktionen notwendig, zum Beispiel bei Kapazitätsengpässen: Überstunden, Umsetzen von Werkstattpersonal und Splittung mit Abruf alternativer Arbeitspläne.
- Bei ordnungsgemäßer Beendigung eines Arbeitsganges erfolgt die Meldung des Auftragsstatus („erledigt“) an die Disposition, gleichzeitig an die Lohn- und Gehaltsabrechnung, an die Kalkulation zur Nachkalkulation und an die Durchlaufzeiten-Planung zur eventuellen Korrektur der Soll-Zeiten.
- Übersicht über den Arbeitsvorrat oder Rückstand an den Maschinengruppen (Warteschlangen/Arbeitsverteilungsübersicht)[30].

Störgrößen der Disposition

Das Ziel einer reibungslosen Materialsteuerung kann durch verschiedenste Ursachen behindert werden, was Fehlmengenkosten, überhöhte Bestandsbindung oder Mehrkosten vor Ablieferung zur Folge haben kann. Beispiele für werkstattspezifische Störungsursachen, die mit Hilfe eines Nummerncodes in die Auftragsfortschrittmeldung integriert werden können, sind:

- uneinheitliche Werkstoffeigenschaften, Korrosion, Fremdkörpereinschlüsse, Funktionsmängel, Lieferung von falschem Material
- falsche Maßangaben bei Zeichnungen, fehlende NC-Programme, unzweckmäßige Reihenfolge der Arbeitsgänge, gesperrte Werkzeuge, Änderung der Prüfmittelunterlagen
- Maschinenwartung, defekte Werkzeuge, Ausfall der Maschinen, Ausfall von Strom oder Wasser, ungeeignete Prüfplätze
- mangelhafte Arbeitsausführung, unsachgemäße Behandlung von Teilen, Justierfehler, Prüfschaden, Montagefehler
- Verpackung, Transport, Lagerung, Abrufprobleme vom Lager, zuwenig Teile oder falsche Teile vom Lager geliefert, technische Losgröße über- oder unterschritten
- Besuchervorführung, Baumaßnahmen, Umbau, Kommunikationsschwierigkeiten zwischen Werkstatt und Disposition, räumliche Trennung von Fertigungswerkstätten.

Ebenso können sich Planungsfehler in der Disposition und Fertigungssteuerung erheblich auf den Materialfluß auswirken. Dazu zählen:

Veränderungen der Primärbedarfszahlen

Zu unterscheiden ist zwischen einer Reduzierung und einer Erhöhung. Bei einer *Reduzierung* innerhalb der „Feststrecke" ist in der Regel Material bereits bestellt oder angearbeitet. Insbesondere bei Einfachverwendungsteilen sind Überbestände zu befürchten. Außerhalb der fixierten Stückzahlenprognose verursachen Primärzahlsenkungen eventuell unausgelastete Kapazitäten oder Fehlinvestitionen.

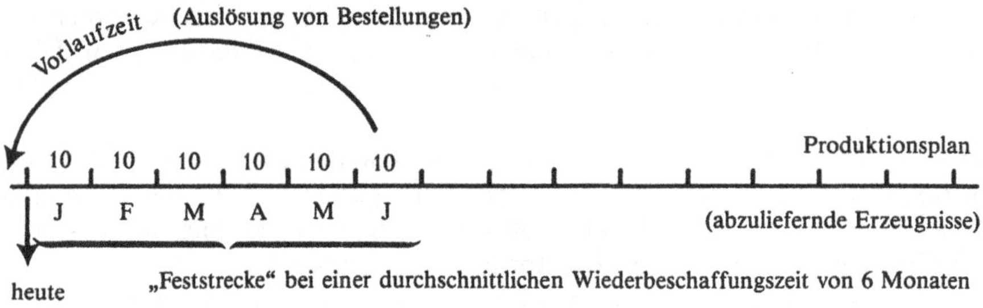

Abb. 42: **„Feststrecke" der Primärbedarfszahlen**

Eine *Erhöhung* des Primärbedarfs schafft außerhalb der „Feststrecke" unter Umständen Kapazitätsprobleme, die von der Materialdisposition her betrachtet unbedenklich sind. Innerhalb der „Feststrecke" verstärken sich die Kapazitätsprobleme, da

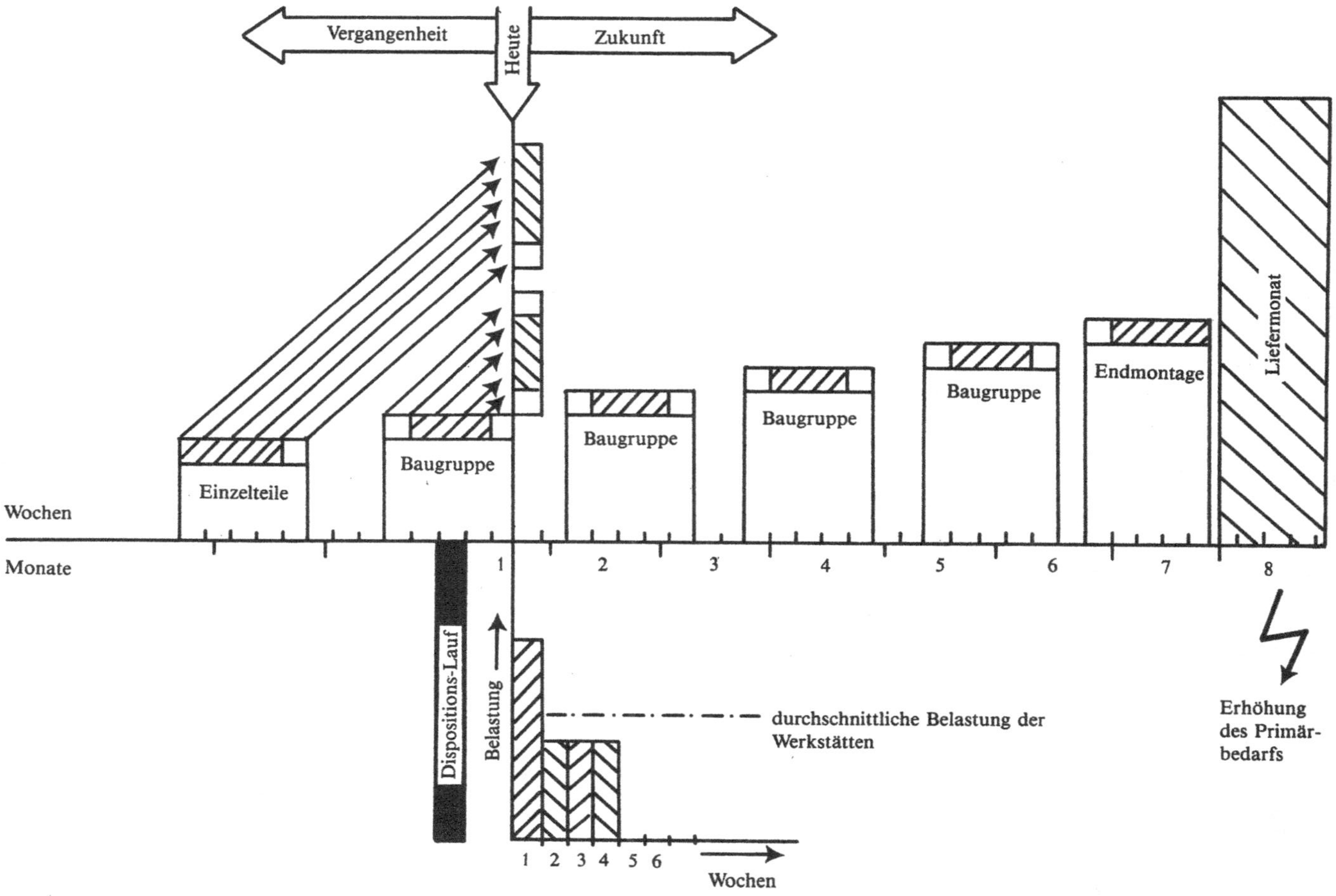

Abb. 43: **Belastungsspitzen durch Primärbedarfsänderung (retrograde Terminierung)**

- Müssen Unregelmäßigkeiten auf dem Beschaffungsmarkt unvermeidbar überbrückt werden? Zum Beispiel saisonale Schwankungen in der Gütererzeugung bei landwirtschaftlichen Produkten führen zum Aufbau eines saisonalen Lagers; Lieferschwierigkeiten durch Verkehrsstörungen erfordern Aufbau eines Reservelagers; erwartete Preissteigerungen lassen Spekulations- und Antizipationslager entstehen.
- Lassen sich verbesserte Preiskonditionen nur durch Großeinkäufe erzielen?
- Muß während der Lagerung eine notwendige Bearbeitung oder Ausreifung stattfinden, zum Beispiel bei Tabak, Leder, Wein, Sekt oder Gummi? Das Lager erfüllt hier eine „Umformerfunktion" und ist erforderlich zum „Ausruhenlassen", Trocknen und Gären des Materials.
- Muß, wie besonders beim Einzelhandel, ein breites und tiefes Sortiment bereitgestellt werden?
- Ist die Lieferbereitschaft bei lebensnotwendigen und sporadisch anfallenden Gütern nur durch Lagerhaltung sicherzustellen? Können nicht Unzuverlässigkeiten der Fertigung oder der Absatzprognosen beseitigt werden?
- Muß eine Vergleichmäßigung der Beschäftigung bei schwankendem Absatz über die Lagerhaltung ausgeglichen werden?
- Müssen asynchrone Losgrößen bei gestufter Fertigungsweise übernommen werden?

Durch gezielte Maßnahmen des Managements lassen sich Lagerungen vermeiden. Wenn es zum Beispiel gelingt, Produkte stärker zu standardisieren und dementsprechende Marktsegmente zu finden, erleichtert dies die Einführung von Fließprinzipien im Fertigungsbereich, die ohne Zwischenläger auskommen. Erreicht der Vertrieb, daß die Erzeugnisse hohe Präferenzen bei Kunden gewinnen, so ermöglicht der Übergang von einer vormals anonymen zu einer kundenauftragsbezogenen Fertigung die Einsparung von größeren Fertigerzeugnis-Lägern. Macht der Einkauf zuverlässige Lieferanten ausfindig, so können Reserveläger aufgelöst werden. Gelingt es dem Einkäufer außerdem, über Rahmenverträge und Lieferungen auf Abruf die gleichen Konditionen auszuhandeln wie bei Abnahme größerer Mengen auf einmal, wird Lagerraum frei und sogar überflüssig, wenn just-in-time in kleinen Mengen direkt an die Fertigungsstationen angeliefert wird.

Unter Umweltaspekten stellt jeder ruhende Vorrat, der sich in einem Lager langsam umschlägt, eine verfrühte Bindung von Ressourcen im Produktionsprozeß dar. Gleichzeitig steigt bei hohen Lagerreichweiten das Risiko der Materialverwertung zu Umsatzerlösen, die Ausbeutung und (bei erfolgter Vorstufenveredelung) energetische Transformation von Rohstoffen waren vollends umsonst, wenn Lagerbestände keinen Bedarf durch ausbleibende Nachfrage finden und letztendlich verworfen werden müssen. Hier würden lediglich Abfallverwertung und Recycling der Vergeudung von Materie noch entgegenwirken.

Beeinträchtigungen der Natur und der menschlichen Gesundheit können durch unsachgemäße Lagerung von giftigen, radioaktiven, ätzenden, explosiven und brennenden Stoffen entstehen. Die Lagerwirtschaft zum Beispiel in der chemischen Industrie hat hier die Aufgabe, zusammen mit der Unternehmensleitung und dem Umweltreferat, über gesetzliche Vorschriften hinaus (vor allem die geltende Störfallverordnung) effektive ökologische Vorsorge durch den Bau von abgeschlossenen Speziallägern zu treffen und nicht nur der Absicherung finanzieller Risiken durch Versicherungsleistungen zu vertrauen. Betriebsmittel im Lagerbereich sollten ebenfalls unter Umweltgesichtspunkten ausgewählt werden, wie emissionsarme Stapelfahrzeuge oder mehrfachverwendbare Transportkästen.

4.5.2 Der Lagerprozeß

Der Lagerprozeß beginnt mehr oder weniger bereits bei der Warenannahme und endet mit dem Absatz aus dem Versandlager.

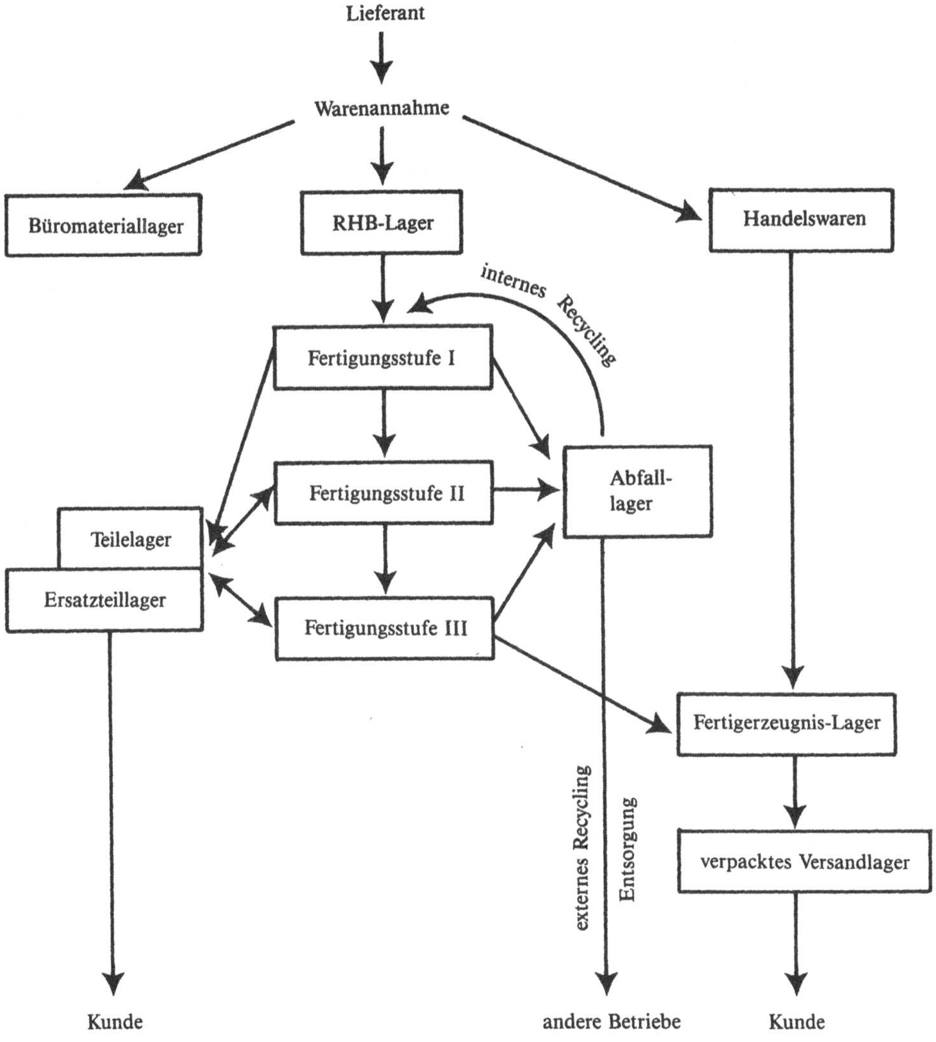

Abb. 45: **Lagerprozeß bei Vorratsbeschaffung und Werkstattfertigung**

Bei *Werkstattfertigungen* werden die in Losen hergestellten Einzelteile oder Baugruppen pro Stufe eingelagert und von der nächst höheren Fertigungsstufe wieder abgerufen. Der Materialabruf erfolgt über Materialentnahmescheine (Ausfaßscheine) oder über On-line-Abrufe der Werkstattsteuerung aus dem Lagerbereich (Holsystem). Das von den Werkstätten abgerufene Material wird bei automatisierter Lagerverwaltung über einen maschinell lesbaren Nummerncode abgegriffen, in eine Kommissionierzone gebracht und von dort in die Werkstatt transportiert.

Das Einlagern erfolgt heute häufig „chaotisch", ohne feste Stellplätze. Das hat den Vorteil, daß für jede Materialart nicht der maximale Bestand räumlich vorgehalten werden muß, sondern eine Orientierung der Gesamtlagerfläche am durchschnittlichen Bestand genügt.

Das Lagerwirtschaftsprogramm hält sämtliche Informationen über die eingelagerten Materialien nach Lagerart, Menge und Zeitpunkt fest und optimiert die Ein- und Auslagerungsvorgänge:

- Lagerplatzvergabe nach Umschlaghäufigkeit
- Fifo-Prinzip, wonach die ältesten Materialien zuerst ausgelagert werden
- Auslagerung nach Prioritäten, Dringlichkeit der Werkstattaufträge
- Wegoptimierung und optimale Ausnutzung der Fördermittel.

Mit dem Vorgang der Auslagerung in die Fertigung entstehen Materialeinzelkosten, wenn eine Auftragsnummer vorliegt. Die Bewertung erfolgt je nach Bewertungsmethode zu Verrechnungs- oder Durchschnittspreisen. Fehlt die Auftragsnummer, liegt Gemeinkosten-Material vor, das nach Kostenstellen verbucht wird.

Bei *Fließfertigung* kann es fertigungsablauforientierte Werkstattläger geben, die den einzelnen Arbeitsschritten zugeordnet sind (Bereitstelläger). Bei fertigungssynchroner Anlieferung tendiert der Lagerbestand gegen Null und es gibt nur noch kleinere Bereitstellbestände.

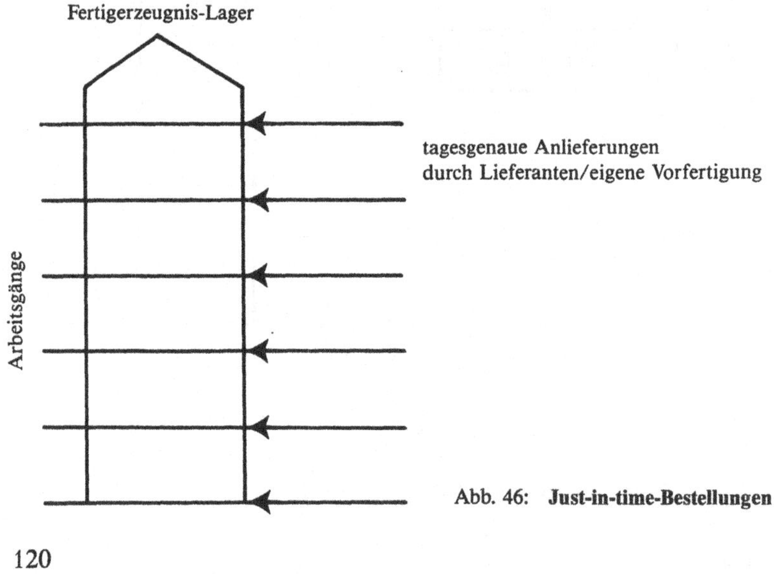

Abb. 46: **Just-in-time-Bestellungen bei Fließfertigung**

4.5.3 Lagerarten

Die verschiedenen Läger eines Industriebetriebes lassen sich nach folgenden Merkmalen gliedern[31]:

Gliederung nach dem Objekt oder der Veredelungsstufe

Lagertyp	Aufnahme von Fremd-(F) oder Eigenfertigungsobjekten (E) (Teile oder Produkte)
Wareneingangslager	F
Roh-Hilfs-Betriebsstofflager	F
Teilelager	E/F
Werkstattlager	E/F
Bereitstellager	E/F
Handlager der Fertigung[32]/Entwicklung	E/F
Fertigwarenlager	E/F
verpacktes Lager	E/F
Ersatzteillager	E/F
Altmateriallager	E/F
Büromateriallager	F
Reparaturlager	E/F
Monteurlager	E/F

Gliederung nach der Bauart

- offene Lager: Lagerung von Stoffen unter freiem Himmel, die dadurch keine Qualitätseinbußen erleiden, wie Rohstoffe und Automobile
- halboffene Lager: mit überdachter Lagerfläche, oft für fertige Investitionsgüter und langlebige Konsumgüter
- geschlossene Lager: abgeschlossene Gebäude, zum Teil gekühlt oder temperiert, mit Meß- und Prüfgeräten, EDV-Anlagen der Lagerwirtschaft, Umlagerungs- und Kommissionierzone.

Gliederung nach Verantwortungsbereich

- Lagerbestand: Eigentum des Unternehmens, ausgenommen der unter Eigentumsvorbehalt gelieferten Waren
- Konsignationslager: Lieferant unterhält in Werken des Käufers eigene Läger mit bereits qualitätsgeprüften Waren, die aber bis zur Entnahme Eigentum des Lieferanten bleiben
- Vertragsvorrat: unberechneter, noch nicht geprüfter, aber bestellter Vorrat beim Lieferanten in dessen Eigentum
- Speditionslager: Außenlager des Lieferanten in der Nähe des Herstellers. Obwohl der Spediteur das Lager eigenverantwortlich führt, ist er nach §§ 278, 664 BGB Erfüllungsgehilfe des Lieferanten.

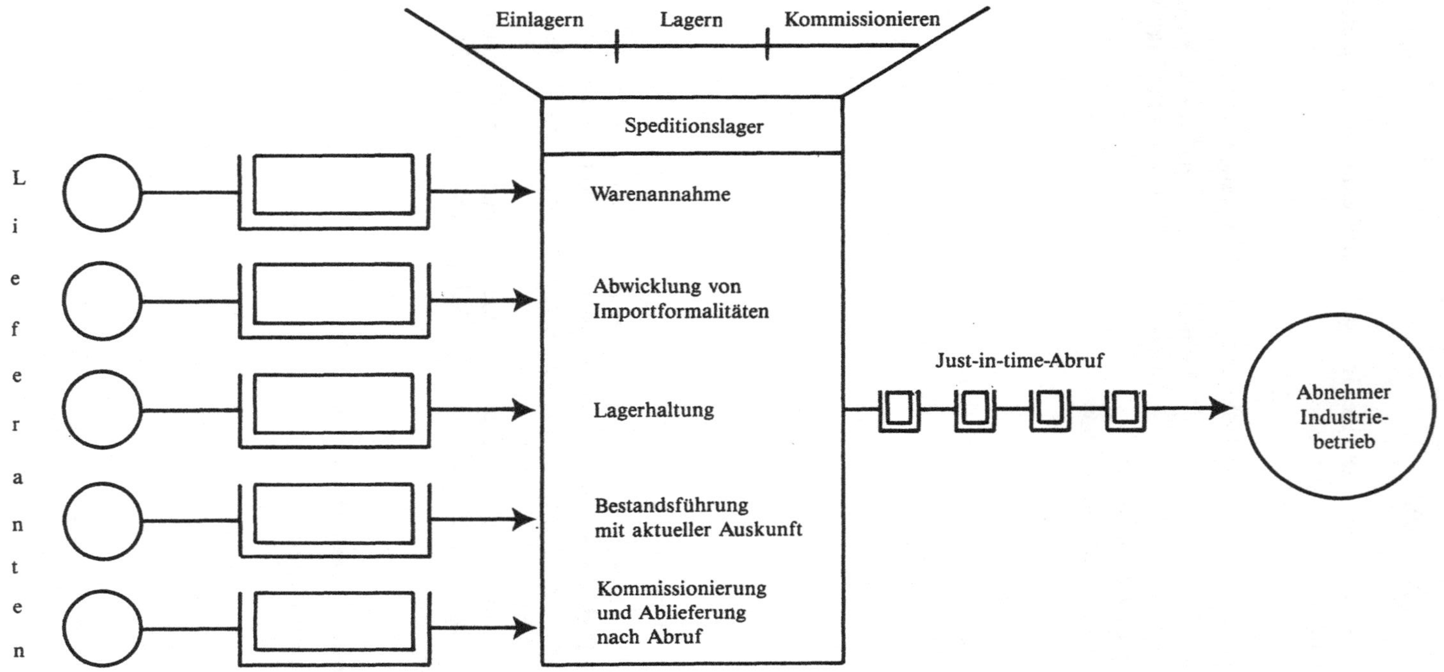

Abb. 47: **Speditionsläger bei Just-in-time-Beschaffung**

Bei *fertigungssynchroner Beschaffung* ergibt sich für Lieferanten in größerer Entfernung zum Abnehmer der Vorteil, einerseits das Speditionslager in optimalen Transportlosgrößen beliefern, andererseits den Abnehmer bedarfsgerecht und schnell in Teilmengen versorgen zu können. Die Anlieferfrequenz des Lieferanten an das Speditionslager wird reduziert, aus dem Speditionslager werden vom Hersteller bereits qualitätsgeprüfte Just-in-time-Teilmengen verschiedener Lieferanten mit Sammeltransporten abgerufen. Aus ökologischer Sicht halten sich damit die Belastung der Infrastruktur, Energieverbrauch und Emissionen in Grenzen, obwohl wieder eine Vorratspufferung zwischen Lieferant und Abnehmer stattfindet.

Gliederung nach räumlicher Verteilung

- Zentrallager: vor allem bei Klein- und Mittelunternehmen. Die Vorteile bestehen in einer konzentrierten Nutzung moderner, rationeller Lagereinrichtungen: niedrigere Kapitalbindung durch Wegfall von Mehrfachsicherheitsbeständen, bessere Ausnutzung der Raumkapazität und größerer Übersichtlichkeit
- dezentrale Läger: vor allem bei fertigungssynchroner Materialsteuerung und räumlich verteilten Fertigungsstandorten eines (Konzern-)Unternehmens. Vorteile bestehen in den kurzen Transportwegen zur Fertigung und der Spezialisierung von Lagereinrichtungen.

Gliederung nach der Geschoßfläche

- eingeschossige Bauweisen (häufigster Fall), An- und Abtransporte lassen sich leicht abwickeln, direkte Verbindung zu den ebenfalls meist eingeschossigen Fertigungshallen, aber hoher Flächenverbrauch
- mehrgeschossige Bauweise; wenn Grundstücksverhältnisse beengt sind oder die Fertigung mehrgeschossig abläuft und eine niveaugleiche Versorgung aus den Lägern erfolgen soll.

Die umständlichen Ein- und Auslagerungsverfahren bei mehrgeschossiger Bauweisen können bei bestmöglicher Raumnutzung (Reduzierung des Landschaftsverbrauchs!) durch *Hochregalläger* vermieden werden (Betonklötze mit Kletterplanzen beranken!). Diese meist hochautomatisierten Läger erreichen ihre Wirtschaftlichkeit vor allem bei Zusammenfassung mehrerer dezentraler Läger. Charakteristisch für Hochregalläger ist

- die chaotische Lagerung: jede neu eintreffende Losmenge erhält einen stets wechselnden freien Lagerplatz
- Optimierung der Lagerfunktionen: Vergabe der Lagerplätze nach Umschlagshäufigkeit, Auslagerung nach der FIFO-Methode und gleichmäßige Verteilung der Materialien auf die Regale
- Einsatz eines Hochregalrechners und Lagerwirtschaftsprogramms: unter anderem Buchung der Zu- und Abgänge im Real-time-Verfahren
- automatische Fördereinrichtungen: Ansteuerung der Lagerplätze nach dreistufigem Index mit Gangtiefe-Regelwand-Regalhöhe

Trotz des hohen technischen Aufwands rentiert sich ein Hochregallager für alle Güter, die einen schnellen direkten Zugriff erforderlich machen, und wenn große Mengen, eine Vielzahl von Ein- und Auslagerungsvorgängen bei einer hohen Teilevielfalt zu bewältigen sind. Der hohe Flächennutzungsgrad und die Energiekostenoptimierung durch Minimierung der Ein- und Auslagerungswege sind ökologische Pluspunkte.

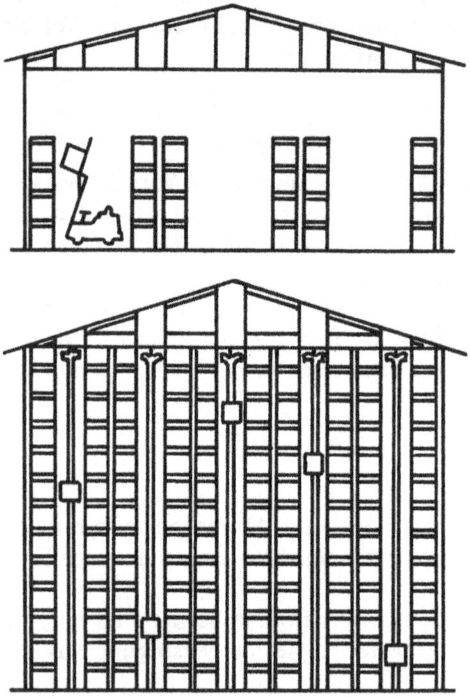

Abb. 48: **Grundfläche eines traditionellen und eines Hochregal-Lagers**[33]

4.6 Materialverteilung und Logistik

Die Materialverteilung eines Unternehmens hat die Aufgabe, Rohstoffe, Teile oder Produkte am Ort ihrer Nachfrage (Fertigungswerkstätten, Vertriebsläger, Standort des Kunden) rechtzeitig in der verlangten Menge und Qualität bereitzustellen. Dabei sollte der Materialfluß möglichst schnell, reibungslos und ohne überflüssige Kapitalbindung in Lägern organisiert sein.

Analysen zur Optimierung des Materialflusses setzen voraus, daß herkömmliche Steuerungsprinzipien im Sinne einer Optimierung von Teilprozessen (Funktionsoptimierung) zugunsten einer querschnittsbezogenen Flußoptimierung des Gesamtprozesses verlassen werden. So ist es wenig sinnvoll, wirtschaftliche Losgrößen mit aufwendigen Rechenverfahren zu perfektionieren, wenn dadurch der Gesamtdurchlauf der Werkstattaufträge behindert oder der Zustand langer Rüstzeiten mit daraus resultierenden großen Plan-Losgrößen schicksalhaft hingenommen wird. Bei übergreifen-

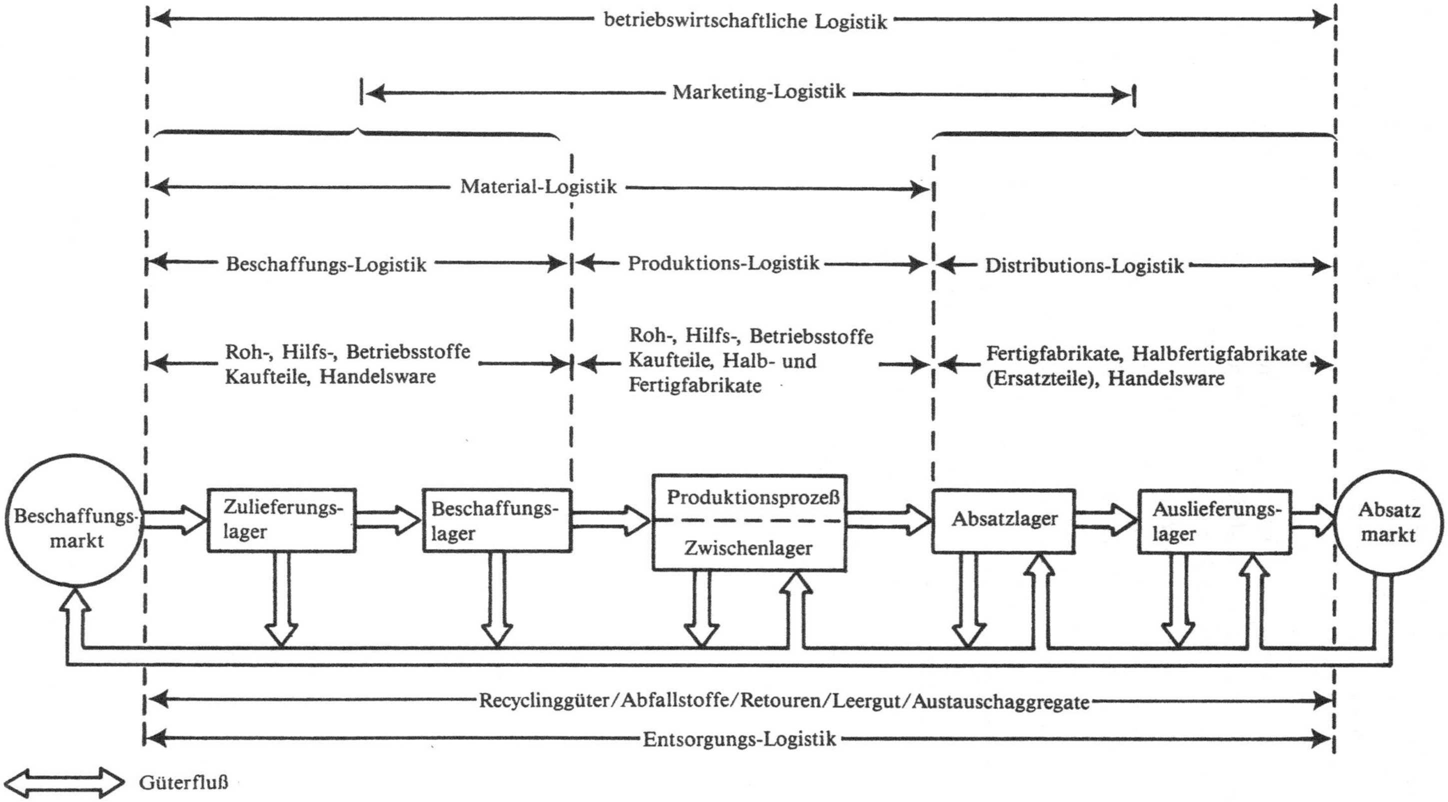

Abb. 49: **Funktionelle Abgrenzung von Logistiksystemen nach den Phasen des Güterflusses am Beispiel eines Industrieunternehmens**[34]

der Analyse der gesamten Materialflußkette erscheinen Lösungen optimal, die im Einzelbereich zur Ablehnung führen können. Dies gilt für ein Unternehmen ebenso wie für eine Volkswirtschaft und bedarf einer notwendigen Revision auch unter ökologischen Gesichtspunkten.

Für eine übergreifende problemorientierte Verbesserung des Materialflusses eines Unternehmens hat sich in den letzten Jahren der Begriff *„Logistik"* durchgesetzt. Er bezeichnet im materialwirtschaftlichen Kontext das Nachschub-, Versorgungs- und Transportwesen, ursprünglich aus militärischen Führungsaufgaben abgeleitet (französisch: loger = unterbringen, Quartier machen), und wird heute als mengenmäßiger und zeitlicher Sachgüterfluß input-/prozeß- und outputorientiert definiert. In der amerikanischen Literatur finden sich die Begriffe Business Logistics, Industrial Logistics und Material Management als Beschreibung aller Aufgaben der Material- und Produktsteuerung zwischen Rohstoffquelle, Fertigung und Kunden. Die logistische Strecke zwischen Vertriebslager und Kunden wird im engeren Sinne als „physical distribution" bezeichnet, neben einer Fertigungs- und Beschaffungslogistik.

Die einzelnen logistischen Streckenabschnitte eines Industrieunternehmens können wie in Abbildung 49 unterschieden werden.

Je nach Zusammenfassung von Linien- und Stabstellen, dem Funktionsumfang der Unternehmenslogistik und den vorhandenen divisionalen oder funktionalen Organisationsstrukturen wird eine Logistik-Abteilung organisatorisch eingegliedert. Die Organisationseinheit „Logistik" bekommt dabei um so mehr Gewicht, je mehr Aufgaben ihr zugeordnet werden.

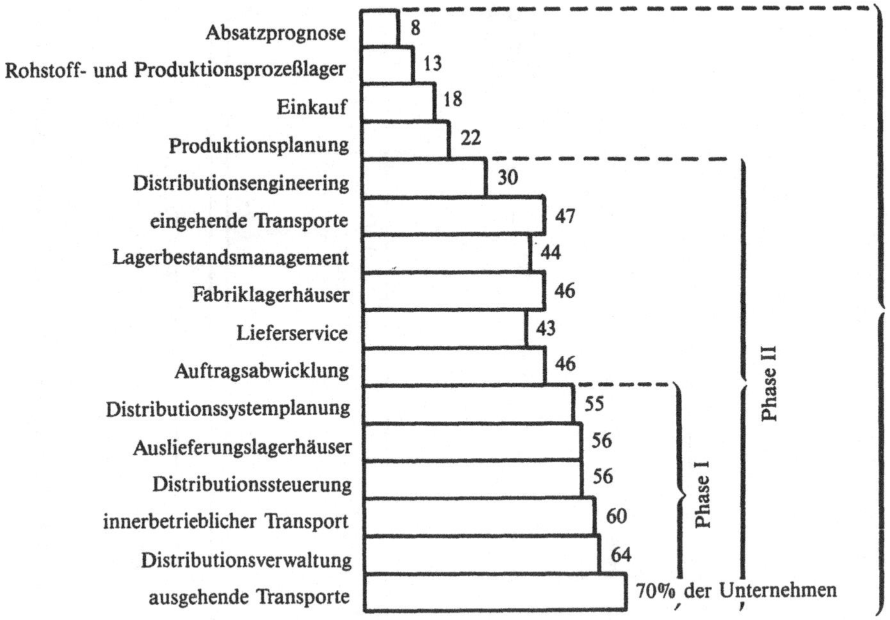

Abb. 50: **Die drei Phasen der Entwicklung einer organisatorischen Einheit Logistik in der Zeit von 1973–1980 und der prozentuale Anteil der ihr im Jahre 1980 zugeordneten Aufgaben.** Ergebnisse einer Umfrage bei 500 Unternehmen in den USA [35]

Eine Kombination zentraler und dezentraler Aufgabenwahrnehmung in einem Industrie-Unternehmen mit mehreren Werken könnte zu dem Organigramm der Abbildung 51 führen.

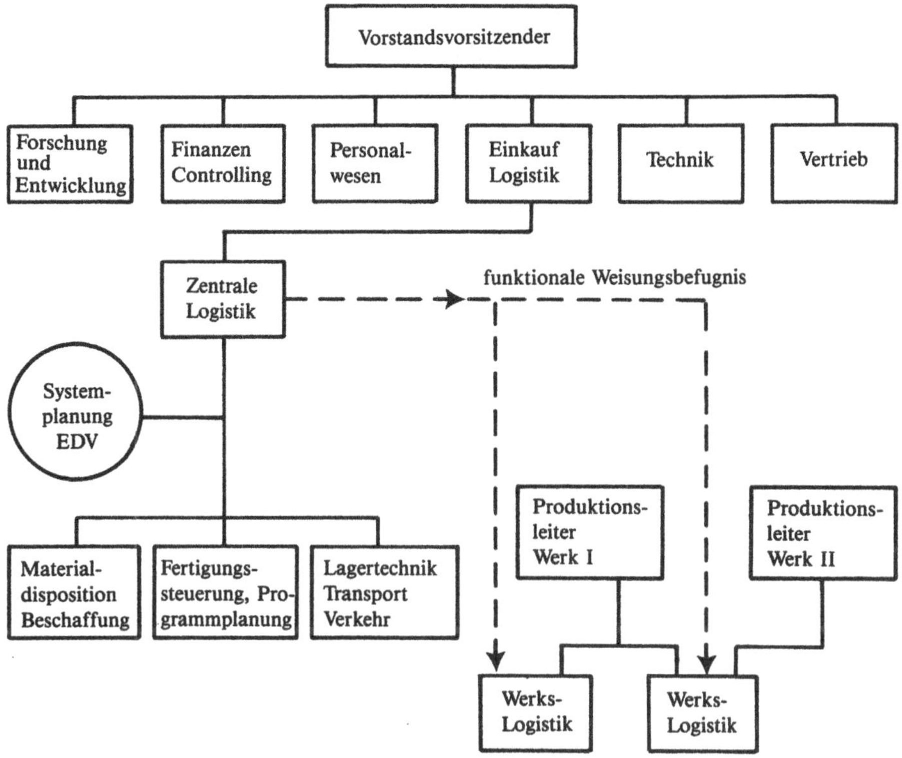

Abb. 51: **Kombination von zentraler und dezentraler Wahrnehmung von Logistikaufgaben bei einem Unternehmen mit mehreren Produktionsstätten**[36]

4.6.1 Branchenspezifischer Materialfluß

Die betriebswirtschaftliche Logistik ist in einem Industrieunternehmen mit hoher Fertigungstiefe, komplexen Produkten und einer großen Vielfalt von Sachnummern besonders problematisch. Kommen noch schwer vorausschaubare Unregelmäßigkeiten auf den Beschaffungs- und Absatzmärkten hinzu, gewinnt die logistische Optimierung höchste Aufmerksamkeit. Durch steigenden internationalen Wettbewerbsdruck, den Zwang zu höherer Lieferbereitschaft via Durchlaufzeitbeschleunigung, Abbau der Beständen und Differenzierung des Sortiments werden zusätzliche Anforderungen an ein Unternehmen gestellt mit ebenfalls weitreichenden Konsequenzen für die logistische Konzeption.

Je nach Branche und Materialfluß liegen die logistischen Schwerpunktprobleme unterschiedlich verteilt: Bei synthetischer Stoffumwandlung, etwa der Gerätefertiger des Maschinenbaus und der Elektroindustrie, herrschen im wesentlichen Werkstattfertigungen vor mit komplexen Lagerungs- und Werkstattsteuerungsproblemen. Der Fertigungsfluß ist kompliziert vermascht, es entstehen laufend Konkurrenzen um knappe Maschinenkapazitäten, die Durchlaufzeiten sind dementsprechend lang; die Umschlagshäufigkeit der Bestände ist gering.

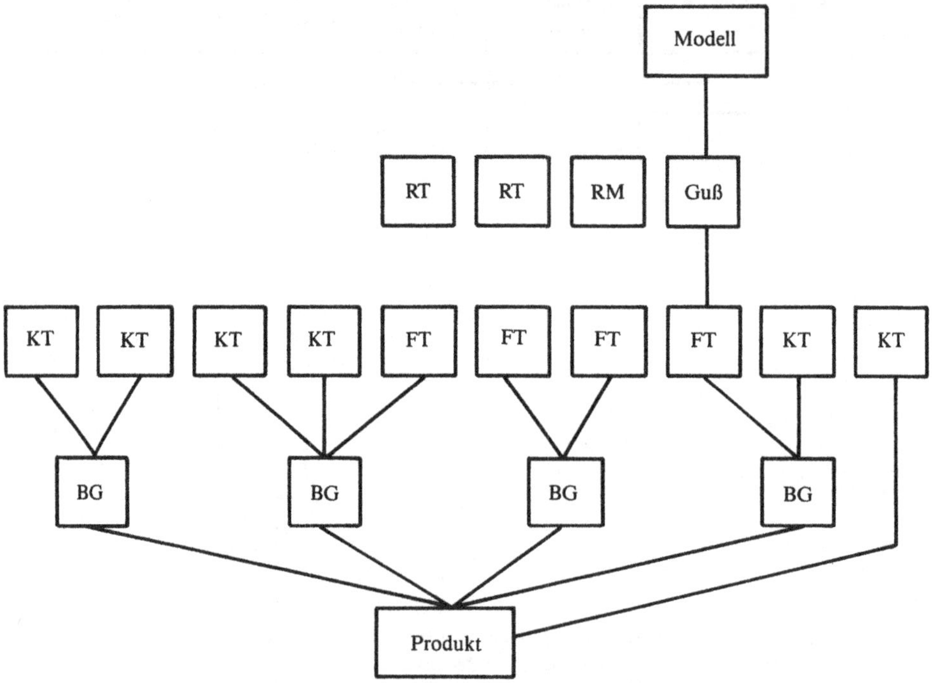

RT = Rohteile
RM = Rohmaterial
FT = Einzelteile, selbst gefertigt
KT = Kaufteile
BG = Baugruppen

Abb. 52: **Synthetische Stoffumwandlung mit Zusammenfügung vieler Einzelteile verschiedenster Art zu einer Anlage oder einem Gerät**

Bei der umformenden Stoffumwandlung in der Stahl- und Aluminiumindustrie stehen dagegen die optimale Belastung von Kapazitäten, beispielsweise Walzstraßen, im Vordergrund, die Zusammenfassung von Aufträgen zu wirtschaftlichen Einheiten mit Berücksichtigung der Dringlichkeit der Nachfrage und das Recycling, besonders von Altmetallen. In der Beschaffungslogistik und Rohmaterialbevorratung spielen Preisentwicklungen an den Rohstoffbörsen eine erhebliche Rolle.

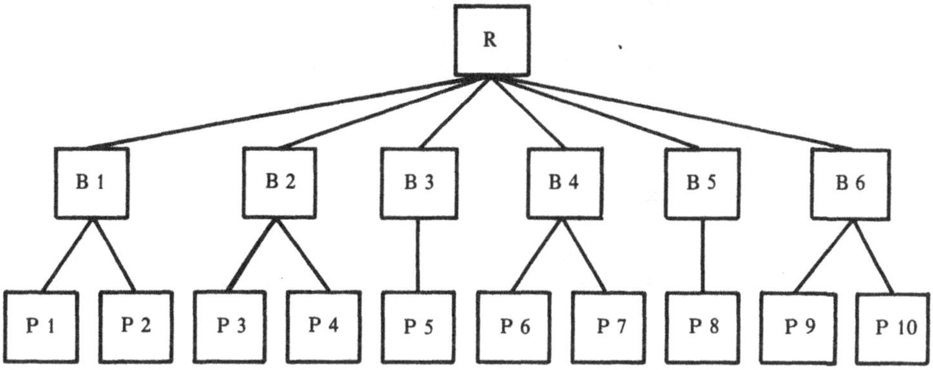

R = Rohaluminium
B = gewalzte Bänder unterschiedlicher Breite und Stärke
P = Produkte

Abb. 53: **Umformende Stoffumwandlung**

Bei den kombiniert auftretenden, zerlegenden und synthetischen Transformationsprozessen, etwa der chemischen Industrie, erhält die Logistik in betriebswirtschaftlicher und ökologischer Hinsicht die Aufgabe, die Materialverwertung bei gleichzeitiger Minimierung der Umweltbelastung durch Kuppelproduktionsverfahren inner- und außerbetrieblich zu steigern. Gerade hier muß Logistik stark in Kreisläufen denken lernen, die weit in das volkswirtschaftliche und natürliche Umsystem hineinreichen.

Obwohl der *Handel* keine Gütertransformation vornimmt, somit ein entscheidender Problembereich der Logistik entfällt, werden in jüngerer Zeit die Anstrengungen verstärkt, durch eine logistische Querschnittsverkettung der Informationsflüsse Warenströme und Lagerhaltung zum Zwecke einer Rentabilitätssteigerung zu verbessern. Dabei werden Warenwirtschaftssysteme[37] aufgebaut, die vom Kassentisch aus Warenumsätze über Laser-Scanner und Strichcodesysteme erfassen, pro Tag Umsätze nach Artikeln, Lagerbestände, ermitteln, Bestellvorschläge ausdrucken und eine Reihe von materialwirtschaftlich wichtigen Kennzahlen errechnen, wie ABC-Analysen, Umschlagshäufigkeiten von Artikeln, Handelsspanne und Umsatzentwicklung nach Artikelplazierung.

Bei *Verkehrsbetrieben, Servicedienstleistungen, Transportunternehmen* sind umfangreiche logistische Probleme der Wegeoptimierung zu lösen. Einzelwirtschaftliche Zeit- und Kostenersparnisse (Energieverbrauch, KFZ-Abnutzung) gehen hier konform mit Umweltentlastungszielen: der Minimierung der Verkehrsströme, Vermeidung von Emissionen und Energiesparen.

Mit Hilfe von EDV-Logistikprogrammen werden bei Speditionen Waren nach Zeit- und Tourenaspekten an die entsprechenden Laderampen dirigiert. Bereitstellungs- und Rücklaufverkehr werden mit möglichst wenig Leerfracht disponiert.

Bei Störungseinsätzen von Servicetechnikern informiert ein rechneroptimiertes Leitsystem per Funk diejenigen, die verfügbar und dem Einsatzort am nächsten sind[38]. Auch hiermit werden Verkehrsströme reduziert und die Umwelt entsprechend entlastet.

4.6.2 KANBAN-Logistik

Viele Steuerungssysteme in Werkstattfertigungen zielen auf Verfeinerungen einer zentralen Steuerung ab[39]. Die Grundstrukturen der Fertigung, das Bringprinzip, stufenweise Ein- und Auslagerungsprozesse und die Andlersche Losgrößenoptimierung bleiben dabei unangetastet, was letztlich eine logistische Optimierung verhindern kann.

Am Beispiel der Bestandspolitik lassen sich dabei die unterschiedlichen logistischen Konzeptionen erläutern: Bei vielen herkömmlichen Fertigungssteuerungen decken Bestände betriebswirtschaftliche „Problemberge", wie mangelhafte Vertriebsprognosen, Ausdehnung der Belastung bis zur theoretischen Kapazitätsobergrenze und den ungenügenden Informationsfluß, eher zu, bei japanischen Logistikkonzepten werden Bestände bewußt gedrosselt, um „Problemberge" sichtbar zu machen. Aus letzterer Sicht resultiert der Zwang, Abläufe effizienter zu organisieren und eine flexible dezentrale Steuerung in Regelkreisen zu ermöglichen, was in Japan unter dem Schlagwort KANBAN (deutsch: Anhänger, Karte) entwickelt und mittlerweile auch von zahlreichen deutschen Firmen, zumindest partiell, übernommen wurde[40].
Die Ziele der KANBAN-Steuerung sind:

- Senkung der Auftragsdurchlaufzeiten
- Senkung sämtlicher Bestandsarten
- Erhöhung der Lieferbereitschaft, insbesondere der Flexibilität gegenüber Nachfrageschwankungen.

Zur Erreichung dieser Ziele soll zwischen Lieferanten und Hersteller eine fertigungssynchrone Belieferung sowie zwischen den einzelnen betriebsinternen Fertigungsstufen eine Produktion auf Abruf (Just-in-time-Produktion) organisiert werden, was sich in miteinander vernetzten Regelkreisen manifestiert.

Betriebsintern setzt das Funktionieren der „Just-in-time-Produktion" (JIT) voraus, daß die Montage nach dem Prinzip der Holpflicht anfordert, gemäß dem Motto: „Wer die beste Übersicht hat, der steuert!" (Supermarktprinzip, hand to mouth-production). Nur in der Endmontage ist – entsprechend den eintreffenden Auftragseingängen – bekannt, welche Teile benötigt werden. Der Abruf aus der Vorfertigung oder von Lieferanten erfolgt entweder:

- über Daueraufträge: der Lieferant bringt ähnlich einem Automatenfüller niederwertiges Schüttgut nach eigenem Ermessen aufgrund bestimmter Maximum- und Minimum-Markierungen in Füllbehälter
- über einen täglichen On-line-Abruf über Datenfernübertragung oder KANBAN-Pendelkarten im werkstattinternen Umlauf; das betrifft das Gros der Teile.

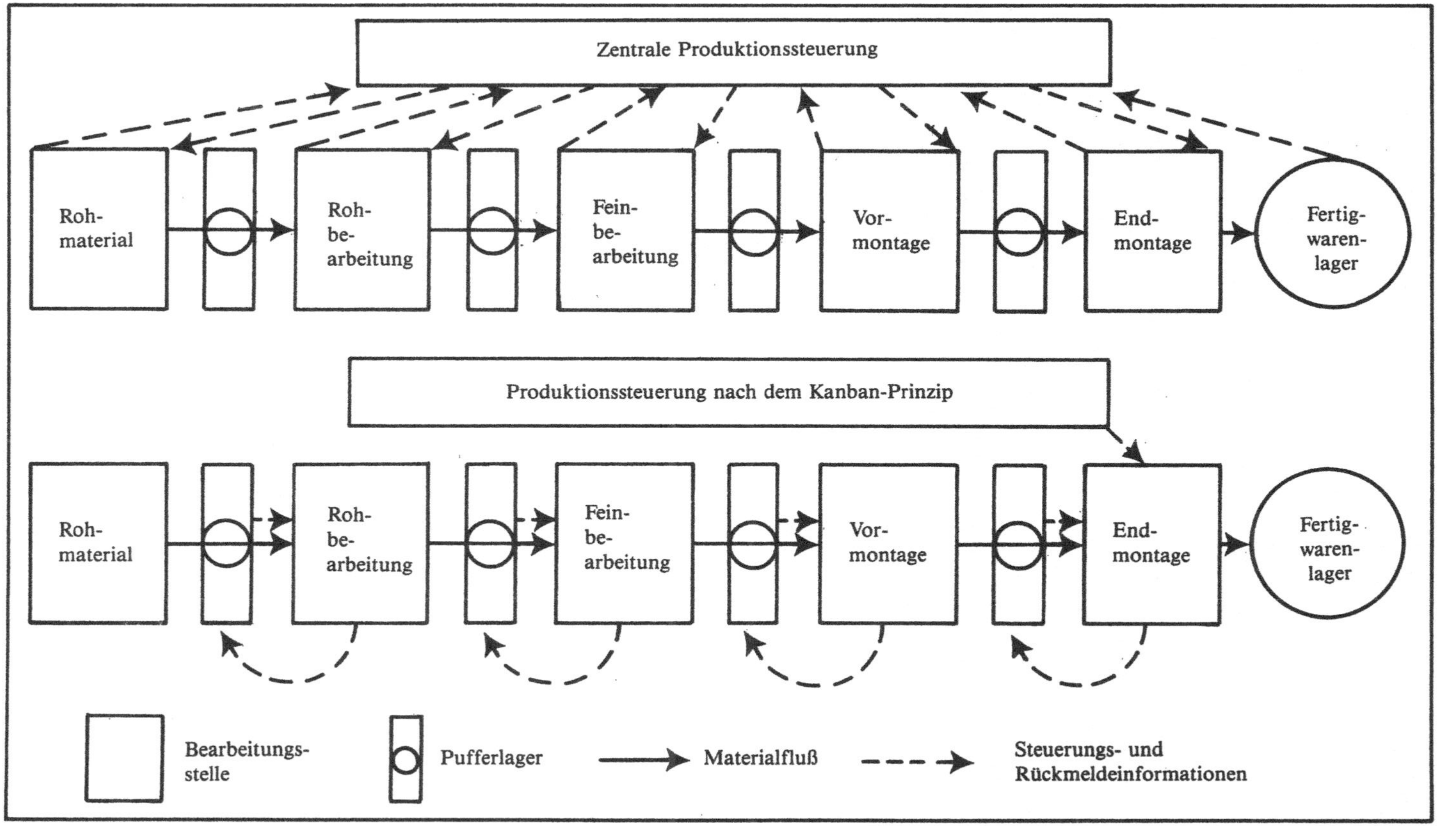

Abb. 54: **Zentrale Produktionssteuerung und Produktionssteuerung nach dem KANBAN-Prinzip**[41]

Im letzteren Falle kursieren KANBAN-Karten, die für jedes Teil festlegen, *was, wieviel, warum* und *wie* geliefert werden soll.
Dabei gibt es grundsätzlich zwei Kartentypen:

- den Transport- oder Verbrauchs-KANBAN
- den Produktions-KANBAN.

Die Produktion ist in Regelkreise und Fertigungsstufen untergliedert, in Abhängigkeit von der Zahl der Fertigungsstufen. Ist ein Behälter in der Montage entleert (kritische Marke über Signal-KANBAN), wird der Transport-KANBAN von diesem Behälter abgenommen und an ein kleines zwischengeschaltetes Pufferlager geschickt, etwa vom Mitarbeiter der Fertigungsgruppe. Dort wird von einem vollen Behälter, aus der Vorfertigung oder vom Lieferanten, der Produktions-Kanban entfernt, der Transport-KANBAN befestigt und die erforderliche Menge an die Montage geliefert. Der leere Produktions-KANBAN wird zum Auffüllen des Bestandes in die Vorfertigung oder zum Lieferanten zurückgeschickt. Dabei ist immer nur eine begrenzte Anzahl von KANBANs im Umlauf, die abhängig ist:

- von dem Bedarf pro Zeiteinheit
- von der Fertigungsdurchlaufzeit
- von dem Behälterfassungsvermögen (oft weniger als 10 Prozent des Tagesbedarfs, das heißt mit einer Bedarfseindeckungszeit von 0,1 Arbeitstag).

Die Ermittlung der Anzahl der KANBANs (Behälter oder Karten) pro Regelkreis kann nach folgender Formel erfolgen[42]:

$$X_K = \frac{B_T \cdot (t_w + t_z) \cdot (1 + s)}{M_K}$$

X_K = Anzahl der KANBANs pro Regelkreis
B_T = Bedarf an Teilen pro Zeiteinheit (41 Stück/Monat)
t_w = Wiederbeschaffungszeit (2 Tage)
t_z = Lieferzyklus (Reichweite eines KANBANs)
s = Sicherheitsfaktor (bei Sicherheitszeit von 3 Tagen: $\frac{3}{20}$)
M_K = Menge an Teilen pro KANBAN (6 Stück)
1 Periode = 1 Monat = 20 Arbeitstage

Zahlenbeispiel (anhand der angegebenen Klammerwerte):

$$X_K = \frac{\frac{41}{20}\left(2 + \frac{20 \cdot 6}{41}\right) \cdot (1 + 0{,}15)}{6} = 1{,}94$$

Durch Aufrunden ergeben sich 2 KANBANs.

Fazit: Bei einem Monatsbedarf von 41 Teilen pro Regelkreis werden 2 KANBANs mit je 6 Teilen Fassungsvermögen benötigt. Somit zirkulieren maximal 12 Teile in diesem Regelkreis! Da 2 Teile pro Tag gebraucht werden, beträgt der Lieferzyklus (bei einem Behältervolumen von 6 Teilen) drei Tage; es werden also etwa dreimal pro Monat die KANBAN-Behälter gefüllt.

Für ein reibungsloses Funktionieren des KANBAN-Systems sind mehrere Voraussetzungen nötig:

Beschaffung

- minimale Beschaffungszeiten mit Lieferanten oder Auslieferungslägern im unmittelbaren Umkreis
- flexible Lieferanten mit hoher Anlieferfrequenz
- entweder Monopolstellung am Beschaffungsmarkt oder partnerschaftliche Kooperation.

Fertigung

- genau vorhersehbarer Produktionsablauf ohne Stockungen, exakte Termineinhaltung in allen Fertigungsstufen
- redundante, flexible Kapazitäten
- materialflußgerechte Maschinenanordnung
- Maschinenbelegung mit einer überschaubaren Anzahl von Teilen
- vorherbestimmte Materialstellplätze
- räumliche Großzügigkeit
- Verkürzung der Rüstzeiten

Programm

- Auswahl hochwertiger Teile (A-Teile) mit stetigem Verbrauch (XYZ-Analyse)
- Großserienfertigung standardisierter Teile

Qualitätssicherung

- automatische Kontrollen, Selbstkontrollen
- enge Zusammenarbeit mit Lieferanten im Prüfwesen, Wareneingang mit zero-defect-Garantie
- Weitergabe von nur einwandfreien Teilen innerhalb der Produktion

Personal

- flexibler Personaleinsatz, job rotation
- Gruppenbewußtsein, starke Motivation zu selbständigem, systemübergreifendem Denken
- hohe Qualifikation des Fertigungspersonals, breite Verantwortlichkeit, nicht nur arbeitsplatzbezogene Maschinenbedienung

In vielen Fällen treten die gewünschte Effekte der Durchlaufzeitenverkürzung, Bestandssenkung und zero defects bereits durch den Zwang, diese Voraussetzungen zu schaffen, ein. Die vorbereitenden Maßnahmen zur KANBAN-Logistik wirken bereits als Rationalisierungsimpulse. Im eingeschwungenen Zustand entfallen Lagerbestände und verringern sich die Umlaufbestände. Die Losgrößen sind stark verkleinert, Nachfrageschwankungen werden ohne unnötigen Bestandsaufbau flexibel abgepuffert, die letzte Fertigungsstufe (Montage) ist zwar bedarfsgesteuert, ansonsten wickelt sich das Holprinzip über das Bestellpunktverfahren ab. Bei weitgehend überflüssiger EDV – Einsatz ist nur noch zur Ermittlung der notwendigen KANBANs und der Kapazitätsplanung notwendig – handelt es sich hier um eine Art „management by sight“. Nachteile bei der Realisierung des KANBAN-Systems können entstehen durch:

- hohe Umrüstkosten von Maschinen
- eventuell höhere Sicherheitsbestände, um Nachschubschwierigkeiten aufzufangen
- Vorhaltung großer Kapazitätsreserven.

Entscheidend ist, daß der Wille zur Gruppenarbeit und interbetrieblicher Zusammenarbeit vorhanden ist, weil alle Fertigungsstufen miteinander synchronisiert werden.

Wenngleich mit dem KANBAN-System die einzelbetriebliche Logistik verbessert werden kann und Materialkosteneinsparungen ermöglicht werden, darf nicht übersehen werden, daß unter Umständen Zulieferanten dadurch zu erhöhten Bestandsvorräten veranlaßt werden, um beispielsweise bei Lieferschwierigkeiten das Risiko hoher Vertragsstrafen zu umgehen. Unter volkswirtschaftlichen und ökologischen Aspekten wäre KANBAN nur insofern ein ressourcensparendes Logistik-Konzept, als über *alle* Produktionsstufen einer Volkswirtschaft KANBAN-Prinzipien organisierbar sind: die Wirtschaft also insgesamt mit flexiblen, durch raschen Informationsaustausch vernetzten Fertigungsmethoden – ohne gravierenden Materialmehreinsatz in Maschinen und Anlagen – Bestände drosseln kann. Ein Blick auf die japanischen Umschlagshäufigkeiten der Automobilindustrie und ihrer Zulieferung scheint dies zu bestätigen (siehe Tabelle 1 auf Seite 14).

Kritisch zu betrachten ist aus ökologischer Sicht auch die steigende Belastung von Infrastruktureinrichtungen durch häufigen Pendelverkehr. Kleine Lieferrhythmen rufen bei LKW-Transporten mehr Emissionen und Energieverbrauch hervor, ebenso Landverbrauch durch erforderliche Straßenneubauten. Die für Japan typische Agglomeration von Betrieben im Großraum Tokyo und Kyoto ist für KANBAN zwar förderlich, widerspricht aber in der Bundesrepublik Deutschland regionalpolitischen und ökologischen Grundsätzen. Beim räumlich dezentraler Verteilung von Zulieferern und Herstellern aber werden KANBAN-Prinzipien beschaffungsseitig erheblich erschwert.

4.6.3 Logistikkosten

Logistikentscheidungen erfordern ein Denken in Totalkosten. Partielle Kostensenkungen oder Verbesserungen der Quartalsabschlüsse von Profit Centers sind unter dem Kriterium der Steigerung der Rentabilität nur dann von Bedeutung, wenn auf der gesamten logistischen Strecke des Leistungserstellungsprozesses kostensenkende oder ertragssteigernde Effekte von Dauer sind. So kann für den Vertrieb die Zusage von Kundenwünschen eine willkommene Erhöhung des Auftragsbestandes bewirken, für die Materialdisposition können damit unvorhergesehene Sonderkosten der Beschaffung resultieren – oder der Produktion entstehen Zusatzkosten in Form der kurzfristigen Erweiterung der verfügbaren Kapazität.

Für eine umweltorientierte Unternehmensführung sind ebenso die unternehmensexternen Logistikkosten von Bedeutung: Nachschubkosten der Vorstufen-Produktionen oder Entsorgungskosten inclusive der externen Kosten auf der gesamten Produktlinie. Eine ökologisch verantwortungsvolle Unternehmensstrategie bezieht auch gesellschaftliche Kosten der Produktpolitik mit ein und versucht diese bereits bei der Programmwahl ins Kalkül zu ziehen. Wie die Auseinandersetzungen um die zukünftige Energieversorgung zeigen, empfiehlt es sich hierbei, Logistik nicht nur auf rein materielle Versorgungs- und Nachschubfunktionen zu reduzieren (hochentropische Wirtschaftsweise), sondern Alternativen der Bedürfnisbefriedigung im Dienstleistungs- und organisatorischen Bereich der Leistungserstellung zu erkennen. So würde ein nur extrapolierendes logistisches Denken in Sachgüterströmen im Energiesektor

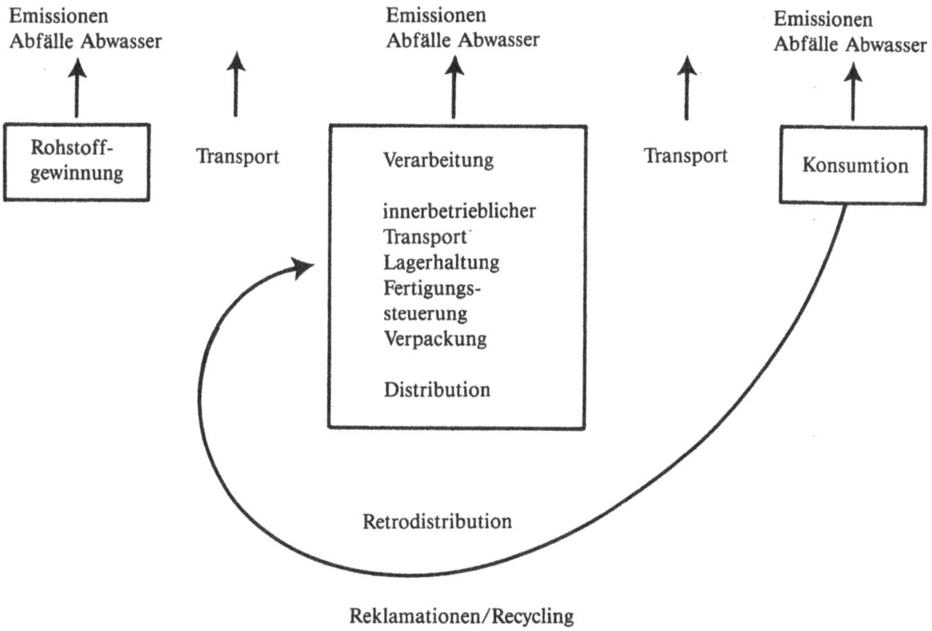

Abb. 55: **Inner- und außerbetriebliche Logistikkosten auf der Produktlinie**

die Sicht verbauen, energetische Bedürfnisse, wie warme Wohnungen, auch mit den Mitteln der Wärmedämmung und integrierter Heizungssysteme statt Kraftwerksbau oder Erdölnachschub befriedigen zu können. Das Ziel einer Senkung der Logistikkosten schließt zwar bei ökologischer Unternehmenspolitik die externen Kosten der Nachstufenproduktion und der Konsum- und Entsorgungsphase mit ein, darf aber im herkömmlichen Materialflußdenken nicht stehenbleiben.

Logistikkosten innerhalb des Unternehmens umfassen demnach die input-, prozeß- und output-orientierten Kosten des Sachgüterflusses:

- die Kosten der Einkaufsabwicklung
- die Kosten der Wareneingangskontrolle
- die innerbetrieblichen Transportkosten
- die Lagerhaltungskosten (Betriebs- und Vertriebsläger)
- die Kosten der Fertigungssteuerung und Auftragsabwicklung
- Verpackungs- und Distributionskosten
- Servicekosten
- Entsorgungskosten
- Retrodistributionskosten

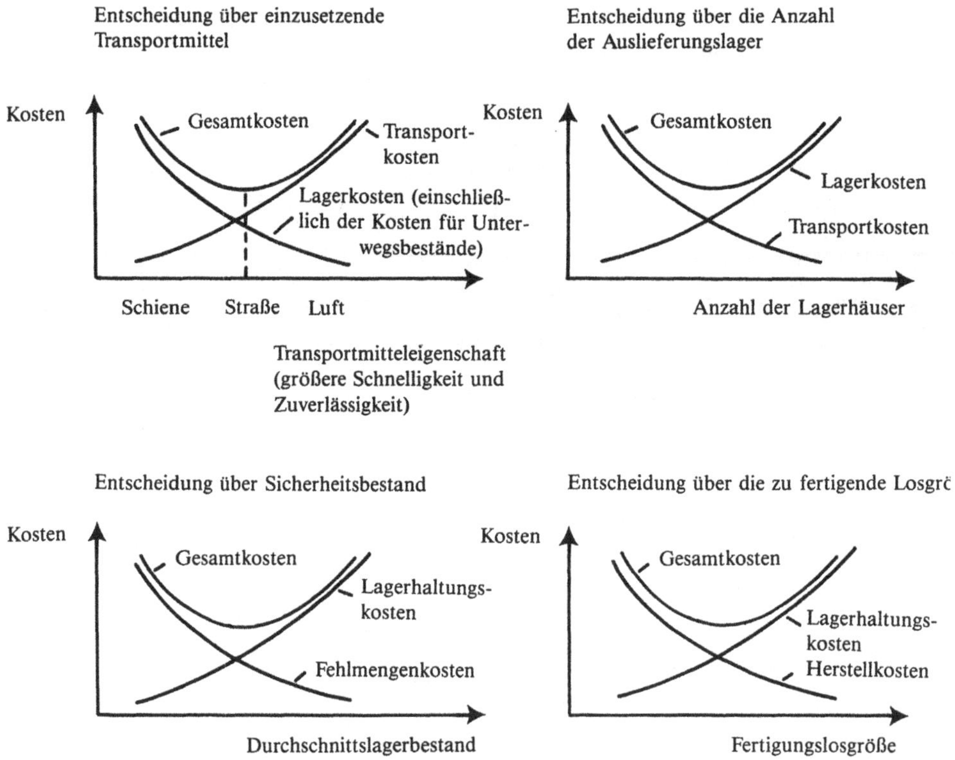

Abb. 56: **Typische Kostenverläufe im Logistiksystem**[43]

Logistikkosten können im betrieblichen Rechnungswessen einerseits als Einzelkosten, zum Beispiel für Sonderverpackungen als Sondereinzelkosten des Vertriebs, andererseits als Gemeinkosten, etwa in Form von Disponentengehälter der Produktsteuerung, auftreten. Ihre Erfassung als Kostengruppe ist schwierig, da die Kostenrechnung „in den meisten Unternehmen auf den Produktionsbereich ausgerichtet ist“[44].

Um allerdings Kostensenkungen in einzelnen Bereichen mit etwaigen Kostensenkungen in anderen Bereichen vergleichen zu können, müssen Logistikkosten im Gesamt-Unternehmen transparent gemacht werden. Eine Gegenüberstellung typischer Kostenkonflikte kann wie in Abbildung 56 schematisiert werden.

Dabei dürfen die Logistikaufgaben nie allein unter dem Kostenaspekt beurteilt werden, sondern selbstverständlich ebenfalls unter Leistungskriterien wie dem Versorgungs- und Lieferservice, der letztlich in Umsatzerlösen und Umsatzrenditen zum Ausdruck kommt. So können die zusätzlichen Kosten für erhöhte Sicherheitsbestände gerechtfertigt sein, wenn – bei konstanten sonstigen Kosten – die Umsatzerlöse den Kosteneffekt überkompensieren.

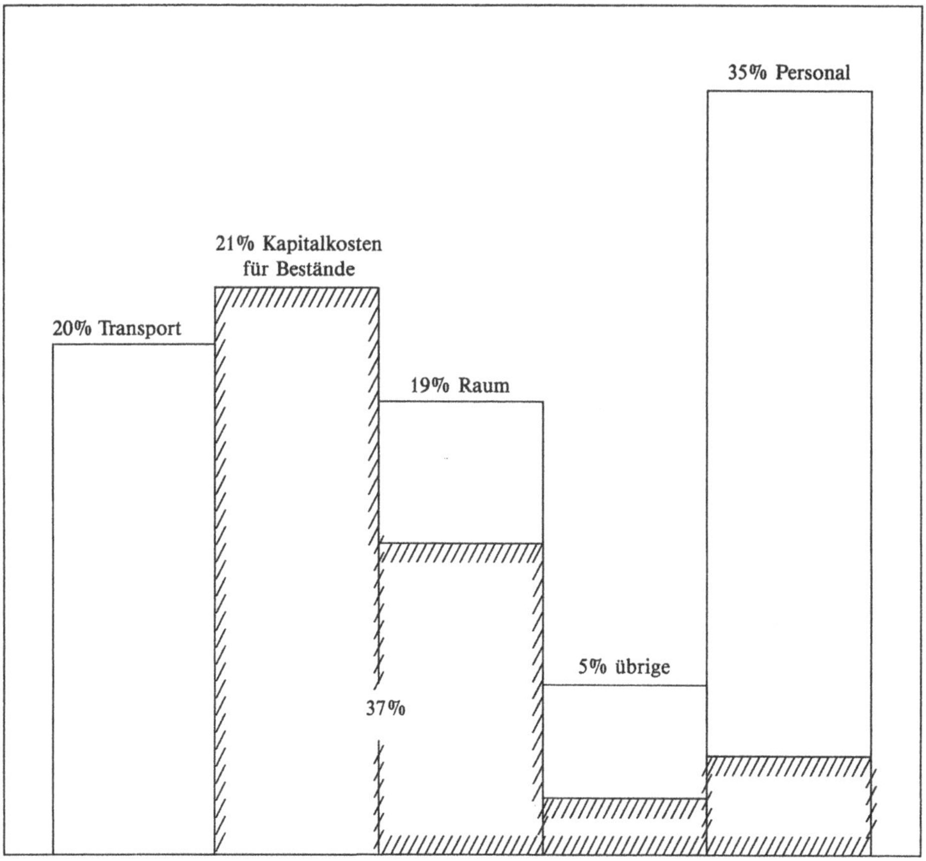

Abb. 57: **Verteilung der Logistikkosten bei Osram**[45]

In Abhängigkeit der Branche und der Interpretation des Begriffs „Logistikkosten" schwankt der Anteil der Logistikkosten am Umsatz zwischen 10 Prozent und 25 Prozent. Besonders hohe Logistikkosten entstehen im Nahrungsmittelbereich (32 Prozent), dem Bereich der Metallrohstoffe und Weiterverarbeitung der Metalle (29 Prozent) sowie der chemischen Erzeugnisse (24 Prozent)[46].

Die Verteilung der Logistikkosten bei einem Hersteller der Elektroindustrie veranschaulicht Abbildung 57.

Je nach Organisation der Fertigung, Bedarfsauslösung, Programmstruktur, Fertigungstiefe, verlagern sich die Schwerpunkte der Logistikkosten auf den Beschaffungs-, Transport-, Lager-, Produktions- oder Distributionsbereich.

Logistikkosten können indessen nicht nur in einzelwirtschaftlichen Buchführungen auftreten, sondern können in erheblichem Umfang private oder öffentliche Haushalte belasten. Derartige, mit der Sachzielbestimmung eines Unternehmens oder Unternehmensverbundes verknüpfte Transport-, Entsorgungs- oder Abfallwiederverwertungsleistungen kann man in Anlehnung an den Begriff der externen Kosten (Seite 44) als externe oder volkswirtschaftliche Logistikkosten bezeichnen. Diese von der Allgemeinheit zu tragenden (nicht verursachungsgerecht zugerechneten) Kosten können beachtlich anwachsen (zum Beispiel GAU-Tschernobyl, Rheinverschmutzung durch chemische Industrie). Unternehmen müssen in diesem Falle damit rechnen, daß derartige Kosten nach dem Verursacherprinzip die einzelwirtschaftliche Kalkulation belasten werden und daß im Sinne eines präventiven Umweltschutzes derartige Logistikkosten in die Unternehmensstrategie der Produkt- und Programmwahl einbezogen werden müssen. Logistisches Denken macht in einer ökologisch erweiterten integrierten Materialwirtschaft also auch hier nicht vor den Betriebstoren halt. Es bezieht außerbetriebliche Folgekosten vor und nach dem eigenen Leistungserstellungsprozeß, also die gesamte Produktlinie, in die Entscheidungsfindung mit ein. Dazu gehören bei einem Hersteller von Konsumgütern:

- staatliche Vorleistungen an Infrastruktureinrichtungen und Abfallbeseitigungskoten nach dem Gemeinlastprinzip bei der Rohstoffgewinnung und Weiterverarbeitung von Vorstufen
- Schäden durch Emissionen, Landverbrauch durch Transportbeziehungen
- Entsorgungsleistungen des Staates und privater Haushalte bei der Güterproduktion und beim Konsum.

Anmerkungen zu Kapitel 4

1 Vgl. dazu auch Busch, H., a. a. O., S. 313 ff., sowie Oeldorf, G., Olfert, K., Materialwirtschaft, Ludwigshafen, 1979, 2. Aufl., S. 135 ff.

2 Entwickelt von der Boston Consulting Group Ende der 60er Jahre: Mit jeder Verdoppelung der kumulierten Menge eines Produktes gehen die Wertschöpfungskosten eines Stückes potentiell um 20–30 Prozent zurück

3 Vgl. Meyer-Abich, K. M., Schefold, B., Die Grenzen der Atomwirtschaft, 2. Aufl., 1986, S. 102 ff.

4 Vgl. Hesse, J., Umweltschutz und Marketing, in: Handbuch Marketing Bd. I., hg. v. Koinecke, Gernsbach 1978
Diller, H., Umweltschutz und Marketing, in HdU Bd. 2
Schreiber, R. L., Öko-Marketing, in: Marketing Journal 4/76, S. 330 Kreikebaum, H., Strategische Unternehmensplanung, Stuttgart 1981, S. 142 ff.
5 Vgl. Meffert, H., Bruhn, M., Schubert, F., Walther, TH., Marketing und Ökologie, in: Der Betriebswirt 46, 1986, S. 154
6 Beim Glasrecycling hat sich z. B. der verbliebene Alu-Ring des Verschlusses als störend erwiesen
7 Vgl. Oeldorf, G., Olfert, K., a. a. O., S. 171 ff.
sowie Kahle, E., Produktion, München/Wien 1980, S. 96 ff.
8 Zur realitätsnäheren Darstellung und Entwicklung des Lagerbestandes mit unterschiedlichen Bestellpunkt-Verfahren siehe Steinbrüchel, M., Die Materialwirtschaft der Unternehmung, Bern/Stuttgart 1972
9 Vgl. Blom, F., Umweltschutz – Herausforderung an die Materialwirtschaft, in: Beschaffung aktuell 12/83, S. 17 ff.
10 Z. B. aus laufenden Bulletins des U. S. Bureau of Mines
11 In Anlehnung an Kahle, a. a. O., S. 152 ff.
12 Z. B. die Reihe „Wirtschaft und Statistik"
13 Vgl. Blom, F., Beschaffungsmarktforschung Warum? Wo? Wie? Nürnberg 1982, S. 106
14 Vgl. Wolf W., Freie Fahrt ins Chaos, in: Natur, Heft 8, 1985, S. 33
15 Vgl. Forrester, J. W., Industrial Dynamics, Cambridge (Mass.) 1965, S. 21
16 Vgl. Blom, F., Beschaffungsmarktforschung, a. a. O., S. 144
17 Vgl. Forrester, J. W., a. a. O., S. 24
18 Vgl. Krallmann, H., Expertensysteme für die computerintegrierte Fertigung, in: Fortschrittliche Betriebsführung und Industrial Engineering, Bd. 3, 1986, S. 100 ff.
19 Z. B. Seibt, Wer liefert was? ABC der Lieferanten
20 AL-TOP Verlags- und Vertriebsgesellschaft für umweltfreundliche Produkte, Das Alternative Branchenbuch (Jährliche Ausgabe)
21 BMI, Das Umweltzeichen-Symbol für umweltfreundliche Produkte, 1984
Umweltbundesamt, Merkblatt Umweltzeichen (laufende Neuerscheinung)
22 Vgl. Mertens, P., a. a. O., Anhang
23 Vgl. Busch, H., a. a. O., S. 409 ff.
24 Vgl. Dangelmaier, W., Bedarfssynchrone Fertigungstechnik: erste Anforderungen an PPS-Systeme in der CIM-Realisierung, in: Hewlett-Packard EXPO '87 Dokumentation, S. 151 ff.
25 Vgl. Wöhe, G., Einführung in die Allgemeine Betriebswirtschaftslehre, 16. Aufl., München S. 416 ff.
26 Vgl. Heinen, E., (Hg.), Industriebetriebslehre, 6. Aufl., Wiesbaden 1978, S. 236 ff.
27 Vgl. Stommel, J., Kunz, D., Untersuchung über Durchlaufzeiten in Betrieben der metallverarbeitenden Industrie mit Einzel- und Kleinserienfertigung, in: Forschungsberichte des Landes Nordrhein-Westfalen, Nr. 23 ff., 1973, S. 12
28 Vgl. z. B. Bechte, W., Arbeitsinhalt-Zeit-Funktionen – ein Kontrollinstrument für die Fertigungssteuerung, in: Fortschrittliche Betriebsführung und Industrial Engineering, Heft 2, 1983, S. 91 ff.
29 Weil bei der Auflösung jeder Fertigungsstufe bei Wiederholteilen jedesmal eine Korrektur der Bedarfswerte erfolgen muß!
30 Zu den verschiedenen Möglichkeiten der Steuerung im On-line-Verfahren siehe z. B. Grupp, B., Materialwirtschaft mit Bildschirmeinsatz, Wiesbaden 1983
31 Vgl. auch Bichler, K., Beschaffungs- und Lagerwirtschaft, 3. Aufl., Wiesbaden 1986
32 Mit häufig gebrauchtem Kleinmaterial wie z. B. Normteilen für Montagezwecke
33 Oeldorf, Olfert, a. a. O., S. 399
34 Pfohl, H. Ch., Logistiksysteme, Betriebswirtschaftliche Grundlagen, Berlin-Heidelberg-New York-Tokyo 1985, S. 16
35 Kearny Management Consultants, Organizing Physical Distribution to improve Bottom Line Results, NCPDM, Chicago 1981
36 Felsner, J., Kriterien zur Planung und Realisierung von Logistikkonzeptionen in Industrieunternehmen, Bremen 1980, S. 70
37 Vgl. Stahlknecht, P., Einführung in die Wirtschaftsinformatik, Berlin-Heidelberg, New York-Tokyo, 2. Aufl. 1985, S. 302 ff.

38 Vgl. Siemens AG, Umweltschutz – Versuch einer Systemdarstellung, Berlin-München 1986, S. 26
39 Vgl. Kettner, H., Jendralski, J., Fertigungsplanung und Fertigungssteuerung – ein Sorgenkind der Produktion, in: VDI-Zeitschrift 121, 1979 Nr. 9, S. 410ff.
40 Z. B. von den Firmen BIZERBA, Claas, Kugelfischer, Miele, Trumpf, Zahnradfabrik Passau; vgl. dazu auch Wildemann, H. (Hg.), Flexible Werkstattsteuerung durch Integration von KANBAN-Prinzipien, Computergestütztes Produktionsmanagement, Bd. 2, München 1984
41 Vgl. Wildemann, H., Zur Anwendbarkeit des japanischen KANBAN-Produktionssteuerungssystems in deutschen Unternehmen, Arbeitsbericht Nr. 5 Passau 1982, S. 17
42 Vgl. Sugimori, Y., u. a., Toyota production, in: International Journal of Produktion Research, Vol. 15 1977, S. 6
43 Ballou, R. H., Business Logistics Management, Englewood Cliffs, N. J., 1973, S. 24f.
44 Pfohl, H. Ch., Logistiksysteme, a. a. O., S. 41
45 O. V., Just-in-Time-Produktion in Deutschland, gfmt GmbH VerlagsKG, 1985
46 Snyder, R. E., Physical Distribution Costs, A Two-Year Analysis, in: Distribution Age 62 (1963), S. 46

5. Die materialwirtschaftliche Kontrolle

Die Kontrollen eines umweltorientierten Materialmanagements richten sich zunächst auf das Vorratsvermögen, das in Struktur und Volumen möglichst synchron dem Umsatz angepaßt sein soll. Damit wird sowohl die Kapitalproduktivität gesteigert als auch der sparsame Umgang mit natürlichen Ressourcen gefördert, indem Überbestände oder gar Verwürfe vermieden werden. Darüber hinaus ist aber auch zu überprüfen, ob und wieviel Material in Produkten oder bei Verfahren überhaupt gebraucht wird und wie eine wirtschaftliche und umweltgerechte Materialver- und -entsorgung gewährleistet werden kann.

5.1 Aufbau eines Kennzahlensystems

Ein erfolgsorientiertes aktives Materialmanagement muß Informationen darüber erhalten, was es „leistet“, welcher Ressourcenverbrauch vorliegt, wo die Schwachstellen liegen und wie hoch das Kostensenkungspotential ist. Wertvolle Hilfe bietet hierzu ein Kennzahlensystem, das in konzentrierter Form aussagekräftige, präzise und übersichtliche Informationen liefert, wobei EDV-unterstützte Dispositionen heute weniger an Informationsmangel als an einer gezielten Auswahl betriebswirtschaftlich relevanter Kenngrößen leiden.

Kennzahlen können entweder als absolute Zahlen (Stichtagsgrößen, Strömungsgrößen, Differenzen, Mittelwerte) oder als Verhältniszahlen (Gliederungszahlen, Beziehungszahlen, Indexzahlen) entwickelt werden. Eine Sortierung von Kennzahlen sollte für die Unternehmensleitung zur übergreifenden Steuerung wie für die materialwirtschaftliche Bereichsleitung (Einkauf, Disposition und Lager) erfolgen[1]. Die genaue Abgrenzung und Zusammenfassung zu Kennzahlensystemen muß betriebsindividuell stattfinden.

Ein umweltorientiertes Materialmanagement wird neben einer differenzierten Rentabilitätsanalyse, Untersuchungen über Lieferbereitschaft, Bestellobligo, Lieferantenstruktur und Verzugsquoten besonders folgende Kennzahlen beachten:

Vorratsintensität

$$\text{Vorratsintensität} = \frac{\varnothing \text{ Vorräte } (\varnothing \text{ Lagerbestandswert}) \times 100}{\text{Umsatz (zu Herstellkosten)}}$$

Wenn die Vorratsintensität im Branchenvergleich zu hoch ist, kann dies an zu hohen Sicherheitsbeständen, mangelhafter Disposition, zu breitem Sortiment, zu vielen Einzelteilen, schleppendem Materialfluß liegen.

Bestandskosten

$$\frac{\text{kalkulatorische Wagnisse}}{\varnothing\ \text{Lagerbestand}}$$ Hinweis auf die Bestandsqualität

$$\frac{\text{kalkulatorische Zinsen}}{\varnothing\ \text{Lagerbestand}}$$ Hinweis auf die Bestandshöhe, Kosten der Kapitalbindung

$$\frac{\text{Zinsen auf Anlagevermögen, Personal-Gemeinkosten in der Materialwirtschaft, Abschreibungen, Lagerkosten}}{\varnothing\ \text{Lagerbestand}}$$

Hinweis auf die Wirtschaftlichkeit der Bestandsverwaltung

Umschlagshäufigkeit

$$\text{Umschlagshäufigkeit der Bestände} = \frac{\text{Verbrauch in der Periode}}{\varnothing\ \text{Lagerbestand}}$$

Wichtig ist hierbei die Verwendung von *durchschnittlichen* Lagerbestandswerten im Nenner, da Stichtagsbestände (Jahresende: Inventureffekt, Bilanzeffekt!) verzerrt sein können. Der durchschnittliche Lagerbestand errechnet sich aus

$$\frac{1/2\ \text{Anfangsbestand} + 11\ \text{Monatsendbestände} + 1/2\ \text{Endbestand}}{12}$$

Bei der Berechnung der Umschlagshäufigkeit ist außerdem zu beachten, daß Zähler und Nenner dieselbe Bewertung beinhalten (zum Beispiel Herstellkosten/Einstandspreise). Da es in vielen Fällen an überbetrieblichen und internationalen Übereinkünften über den Inhalt von betriebswirtschaftlichen Kennziffern mangelt, ist die Aussagekraft für den zwischenbetrieblichen und erst recht für den internationalen Vergleich oft sehr gering.

Anzahl der Fehlteile („Gutscheine" der Werkstätten bei Materialabruf)

Nötig ist eine Ursachenforschung nach Kaufteilen (Einkauf!) und Eigenfertigungsteilen (Disposition, Engpässe!)

Keinerlei auftretende Fehlteile können auf überhöhte Bestandspufferung hinweisen!

Reichweite der Bestände (nach Dispo-Gruppen, Bestandsarten, ABC-Teilen)

Hohe Reichweiten (vor allem bei unfertigen Erzeugnissen und Fertigerzeugnissen) lassen auf Dispositionsfehler, stockenden Materialfluß und Fehlprognosen schließen.

Entwicklung der Sicherheitsbestände

Zu überprüfen ist die durchschnittliche Inanspruchnahme während des Jahres; Sicherheitsbestände sind nicht dazu da, unangetastet zu bleiben (Gefahr der unnötigen Kapitalbindung)!

$$\text{Sicherheitsgrad} = \frac{\varnothing \text{ effektiver Sicherheitsbestand x 100}}{\text{Vorgabe-Sicherheitsbestand}}$$

Gliederung nach Materialgruppen, ABC-Teilen. Ein hoher Sicherheitsbestand ist besonders kritisch zu beurteilen bei:

- hohen Lagerkosten (A-Teile!)
- sicheren Bedarfsprognosen
- guten Beschaffungsmöglichkeiten
- konstantem Verbrauch

Recyclingquote

$$\text{Recyclingquote} = \frac{\text{Anteil des recycelten Materials pro Jahr}}{\text{Gesamtmaterialverbrauch pro Jahr}}$$

Das Recyclingpotential ist je nach Branche und Art der Stoffumwandlung unterschiedlich groß. Geringe Recyclingquoten bei zerlegenden Produktionen können durch stark ausgeprägte Kuppelproduktion bedingt sein. Andererseits können hohe Schrott-/Abfallvolumina, die nur zu geringem Wert verkauft werden können oder hohe Entsorgungskosten hervorrufen, die Dringlichkeit eines Recyclingverfahrens unterstreichen. Insofern sind weitere Kennzahlen zur richtigen Interpretation der Recyclingquote ergänzend heranzuziehen, beispielsweise

Schrottverkaufserlöse pro Jahr

Abfallbeseitigungskosten pro Jahr (getrennt z. B. für Sondermüllbeseitigung und Deponie)

Abwasserabgaben pro Jahr

Sind die Schrottverkaufserlöse niedrig, die Abfallbeseitigungskosten und Abwasserabgaben dagegen hoch, so ist mit Hilfe einer ökologisch erweiterten Wirtschaftlichkeits- und Amortisationsrechnung die Wirtschaftlichkeit von Recyclingverfahren zu prüfen. Ausdruck der Materialverwertung sind außerdem die

$$\text{Ausschußquote} = \frac{\text{Ausschußmaterialwert} \times 100}{\text{Materialverbrauch}}$$

$$\text{Verwurfsquote} = \frac{\text{Verwurfswert pro Jahr} \times 100}{\varnothing\text{Lagerbestandswert}}$$

Energiekennzahlen

Unter ökologischen und kalkulatorischen Aspekten ist auch die Entwicklung der Energiekosten von Bedeutung:

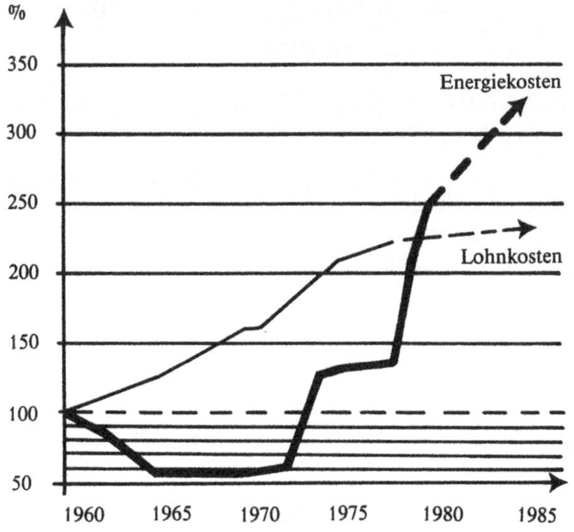

Abb. 58: **Index der Lohn- und Energiekosten im Vergleich zum realen Bruttosozialprodukt**[2]

Wichtige Energiekennzahlen sind:

$$\text{spezifischer Endenergieverbrauch (Nettoproduktion)} = \frac{\text{Endenergieverbrauch}}{\text{Nettoproduktion}}$$

$$\text{spezifischer Endenergieverbrauch (Beschäftigte)} = \frac{\text{Endenergieverbrauch}}{\text{Zahl der Beschäftigten}}$$

$$\text{spezifische Energiekosten (Gesamtkosten)} = \frac{\text{Energiekosten}}{\text{Gesamtkosten}}$$

Insbesondere bei energieintensiven Industriezweigen (eisenschaffende Industrie, Bau-Steine-Erden, Mineralölverarbeitung) müssen der absolute Einsatz und die Struktur der Energieträger laufend anhand solcher Kenngrößen beurteilt werden[3].

5.2 Optimierung der Bestände

Ein bestimmtes Umsatzziel mit wenigen durchschnittlichen Beständen an Material, unfertigen Erzeugnissen und Fertigwaren zu erreichen, verbessert nicht nur die Rentabilitätssituation eines Unternehmens, sondern trägt auch dazu bei, Ressourcen zu sparen und haushälterisch mit Inputstoffen umzugehen. Dieses angesichts der Grenzen des Wachstums überlebensnotwendige Gebot verlangt nach Zeiten sakrosankter Expansion und „aus dem Vollen schöpfen" entscheidende Verbesserungen im Bereich der Bestandsanalyse, -planung und -kontrolle. Dies gilt nicht nur unter dem marktkonformen Aspekt der Mobilisierung von Rationalisierungsreserven, wonach Kostensenkungen die Wettbewerbsfähigkeit auch international erhöhen, sondern ebenso unter dem langfristigen Aspekt einer unternehmerischen Überlebensstrategie, wonach nicht nur momentan geltende niedrige Rohstoffpreise oder Käufermärkte auf der Beschaffungsseite das Geschäftsvolumen und die Sachziele bestimmen dürfen.

Optimierung der Bestände heißt deshalb mehr als „Herunterdrücken der Vorräte, bis es knirscht", sondern umfaßt eine aktive vorausschauende Beschaffungsmarktanalyse ebenso wie darauf abgestimmte Produktionsprogramme. Nicht nur das Volumen der Bestände ist entscheidend, sondern auch die Qualität, die möglichst vollständige Verwertbarkeit in kurzer Zeit zu Umsatz, was wiederum entscheidend von der Qualität der Vertriebsprognose, den Verkaufsaktivitäten, der inner- und außerbetrieblichen Logistik sowie dem Zusammenspiel von Disposition und Lieferplanung abhängt. Mangelnde Lieferbereitschaft kann auch bei hohen Beständen auftreten – was natürlich besonders mißlich ist.

Die Bestandshöhe eines Industriebetriebes wird von vielen Faktoren beeinflußt:

- dem vorherrschenden Fertigungsprinzip (mehrstufige Losgrößenfertigung mit Ein- und Auslagerungsprozessen, Just-in-time-Produktion, Zwangslauffertigung)
- der Materialintensität einer Branche
- der ablaufbedingten Verweilzeit der Bestände (durch Reifeprozesse oder mehrstufige Verarbeitung)
- dem Produktspektrum (Typenvielfalt, Heterogenität der Erzeugnisse im technologischen Aufbau, Anzahl der Einfach- und Mehrfachverwendungsteile, Normung)
- der Änderungshäufigkeit der Vertriebswünsche, Absatzprogramme (Prognosegenauigkeit, Kleinserien, Großserien)
- der Innovationsgeschwindigkeit mit technischen Änderungen
- den Losgrößen
- dem durchschnittlichen Anarbeitungsgrad der Bestände
- der Beschäftigungspolitik (Lösung der Beschäftigungsschwankungen über Bestandsauf- und -abbau)
- der bestandswertorientierten Konstruktion (Beachtung von Wertzuwachskurven)
- dem Dispositionsverfahren (Verbrauchssteuerung oder Bedarfssteuerung)
- den Planungs-, Analyse- und Kontrollverfahren.

5.2.1 Bestandsarten

Erhält die Materialwirtschaft die Verantwortung für die gesamte Bestandskontrolle eines Unternehmens, so rechnen die in Abbildung 59 aufgeführten *Betriebs- und Vertriebsbestände* dazu.

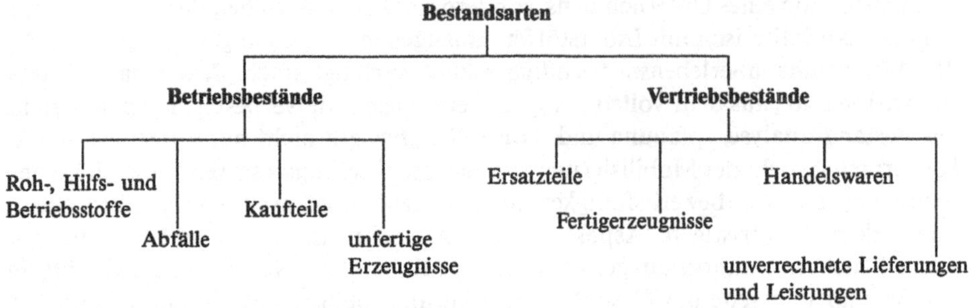

Abb. 59: **Bestandsarten im Industrie-Unternehmen**

Aus der prozentualen Aufteilung der Bestände kann man auf die Fertigungsorganisation, Branchenzugehörigkeit und Fertigungstiefe schließen. So weisen hohe Bestände an unfertigen Erzeugnissen auf lange Verarbeitungsgänge und viele Fertigungsstufen hin; hohe Käufe und Bezüge auf wenig eigene Veredelungsleistung; relativ hohe Ersatzteilbestände auf die Produktion langlebiger Konsum- und Investitionsgüter oder auf lange Garantiezeiten und große Reparaturanfälligkeit; hohe unverrechnete Lieferungen und Leistungen auf ein stark ausgeprägtes Anlagengeschäft oder schleppende Liquiditätsrückflüsse; hohe Abfälle auf mangelhafte Materialverwertungskonzepte.
Weitere Untergliederungsmöglichkeiten der Bestände gibt es nach:

- Produkten (Zurechnung der Mehrfachverwendungsteile nach Hauptverwender)
- Disponenten
- Wertklassen (analog ABC-Gruppierung)
- Reichweiten (in Gegenüberstellung zu Verbrauchswerten/Bedarfsprognosen)
- Kauf-/Eigenfertigungsteile
- Ertragszentren (Betrieb, Vertrieb, Geschäftsstellen, ausländische Filialen und Fabriken).

5.2.2 Bestandsführung

Um Bestände planen, analysieren und kontrollieren zu können, sind aktuelle Informationen über Menge, Wert und Ort der Bestände nötig. Alle Zugänge und Abgänge einer Periode müssen aktuell erfaßt werden, um nach Lagerorten die jeweiligen Mengen der Lagerpositionen mit ihrem Wert jederzeit abrufen zu können. Jede maschinelle Disposition basiert auf einer exakten Bestandsrechnung, die entweder über Materialzugangs- und -entnahmescheine oder On-Line-Buchungen auf dem laufenden gehalten wird. Sie bildet den Einstieg in eine computergestützte Materialwirtschaft, auf der aufbauend dann die Bedarfsermittlung, Stücklistenauflösung und Bestellmengenrechnung erfolgen können.
Die Aufgaben der Bestandsführung sind im einzelnen[4]:

- Auskunft über die aktuelle Höhe und Struktur der Bestände und ihre Veränderung in einem bestimmten Zeitraum zu geben

- Auskunft über die Verfügbarkeit der Bestände (Reservierungen und in Bestellung befindliche Bestände) anzugeben
- die Inventur durchzuführen
- die Überwachung der Abweichungen zwischen Sollverbrauch (aus der Stücklistenauflösung) und Istverbrauch (modifiziert durch Ausschuß, ungeplante Entnahmen, Schwund und Fehlteile)
- Gewährleistung einer fehlerfreien Lagerführung, Verhinderung unberechtigter Lagerentnahmen, Identifizierbarkeit des eingelagerten Materials nach Menge, Datum und Lagerort, Protokollierung sämtlicher Materialvorgänge.

Die *Bewertung* der Bestände erfolgt grundsätzlich zu durchschnittlichen Herstellkosten oder Einstandspreisen. Umbewertungen werden, wenn sie werterheblich sind, auf den Endbestand (zur Einhaltung des Niederstwertprinzips) vorgenommen. Von den Herstellkosten werden oft die nicht fertigungsbezogenen Gemeinkosten, die Abwicklungskosten im Fertigerzeugnis-Lager und Betriebsverwaltungsgemeinkosten abgezogen. Hieraus entsteht ein Wirtschaftswert-Brutto ohne Abwertungen, zu dem sämtliche Unternehmensbestände bewertet werden können.

Die in PPS-Systemen anzutreffende Erfassungsmethode des Materialverbrauchs ist die Skontration, wo aufgrund von Einzelbelegen und -buchungen laufend ein aktueller mengen- und wertmäßiger Bestand ermittelt wird. Der Buchbestand ergibt sich aus:

Anfangsbestand + Zugänge − Verbrauch.

Die Fortschreibung und Aktualisierung der Bestandswerte ist mit Hilfe von EDV-Programmen relativ problemlos, wenn die Entnahmelisten und Lieferscheine korrekt gebucht werden, was teilweise bereits beleglos geschieht. Bei mehrstufigen Fertigungsprozessen, wie der Werkstattfertigungen mit ständigen Ein- und Auslagerungen, müssen die Bestandswerte je nach Veredelungsleistung fortgeschrieben werden. Eine mitlaufende Kalkulation (Stufenkalkulation) kann durch Betriebsdatenerfassungssysteme (zum Beispiel Auftragsfortschrittserfassung) wirksam unterstützt werden. Die Skontrationsmethode ermöglicht damit jederzeit:

- ein genaues Bild über Werkstatt- und Lagerbestände einer Sachnummer
- die Feststellung irregulärer Bestandsänderungen durch Vergleich mit dem Inventurbestand
- eine permanente Inventur, da alle Zu- und Abgänge laufend registriert werden.

5.2.3 Bestandsplanung

Bestände werden immer noch häufig in den Wirtschaftsplan oder in das Budget von Kaufleuten nach ergebnispolitischen Gesichtspunkten als Restgröße eingeplant, nicht zuletzt deshalb, weil das Materialmanagement unzureichende Hilfsmittel besitzt, um eine verläßliche mengenorientierte Bestandsplanung vorzulegen.

Die einfachste Methode, Betriebsbestände zu planen, besteht darin, den Umsatz des Folgejahres mit einer Soll-Reichweite der Bestände zu multiplizieren:

$$\text{Soll-Bestand} = \frac{\text{Umsatz} \times \text{Sollreichweite}}{12}$$

Zu beachten ist hierbei, daß *gleiche* Wertstellungen im Umsatz und in den Beständen, zum Beispiel Wirtschaftswert brutto, zum Ansatz kommen und eine Umsatzperiode gegenübergestellt wird, welche die zu planenden Stichtagsbestände maßgeblich beeinflußt. Bei durchschnittlichen Wiederbeschaffungszeiten der Erzeugnisse von einem halben Jahr wäre etwa folgende Gegenüberstellung von Umsatz und Beständen denkbar:

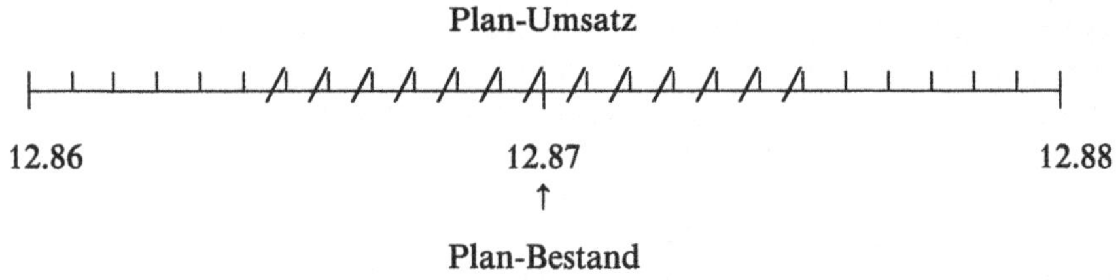

Abb. 60: **Bestandsplanung mit Sollreichweiten**

Die abzuliefernden Stückzahlen Mitte des Geschäftsjahres 1988 beeinflussen (bei einem halben Jahr Vorlaufzeit) gerade noch die Bestände Ende 1987. Aufgrund der Losgrößenreichweiten lösen abzuliefernde Stückzahlen Mitte des Geschäftsjahres 1987 noch Bestände für Ende 1987 aus.

Während der Umsatz vom Vertrieb in Stückzahlen und Wert regelmäßig errechnet wird, herrscht über die notwendige Höhe der Bestände, und damit die Soll-Reichweite, oft Ratlosigkeit. In jedem Falle sollte nach Erzeugnisgruppen, Fertigungstiefe, technischen Problemen und aufgelaufenen Überbeständen differenziert werden.

Bei Rohstoffen setzt man als Sollreichweite die Summe von durchschnittlicher Beschaffungszeit, Sicherheitszeit, Mindestmengenabnahmezuschlag an, was bei einer durchschnittlichen Beschaffungszeit von drei Monaten dann etwa vier Monate Sollreichweite ergeben kann. Bei unfertigen Erzeugnissen ergeben sich je nach Durchlaufzeit, Anarbeitungsgrad und Fertigungslosgrößen unterschiedliche Bestandshöhen.

Bei einfachen, übersichtlichen Fertigungen mögen derartige Verfahren genügen, bei komplexeren Fertigungsprozessen – ob Fließ- oder Werkstattfertigung – werden die Planvorgaben unbefriedigend. Um eine Verfeinerung zu erreichen, ohne den Planungsaufwand immens zu erhöhen, empfiehlt es sich, Lagerbestände und Werkstatt-(Umlauf-)bestände getrennt zu planen[5]. Die im folgenden erklärten Verfahren beziehen sich dabei zunächst nur auf die *Betriebsbestände.*

Planung der Lagerbestände

Läger erhalten ihre spezifische Bedeutung für die Bestandsplanung dadurch, daß sie Losgrößen von Kauf- und Eigenfertigungsteilen für eine bestimmte Verweildauer oder Abrufzeit aufnehmen. Die Lagerbestände können somit aus der Losgröße und dem

Sicherheitsbestand abgeleitet werden, und zwar bei unterstelltem gleichmäßigen Verbrauch:

$$\varnothing \text{ Planbestand Lager} = \frac{\text{Losgröße}}{2} + \varnothing \text{ effektiver Sicherheitsbestand}^{6}$$

oder:

$$\varnothing \text{ Planbestand Lager} =$$

$$\text{Monatsverbrauch (in DM)} \times \frac{\text{Losreichweite (Monate)}}{2} + \varnothing \text{ effektive Sicherheitszeit (Monate)}$$

nach dem Zahlenbeispiel aus Abbildung 61: 30 = 10 × [2 + 1]

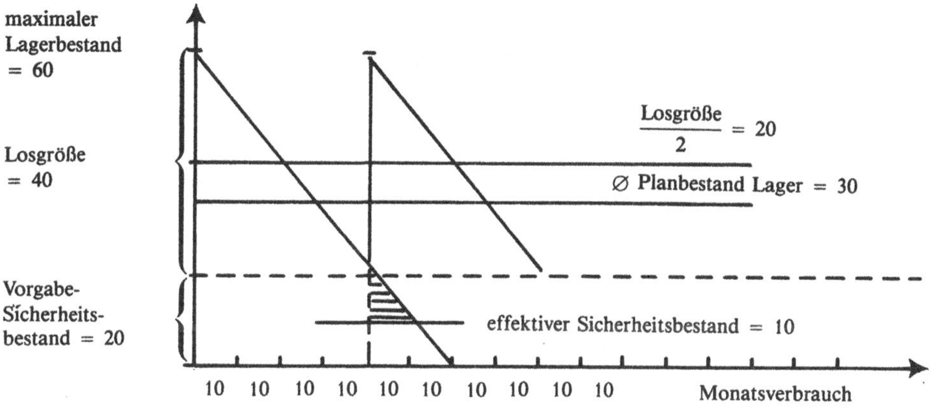

Abb. 61: **Planbestand Lager**

Der geplante Verbrauch kann dabei nach Sachnummern (Material, Kaufteile) entweder aus der Primärbedarfsauflösung oder aus Vergangenheitswerten abgeleitet werden. Bei relativ homogenen Teilen mit gleichen Losgrößen genügt die Ermittlung *eines* Repräsentanten aus der Teilefamilie mit anschließender Hochrechnung gemäß Verbrauch.

Obwohl zum Plan-Stichtag die Losgrößenbestände in einem recht unterschiedlichen Stand angetroffen werden, gleichen sich nach dem Gesetz der großen Zahl ab etwa 100 verschiedenen Positionen diese Unterschiede zu einem verläßlichen Durchschnittswert aus. Voraussetzung ist allerdings, daß der Bestellrhythmus im wesentlichen deutlich *über* einem Mal pro Jahr liegt.

Dennoch entsprechen die hiernach ermittelten voraussichtlichen Lagerbestände einem Idealwert, der korrigiert werden muß um unplanmäßig entstandene, aus der Vergangenheit mitgeschleppte Überbestände aus dispositorischen und vertrieblichen Fehlern. Damit wird zusätzlich eine Analyse der *abgewerteten Bestände* nötig. *Abwertungen* sind Wertberichtigungen auf *Lager*-Vorräte, für die vorbeugend kalkulatori-

sche Bestandswagnisse in der Standardkalkulation eingesetzt werden, die letztlich über den Verkaufspreis verdient werden müssen.
Man unterscheidet hierbei

- *Abwertungen wegen Mengenrisiken* für tote oder überhöhte Bestände:

  Reichweite mehr als 24 Monate : Abwertung 90 Prozent
  Reichweite mehr als 18 Monate : Abwertung 60 Prozent
  Reichweite mehr als 12 Monate : Abwertung 30 Prozent

  Die Reichweiten ergeben sich dabei aus der Gegenüberstellung von Stichtagsbeständen und geplantem Bedarf.
- *Abwertungen wegen Preisrisiko,* wenn die erzielbaren Verkaufserlöse niedriger sind als die Wertansätze der Vorräte *nach* Berücksichtigung des Mengen- und technischen Risikos durch Absprache mit dem Vertrieb.
- *Abwertungen wegen technischem Risiko bei technischer Veralterung, wenn nicht bereits durch Mengenrisiken abgedeckt.*
  Diese Überbestände müssen im Laufe eines Geschäftsjahres mit gezielten Maßnahmen (Verwürfe, Wiederverwertung) abgebaut werden. Der verbleibende Rest wird dem Planbestand dazugerechnet. Denkbar ist außerdem auch, aus dem Rechenfeld „Lagerbestände" des Dispo-Planes die Planbestände für einen bestimmten Stichtag ausrechnen zu lassen. Voraussetzung dafür ist eine ausreichende Primärbedarfsprognose, komplette Daten auch für neue Produkte. Die Korrektur von Überbeständen durch Verwurfsmaßnahmen wegen Mengen- und Preisrisiken muß dabei ebenfalls Berücksichtigung finden.

Planung der Werkstattbestände

Bestände befinden sich nicht nur in den verschiedensten Betriebslägern, sondern auch im Werkstattbereich während des Fertigungsprozesses. Man bezeichnet sie insofern auch als Werkstatt- oder Umlaufbestände. Für den fabrikatorischen Einsatz abgeru-

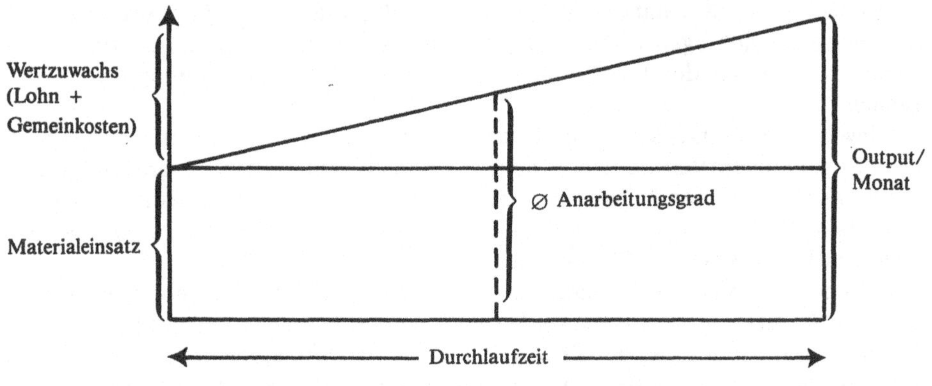

Abb. 62: **Allgemeine Darstellung zwischen Wertzuwachs, durchschnittlichem Anarbeitungsgrad, Durchlaufzeit und Output**

fen, bildet sich ihr Wert aus den Material- und Lohnkosten, beaufschlagt mit den entsprechenden Gemeinkosten. Die Höhe wird maßgeblich bestimmt von der Durchlaufzeit der zu bearbeitenden Aufträge, der Verweilzeit bis hin zum Zeitpunkt der Fertigstellung, dem Output. Je länger dabei ein hoher Anarbeitungsgrad während des Gesamtdurchlaufs der Produktbearbeitung vorherrscht, desto höher wird die Kapitalbindung in den Werkstattbeständen sein.

Der Werkstattbestand einer Sachnummer innerhalb eines Fertigungsbereiches (wie Vorfertigung, Baugruppenfertigung) errechnet sich folgendermaßen:

$$\varnothing \text{ Werkstattbestand (einer Sachnummer)} = \frac{\varnothing \text{ Monatsumsatz} \times \varnothing \text{ Anarbeitungsgrad (\%)} \times \text{Durchlaufzeit (Monate)}}{100}$$

Hierbei versteht sich – je nach Abgrenzung des Planungsbereichs – der „Monatsumsatz" als durchschnittlicher Werksumsatz an Fertigprodukten oder – bei der Planung von Werkstattbereichen – als Weiterlieferung von Losen an andere Fabrikategruppen oder Fertigungsstufen, die letztlich primärbedarfsorientiert erfolgt. Die Durchlaufzeit umfaßt die gesamte Zeitstrecke (Planwochen im Arbeitsplan) vom Beginn der Bereitstellung der Aufträge bis zur Einlagerung. Ermittelt werden alle repräsentativen Durchlaufzeiten der in einem Fertigungsbereich hergestellten Eigenfertigungs-Teile.

Der durchschnittliche Anarbeitungsgrad eines Fertigungsbereiches ergibt sich wie folgt:

$$\varnothing \text{ Anarbeitungsgrad (einer Sachnummer) (\%)} = \frac{\text{HK-Wert pro Sachnummer} - \dfrac{\text{Wertzuwachs}}{2} \times 100}{\text{Fabrikpreis pro Endprodukt}}$$

Der Ausstoß pro Sachnummer wird zu den jeweiligen Herstellkosten-Werten angesetzt, der Betriebsoutput beinhaltet Verrechnungspreise (ebenfalls Herstellkosten) des betreffenden Fertigerzeugnisses. Mit Hilfe des Anarbeitungsgrades kann für jede Sachnummer ein Werkstattbestand ermittelt werden, der, queraddiert mit Teilen derselben Fertigungsstufe, den Bereichsbestand ergibt. Alle Werkstattbestände pro Fertigungsbereichsstufe werden schließlich zu den Werkstattbeständen des Betriebes summiert.

Dem Algorithmus liegt zugrunde, daß die Werkstattbestände letztlich vom Periodenbedarf der Enderzeugnisse durch alle Fertigungsbereiche „gesaugt" werden. Abbildung 63 zeigt, welchen Verlauf der Wertzuwachs eines Eigenfertigungsteiles mit einem Losrhythmus von dreimal pro Jahr und einer Durchlaufzeit von einem Monat haben kann.

Bei einem Monatsbedarf von fünf Stück, einem Teilwert pro Stück von 10,– DM, einer Umformungsleistung von 4,– DM pro Stück und bei Herstellkosten des Endprodukts von 40,– DM pro Stück ergäbe sich ein durchschnittlicher Anarbeitungsgrad von:

$$\frac{(10-4/2)}{40} \times 100 = 20\%$$

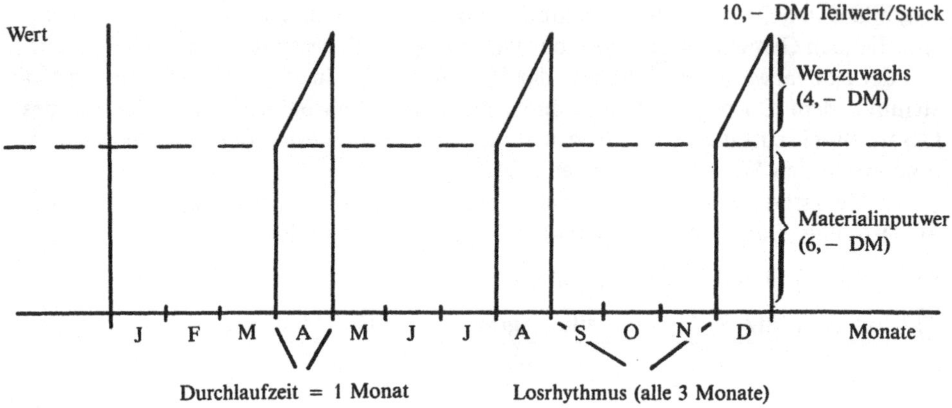

Abb. 63: **Wertzuwachs des Werkstattbestandes eines Eigenfertigungsteiles und Losrhythmus bei intermittierender Fertigung**

Der durchschnittliche Werkstattbestand dieses Eigenfertigungsteiles, gemessen am durchschnittlichen Betriebsumsatz des Endproduktes zu Fabrikpreisen, beträgt:

$$\frac{200 \times 20 \times 1}{100} = 40,\!–\ \text{DM}$$

und im Losrhythmus nach Abbildung 63 (Losgröße 20):

$$(20 \times 6) + (20 \times 2) \times 1$$

↓

0 + 0 + 0 + 160 + 0 + 0 + 0 + 160 + 0 + 0 + 0 + 160 = 480
480 : 12 = 40,– DM (durchschnittlicher Werkstattbestand pro Jahr für Sachnummer „Eigenfertigungsteil")

Die Addition der Wertzuwachskurven der Unterstufen eines Erzeugnisses ergibt schließlich die Gesamt-Wertzuwachskurve für das Erzeugnis. Der Anfangswert einer Sekundärposition umfaßt dabei den Materialeinstoßwert inclusive anteiliger Gemeinkosten, der Endwert entspricht dem jeweiligen Herstellkosten-Wert. Die Durchlaufzeit ist als Planwert den Fertigungsplänen zu entnehmen. Abbildung 64 zeigt den Verlauf für ein mehrstufiges Enderzeugnis.

Der *durchschnittliche Anarbeitungsgrad* eines Endproduktes ergibt sich dabei aus dem gewichteten Durchschnitt der einzelnen Wertstufen nach Planwochen. Nach dem Beispiel von Abbildung 64 also:

15 + 29 + 39 + 50............ + 250 = 1807 : 15 = 120,47;
120 von 250 = 48%.

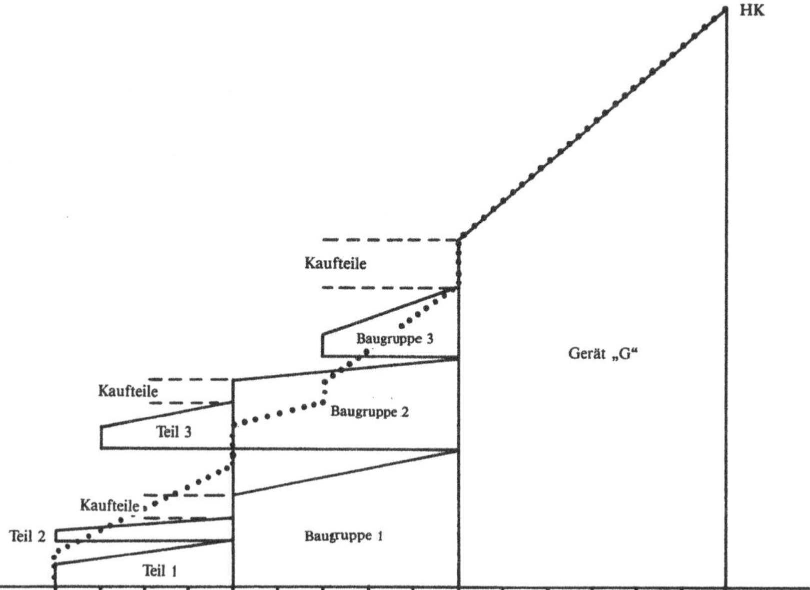

	−14	−13	−12	−11	−10	−9	−8	−7	−6	−5	−4	−3	−2	−1	0	Woche
Gerät										150	170	190	210	230	250	
Bgr. 1					40	45	50	55	60							
Bgr. 2					30	32	35	37	40							
Bgr. 3							10	20	30							
Teil 1	10	13	16	20												
Teil 2	5	6	8	10												
Teil 3		10	15	20												
Endprodukt	15	29	39	50	70	77	95	112	130	150	170	190	210	230	250	
Wertanstieg in %	6	12	16	20	28	31	38	45	52	60	68	76	84	92	100	
Mittelwert in %	13				40					80						
Durchlaufzeit in Wochen	4				5					6						
Sollbestandsfaktor DLZ × Mittelwert (%)	52				200					480						Σ 752

Abb. 64: **Ableitung der Wertzuwachskurve für ein mehrstufiges Erzeugnis aus einzelnen Wertzuwachskurven gemäß Zahlenbeispiel (Phase: Produktionslogistik)**

Ein durchschnittlicher Anarbeitungsgrad von circa 50 Prozent belegt eine relativ gleichmäßige Wertsteigerung, was aus Abbildung 64 leicht zu erkennen ist.

Bei mitlaufender Kalkulation können die einzelnen Wertstufen in Anlehnung an den Arbeitsplan exakt rekonstruiert werden. Dabei werden die Ist-Daten aus der Auftrags-Rückmeldung für Arbeitsgänge sowie Materialentnahmen eingesetzt.

Aus der Addition der stufenbezogenen Einzelwertzuwachskurven eines Produkts können sich positive oder negative Abweichungen des Gesamtkurvenverlaufs gegenüber einer „Normallinie" ergeben (Abbildung 65).

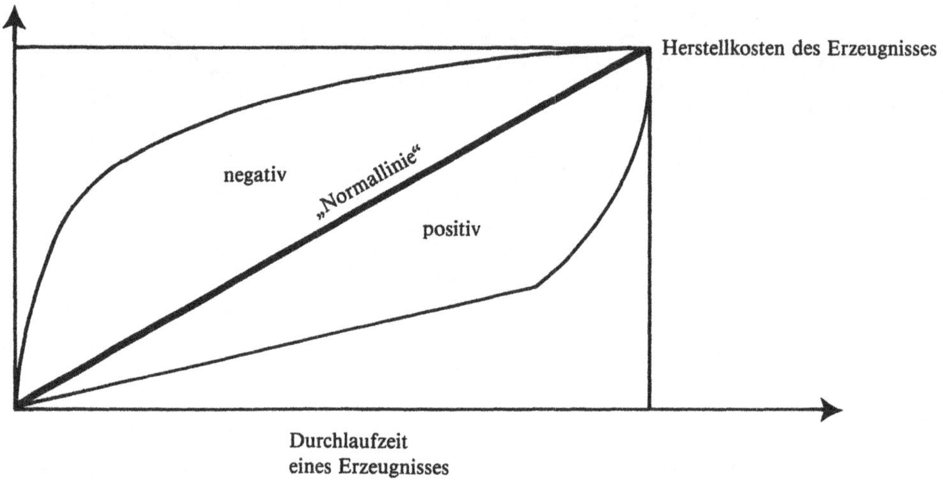

Abb. 65: **Abweichungen der Wertzuwachskurve von der „Normallinie"**

Von einem negativen Verlauf kann gesprochen werden, wenn zu früh während der Durchlaufzeit eines Produktes hohe Bestandswerte gebunden werden, zum Beispiel durch frühzeitigen Einbau hochwertiger Kaufteile. Das Ziel einer bestandsbewußten Fertigungssteuerung muß sein, den Bestandsaufbau möglichst nahe an den vereinbarten Fertigstellungstermin zu rücken, um hohe Kapitalbindung in den Beständen zu vermeiden und dort, wo sie gravierend wird (Endmontage), mit kurzen Durchlaufzeiten zu fertigen. Dazu dienen folgende Maßnahmen:

- in der Konstruktion auf den späten Einbau teurer Teile achten
- Durchlaufzeiten in der Fertigung im Bereich hoher Bestandswerte durch strenges Fließprinzip in der Montage senken
- retrograde statt progressive Terminierung der Aufträge bevorzugen.

Aus den Wertzuwachskurven für verschiedene Erzeugnisse und deren Monatsumsätzen (zu Herstellkosten) können die gesamten durchschnittlichen Soll-Werkstattbestände einer Produktgruppe und des gesamten Produktionsprogramms abgeleitet werden. Je nach Homogenität des Programms, dem technologischen Aufbau, Durchlaufzeitendifferenzen, Anarbeitungsstufen und Herstellkosten werden pro Erzeugnisgruppe repräsentative Typen ausgewählt, für die Wertzuwachskurven ermittelt werden. Von dieser repräsentativen Gruppe wird dann auf die Gesamtheit geschlossen. Existiert ein durchschnittlicher fortlaufender Monatsoutput von Geräten, führt die Formel:

$$\frac{\varnothing \text{Monatsumsatz} \times \varnothing \text{Anarbeitungsgrad} \times \text{Durchlaufzeit (Monate)}}{100}$$

für die Planung der Werkstattbestände zu akzeptablen Werten. Für Gerät „G" (Abbildung 64) ergäbe sich hiernach bei einem Jahresbedarf von 120 Stück (Jahresumsatzwert: 30000,– DM) folgender Sollbestand während eines Jahres im Werkstattbereich:

$$\frac{2500 \times 48 \times 3{,}6}{100} \approx 4300,\text{– DM}$$

oder nach der Formel: $\dfrac{\text{Jahresablieferung mal Sollbestandsfaktor (in Wochen)}}{52 \times 100}$

$$\frac{30000 \times 752}{52 \times 100} \approx 4300,\text{– DM}^{7}.$$

Bei anlaufenden oder auslaufenden Produkten muß der entsprechende Durchschnittswert oder Stichtagswert gesondert ermittelt werden.

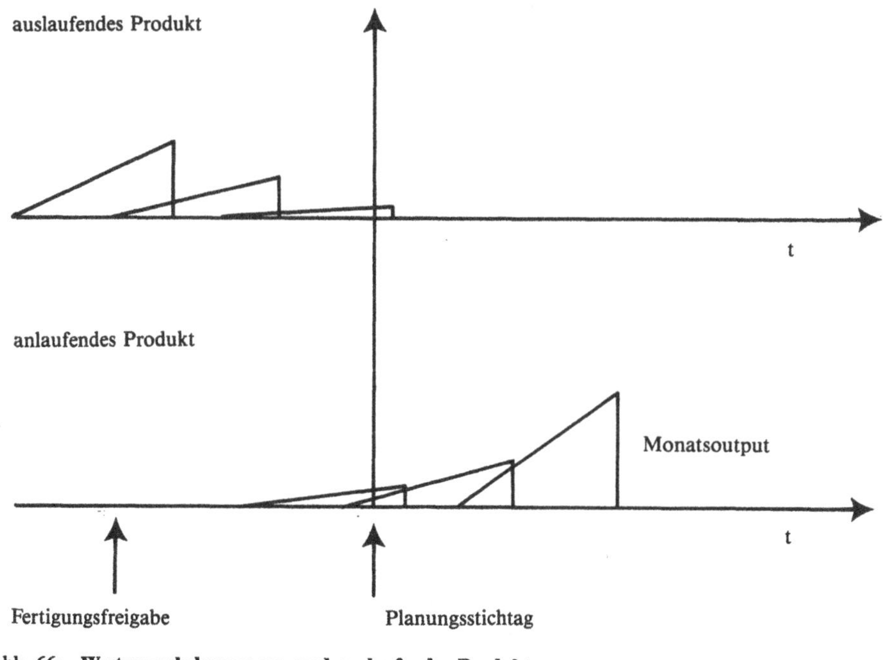

Abb. 66: **Wertzuwachskurven an- und auslaufender Produkte**

Bei Auftragssteuerungen im Dialog könnte aus den Auftragsfortschrittslisten der voraussichtliche Anarbeitungszustand von Werkstattaufträgen zu einem bestimmten Stichtag ebenfalls bewertet werden, so daß mittels Betriebsdatenerfassungs-Verfahren Werkstattbestände planbar sind. Problematisch wird diese „exakte“ Vorausschau allerdings bei großer Auftragsvielfalt und diversem Teilespektrum, da hier laufend Störungen verschiedenster Art den Durchlauf behindern und somit nur eine scheinbare Planungsgenauigkeit entsteht.

Planung der Erzeugnisbestände

Ebenso wie die Lagerbestände an unfertigen Erzeugnissen und Material ergibt sich die durchschnittliche Höhe der Fertigerzeugnis-Bestände im Lager maßgeblich aus der Montage-Losgröße oder der Sorten-Losgröße bei Fließfertigungen – eventuell orientiert an der Vertriebslager-Kapazität.

Der durchschnittliche Soll-Lagerbestand errechnet sich dabei aus der halbierten Losgröße mit etwaigen Liefer- und Sicherheitszuschlägen, wobei der durchschnittliche Soll-Lagerbestand und der durchschnittliche Ist-Lagerbestand bei anonymer Fertigung durch die Diskrepanz zwischen Stückzahlprognose und Auftragseingang (AE) während eines Geschäftsjahres in der Regel voneinander abweichen, im Schnitt des Geschäftsjahres jedoch übereinstimmen sollten.

In einer integrierten Materialwirtschaft legen sich die Lieferplanung und der Betrieb (Disposition, Fertigungssteuerung) auf ein Bestandssoll der Fertigwaren fest (B_{Soll}). Dabei müssen Kapazitätssituation, Fertigungs- und Beschaffungsschwierigkeiten, Nachfragerisiken mitberücksichtigt werden. Ausgangsdaten sind der Umsatzplan (U_{Plan}), der geplante Auftragseingang (AE_{Plan}), der geplante Auftragsbestand (AB_{Plan}) sowie der Produktionsplan (PP).

Daraus ergibt sich:

$$B_{Soll\ 31.12.1988} = B_{Ist\ 1.1.1988} + PP_{1988} - U_{Plan\ 1988}$$

wobei:

$$U_{Plan\ 1988} = AE_{Plan\ 1988} + AB_{Ist\ 1.1.1988} - AB_{Soll\ 31.12.1988}$$

Einflußfaktoren der Planbestände

Zusammenfassend gibt es je nach Bestandsart folgende Einflußfaktoren der Planbestände:

Roh-Hilfs- und Betriebsstoffe werden im wesentlichen von der Bestell-Losgröße determiniert; bei Just-in-time-Lieferungen gibt es „Material“-bestände im engeren Sinne nicht mehr.

Die *unfertigen Erzeugnisse,* soweit sie als Lagerbestände auftreten, sind von der Fertiungslosgröße abhängig. Insbesondere bei mehrstufigen Serienfertigungen im Werkstattprinzip steigt die Zahl der Ein- und Auslagerungsvorgänge und damit die Höhe der Lagerbestände. Andererseits treten unfertige Erzeugnisse als „Unterwegs“-Bestände oder Werkstattbestände auf, deren Höhe mit zunehmender Fertigungsdurchlaufzeit, in der kumulierten Betrachtung, ebenfalls steigt. Bei Fließfertigungen nehmen die Umlaufbestände wegen der raschen Abfolge der Produktionsschritte relativ gegenüber der Werkstattfertigung ab; gleichzeitig entfallen hier weitgehend die Zwischenlagerungen, so daß letztlich nur ein Eingangslager für Vormaterial und ein Lager für Fertigerzeugnisse benötigt werden.

Die *Planbestände der Erzeugnisse* variieren je nach Methode der Bedarfsauslösung bereits wesentlich: Während bei auftragsbezogener Fertigung ein Fertigwaren-Lagerbestand nur in Höhe des erforderlichen Abwicklungszeitraums (Bestellbearbeitung, Versandbereitstellung) entstehen dürfte, schwankt das Erzeugnis-Lager bei anonymer Fertigung in der Bandbreite von Liefer- und Sicherheitszuschlägen, welche die Diskrepanz zwischen Stückzahlprognose und tatsächlichem Auftragseingang sowie Risiken der Beschaffung und Fertigung abfangen sollen. Je längere Lieferzeiten im übrigen vom Markt akzeptiert werden, desto kleiner kann das Fertigungs-Lager gehalten werden. Dieses kann quasi auf Null herabsinken, wenn der Kunde die Wiederbeschaffungszeit als Lieferzeit akzeptiert. Das ist bei der auftragsbezogenen Einzelfertigung der Fall. Die vom Fertigerzeugnis-Lager auszugleichenden Prognoserisiken der Nachfrage sollten sich bei bedarfsgesteuerter Disposition in engen Grenzen halten, da bei ansteigenden Fertigerzeugnis-Lagerbeständen die Kapitalbindung im Vorratsvermögen zweifellos am höchsten wird. Auch wenn über die Bestandshaltung bewußt eine Verstetigung der Kapazitätsauslastung angestrebt wird, sollten die Bestände möglichst auf unteren Veredelungsstufen aufgebaut werden anstatt in Form von Enderzeugnissen.

5.2.4 Bestandsanalyse und -kontrolle

Um Bestände planen und Maßnahmen zur Optimierung einleiten zu können, ist eine gezielte Analyse der Bestände unabdingbar. Diese kann zunächst erfolgen nach:

- Fundorten: Werkstatt, Teilelager oder Rohstofflager
- Bestandsarten: Erzeugnisse, Material und Halbfabrikate
- Erzeugnisgruppen
- Dispogruppen oder Disponenten
- Ertragszentren: Betrieb, Geschäftsbereich oder Peripherie.

Danach sollten einige bestandsspezifischen Kennzahlen von einer Stabstelle „Bestandscontrolling“ betriebsindividuell ermittelt und der materialwirtschaftlichen Bereichsleitung regelmäßig in komprimierter Form vorgelegt werden.

Daneben können Statistiken geführt werden, die den Betriebsumsatz sowie die Produktionsplan-Rückstände in Vergleich setzen zur Entwicklung der halbfertigen und Materialbestände. Voraussetzungen dafür sind selbstverständlich eine exakte Bestandsfortschreibung und Leistungsrechnung der Betriebsbuchhaltung.

Das Soll-Ist-Denken in Geschäftsjahren fördert dabei Bestands- und Umsatzverläufe zutage, die gerade in konzernverbundenen Profit Centers bei reinen Stichtagsbetrachtungen Verzerrungen hervorrufen können, zum Beispiel bei der Drosselung der Materialzulieferung am Geschäftsjahresende, die als „Inventureffekt“ bezeichnet wird.

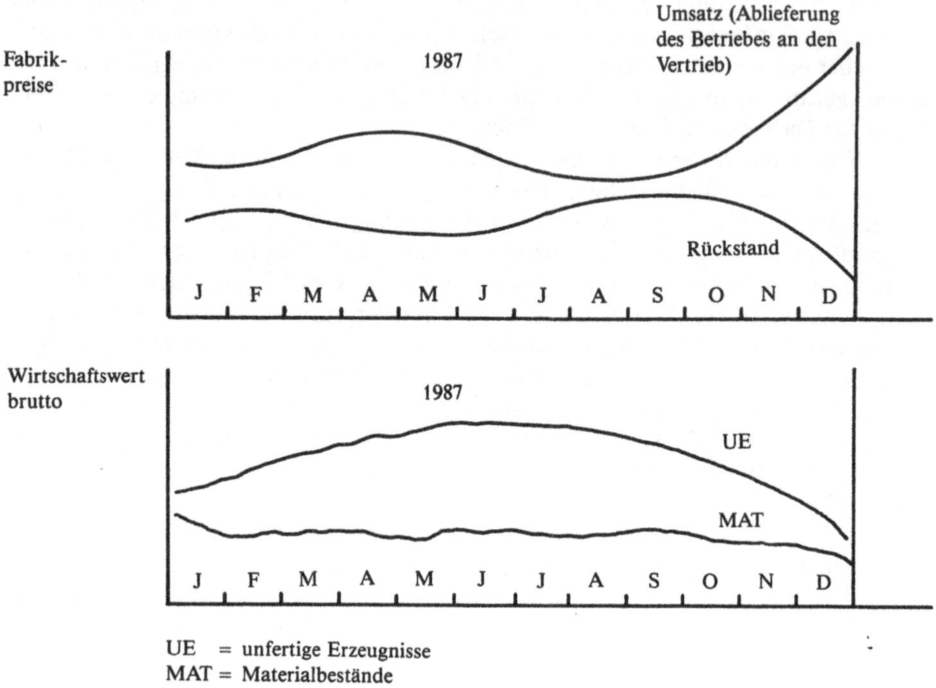

Abb. 67: **Beispiel einer typischen betrieblichen Leistungs- und Bestandsstatistik bei Serienfertigern**

Da durch Auf- und Abbau von Rückständen, geschäftsjahresbezogene Einplanung von neuen Produkten in die Fertigung, „Endspurt"-Effekte, während des Jahres „Bestandsbäuche", insbesondere der Halbfabrikate, entstehen können, empfiehlt es sich generell, für die Bestandsanalyse Durchschnittswerte heranzuziehen.

Um den Materialdisponenten stärker in die Bestandsverantwortung zu integrieren, ist eine enge Zusammenarbeit zwischen Bestandscontroller und dem einzelnen Disponenten angezeigt. Dies kann soweit gehen, daß der Bestandscontroller nur noch bestimmte Richtwerte und Verbesserungsvorschläge dem Disponenten gegenüber abgibt, die laufende Kontrolle und sogar die Bestandsplanung im Detail vom Disponenten mit Hilfe verschiedener EDV-Programme vorgenommen werden kann.

Gemäß seiner Teileverantwortlichkeit können zumindest die Lagerbestände, bei Auftragssteuerung im Dialog auch die Werkstattbestände geplant und fortlaufend kontrolliert werden. Eine derartige Bestandsübersicht könnte halb manuell, halb maschinell nach Ablauf eines Jahres wie Abbildung 68 aussehen.

Markante Abweichungen während des Jahres sind zwischen Disponenten und Bestandscontrolling zu besprechen und zu begründen. So kann der ansteigende Bestellfaktor zum Ausdruck bringen, daß in zunehmendem Umfang Kaufteile in den Betrieb hereinströmen, die nicht (mehr) benötigt werden, also „faule" Bestände anwachsen, was nicht zuletzt der Anstieg der Reichweite und der Abwertungen zum Ausdruck bringen. Wächst gleichzeitig die Anzahl der Fehlteile, so liegen besonders gravierende

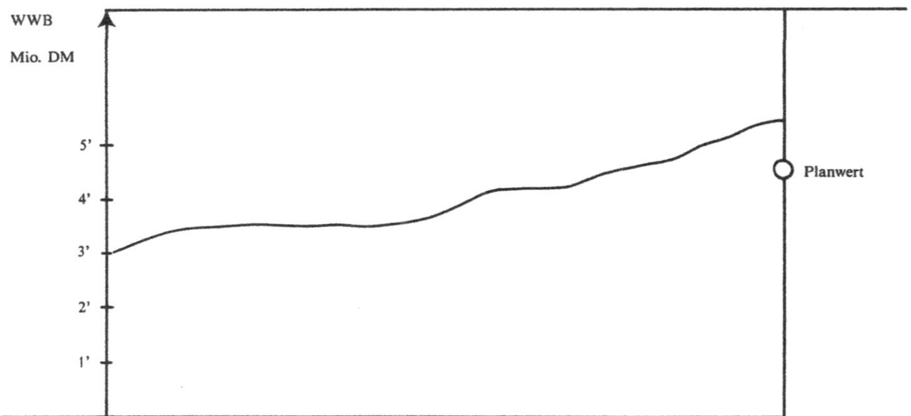

SIB 500. INA 20%		OKT	NOV	DEZ	JAN	FEB	MÄR	APR	MAI	JUN	JUL	AUG	SEP
Abwertungen		1'											
Verwürfe	Plan	100.					80.						
	Ist					55.					30.		
Fehlteile		40	30	30	35	50	52	45	60	58	63	70	82
Bestellfaktor		1	1	1	1,2	1,2	1,4	1,4	1,4	1,7	2,0	2,0	2,0
Reichweite		6,0	6,1	6,2	6,0	6,3	6,4	6,4	6,5	6,7	6,7	6,7	7,0

WWB = Wirtschaftswert brutto (oder Bestandsbewertung zu Herstellkosten); SIB = Höhe der eingeräumten Sicherheitsbestände (bei absoluter Vorgabe); INA = tatsächliche durchschnittliche Inanspruchnahme pro Jahr; Abwertungen = zu Beginn/Ende des Geschäftsjahres errechnete Abwertungen der Bestände (Methode beibehalten!); Verwürfe Plan/Ist = geplante Verwürfe mit Wert- und Zeitvorgabe/tatsächlich durchgeführte Verwürfe

Fehlteile = während eines Monats bei Lageraufruf aufgetretene Fehlteile

$$\text{Bestellfaktor} = \frac{\text{Bestellobligo pro Monat}}{\varnothing \text{ Kaufteilebedarf pro Monat}}; \quad \text{Reichweite} = \frac{\text{Monatsendbestand} \times 12}{\text{Jahresbedarf}}$$

Abb. 68: **Bestandsverfolgung nach Disponent und Geschäftsjahr**

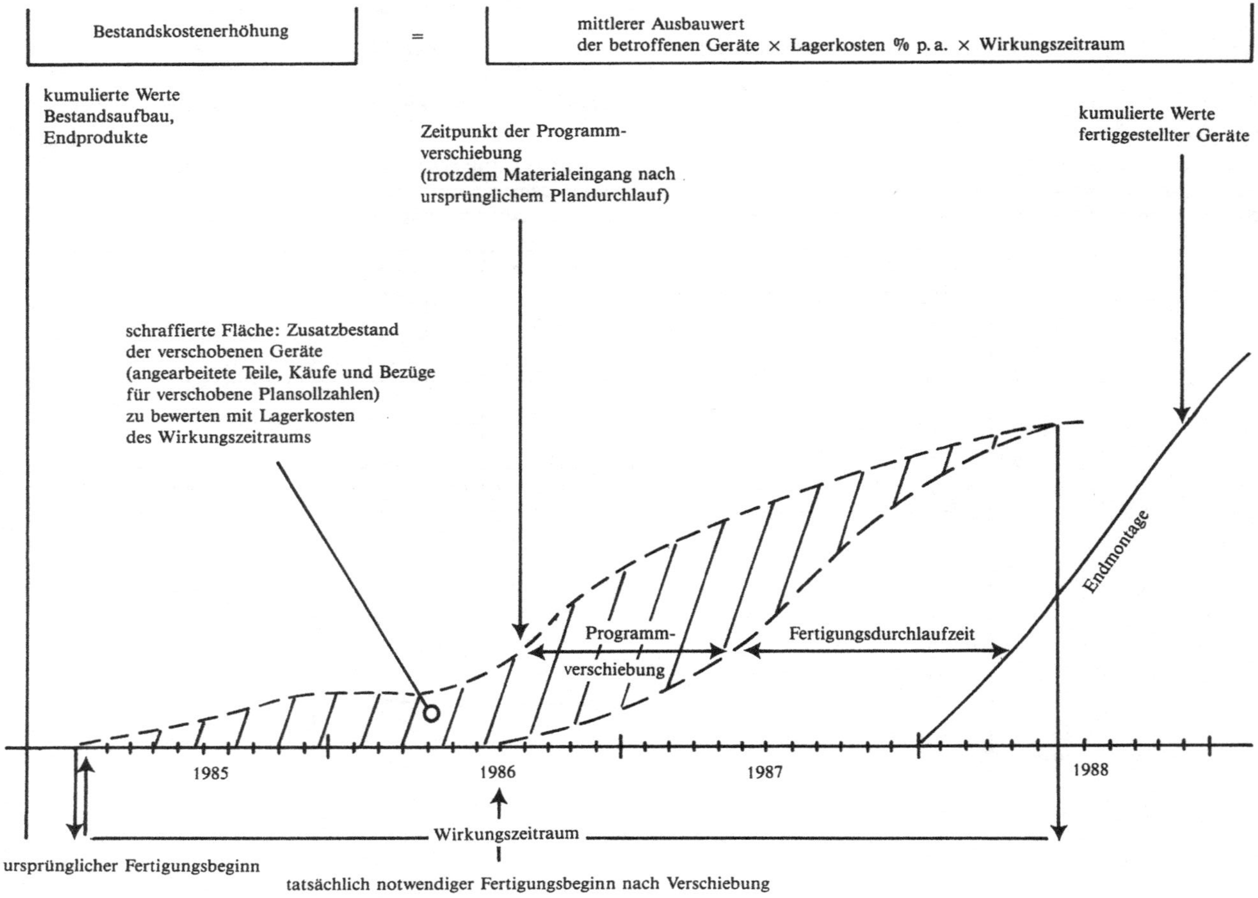

Abb. 69: **Bestandskostenerhöhung durch Programmverschiebung**

Blatt 438	Verwurfsbeleg Nr.	DV-Lauf 7. 1. 1985

DIS	Sachnr.	Typ	Benennung	DA	Art	EGr	WWB
A8	18063	S532	Profil/AM1	G	3	38	13,00

Reichweite:	
Teilelager	: 999,99 Mon
RHB-Lager	: 999,99 Mon
Ersatzteil-Lager	: 999,99 Mon

LAG	Bestand	letzter Lagerzugang
T	530	
E	10	3. 2. 84

Verwurfswert (WWB)	
TL	: 6890 DM
RHB	: – –
Ers	: 130 DM

Jahresbedarf:	0			
Verbrauch:	Lauf. Jahr	GJ-1	Gj-2	Gj-3
	0	0	200	451

Überbestände	Übernahme durch Ersatzteillager:	Rückverkauf (Einkauf)	Umarbeitung (Konstruktion)	Recycling (Umweltreferat)
T 530				
RHB –				
Ers 10	....	....	....	....

Verwurfskennzeichen	Verwurfsmenge	verbleibende Menge	Disponent	Buchhaltung	Lager
....	....	....	....	....	....

Abb. 70: **Entwurf eines Verwurfsbelegs**

Dispositionsfehler vor, die aber nicht unbedingt dem Disponenten anzulasten sind, zum Beispiel kurzfristige Änderung der Vertriebswunschzahlen.

Welche Kosten Produktionsplan-Änderungen hervorrufen können, soll an einer Verschiebung der Plansoll-Werte in die Zukunft verdeutlicht werden (Abbildung 69). Hierbei wird davon ausgegangen, daß eine kurzfristige Programmverschiebung zunächst weiteren Materialeingang gemäß der Vorgabe induziert, wobei sich der Zusatzbestand aus der Differenz der Kurve des ursprünglich kumulierten Bestandsaufbaus in Vorfertigung und Vormontage und der Kurve des tatsächlich notwendigen Bestandsaufbaus ergibt. Die Ablieferung fertiger Geräte erfolgt gemäß den korrigierten Plansollzahlen.
Die daraus resultierenden Bestandskosten errechnen sich wie folgt:

zusätzliche Bestandskosten = mittlerer Ausbauwert der betroffenen Geräte × Lagerkosten in % p.a. × Wirkungszeitraum

Zahlenbeispiel:

Programmverschiebung bei Werkzeugmaschine XY: WWB/Stück = 300000 DM
Mittlerer Ausbauwert der Eigenfertigungs- und Kaufteile, mit Berücksichtigung der nicht mehr verhinderbaren Zugänge und Bearbeitungen: 200000 DM (66 Prozent gemessen am Wiederbeschaffungswert brutto pro Produkt)
Betroffene Produkte: 50
variable Bestandskosten: 10 Prozent
Wirkungszeitraum: 20 Monate
zusätzliche variable Bestandskosten für 20 Monate:
2000000 × 50 × 10% × 1,67 = 1,670 Millionen DM

Derartige zusätzliche Kosten belasten das Betriebsergebnis und müssen letztlich von einer integrierten Materialwirtschaft in Auseinandersetzung mit dem Vertrieb ertragszentrengerecht zugeteilt werden. Auf ähnliche Weise lassen sich Lagerüberbestände kostenmäßig darstellen und zu Logistikkosten aufgrund fehlerhafter oder ungenauer Prognosen des Vertriebs zusammenfassen. Außerdem rufen natürlich auch kurzfristige Plansollsteigerungen Sonderkosten im Materialbereich hervor, wie überhöhte Einstandspreise und Überstunden, die den zu erwartenden Umsatzerlösen bei Absprache der Lieferpläne entgegengehalten werden sollten. Hierfür sind schnelle Reaktionen des Bestandscontrolling nötig, mit sicherem Zugriff auf Kennzahlen und Bestandswerte, um letztlich mit rationalen Entscheidungen ein materialwirtschaftliches Optimum erzielen zu können, das Produktions- und Vertriebsseite gleichberechtigt einbezieht.

Aus der Abwertungsrechnung zum Geschäftsjahresende lassen sich, nach Reichweiten differenziert, diejenigen Lagerkonten ausdrucken, die als Überbestände angewachsen sind. Steht einer Sachnummer kein Bedarf auf lange Sicht mehr gegenüber, so hilft meistens nur noch der *Verwurf,* also die körperliche und wertmäßige Eliminierung kompletter Mengen oder Teilmengen aus den Lagervorräten. Der Ablauf sollte so organisiert sein, daß eine Wieder- oder Weiterverwertung von einzelnen Abteilungen anhand eines Verwurfsbeleges geprüft wird, zum Beispiel ab einem bestimmten Verwurfswert.

Die über ein Programm (beispielsweise „Abwertungslauf") ausgedruckten Verwurfsbelege bekommt zuerst der Disponent zur Bearbeitung. Nach Überprüfung der dispositorischen Situation durchläuft der Beleg, vor allem bei A-Teilen, mehrere Stationen: so sollte die Konstruktion überlegen, ob mit wenigen Arbeitsgängen Verwurfsteile zu aktiven Analogteilen umgearbeitet werden könnten (informative Unterstützung durch CAD!); der Einkauf prüft die Möglichkeit eines Rückverkaufs; der Ersatzteildienst, ob die Sachnummer noch als Ersatzteil gebraucht wird; das Umweltreferat, ob Recycling inner- oder außerbetrieblich realisiert werden kann. Erst nach diesem Check gibt der Disponent die Verwurfsmenge frei. Können vormals abgewertete Bestände zum Restwert oder darüber hinaus weiterverwertet werden, dann entsteht ein außerordentlicher Ertrag, der das Betriebsergebnis verbessert. Dennoch muß festgehalten werden, daß die vorsorgliche Vermeidung von Überbeständen demgegenüber die entschieden vorteilhaftere Vorgehensweise ist.

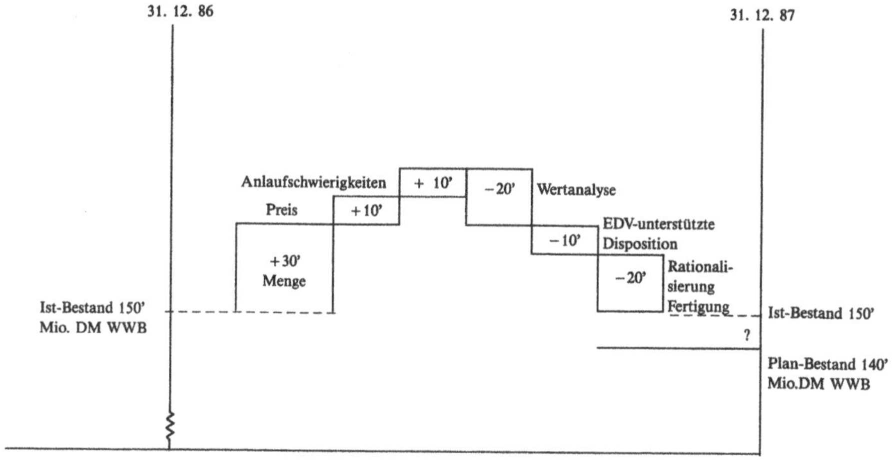

Abb. 71: **Beispiel einer Bestandsüberleitung**

Um die Ursachen der Plansoll/Ist-Abweichung der Bestände zu verdeutlichen, sollte am Ende eines Geschäftsjahres eine Bestandsüberleitung entworfen werden, in der alle wesentlichen bestandserhöhenden und -mindernden Faktoren quantifiziert werden.

Nach diesem Zahlenbeispiel sinken die Ist-Bestände real um etwa 6,3 Prozent. Die Nominalbestände liegen dennoch mit 10 Millionen DM *über* den Planbeständen. Mit Hilfe der „Bestandsschaukel" wird erkennbar, von welchen Einflußgrößen Planabweichungen ausgelöst wurden, die nicht aus der normalisierten, auf bestimmten Primärbedarfswerten beruhenden Mengenplanung herrühren.

Aufgrund der Überleitungstreppe können diejenigen Abteilungen, hier Disposition, Fertigungsvorbereitung, Betriebsingenieure, Einkäufer und Wertanalyseteams, die an der Bestandsreduzierung mitgewirkt haben, zu einem bestimmten prozentualen Anteil der Einsparung mit einer Prämie beteiligt werden. Problematisch ist allerdings die Beurteilung des Handlungsspielraums, der von Abteilung zu Abteilung oft periodenbezogen sehr unterschiedlich ist. Gegenüber einer von der Betriebsleitung sanktionierten Produktionsplan-Reduzierung ist so mancher Disponent wehrlos; insofern könnte in manchen Fällen der Verwurf als bestandssenkende Maßnahme sogar als „Leistung" dem Disponenten entschädigungshalber wieder angerechnet werden.

5.2.5 Maßnahmen zur Bestandsoptimierung

Wenn Bestände nicht mehr dem Zwecke dienen, Probleme zu vertuschen, Sicherheiten verschiedenster Art vorzuhalten und Risiken im Beschaffungs-, Fertigungs- und Absatzbereich abzupuffern, dann sind sie nur in *dem* Umfang erwünscht, als sie unbedingt notwendig sind. Noch konsequenter: mit dem Druck auf die Bestände werden Probleme und Schwachstellen eines Unternehmens sichtbar, deren Lösung umfangreiche Maßnahmen einleiten kann, die das gesamte Unternehmen „umkrempeln".

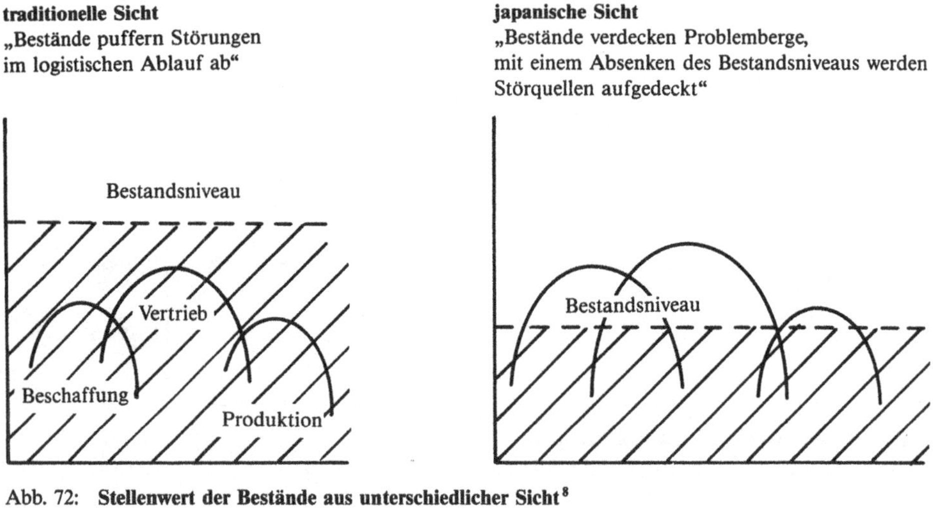

Abb. 72: **Stellenwert der Bestände aus unterschiedlicher Sicht**[8]

Gerade japanische Unternehmen (Kawasaki, Suzuki, Toyota) haben aus der Zielsetzung nach geringstmöglichen Beständen entscheidende Veränderungen in der Fertigung durch die Reduzierung der Rüstzeiten, Just-in-time-Produktion, flexible Kapazitäten und Partnerschaft mit Lieferanten[9] initiiert, welche die internationale Wettbewerbsfähigkeit der japanischen Industrie erheblich gestärkt haben. Inzwischen haben auch deutsche Unternehmen umfangreiche Maßnahmen im Bereich des Bestands-Controlling ergriffen.

Bestandsoptimierung muß demnach als umfassendes materialwirtschaftliches Problem verstanden werden, das nur in Kooperation mit anderen beteiligten Organisationseinheiten eines Unternehmens zufriedenstellend gelöst werden kann. Das Bestandsmanagement muß hierbei unter mehreren konkurrierenden Forderungen ausgleichen, die in Abbildung 73 aufgeführt sind.

Bereichsziele	konkurrierende Ziele			
Beschaffung				
hohe Versorgungssicherheit, →	große Bestellmengen	↙↗	kleine Anliefermengen ←	
Preisvorteile →	Einbau von Sicherheiten	↙↗	kurze Beschaffungszeiten ←	
Fertigung				
gleichmäßige und hohe Kapazitätsauslastung, →	Abbau von Überkapazität	↙↗	Kapazitätsreserven statt Bestände ←	Senkung und Optimierung der Bestände
konstante Materialqualitäten →	große Puffer/Lose kapazitätsgerechter Produktionsplan	↙↗	marktorientierte Fertigung ←	
Vertrieb				
schnelle und individuelle Erfüllung von Kundenwünschen →	hohe Lieferbereitschaft	↙↗	lange Lieferzeiten gegenüber Kunden ←	
→	Sortimentsausweitung, Spezialanfertigungen	↙↗	Typen- und Teilestraffung ←	
→	hohe Innovationsrate	↙↗	seltener Produktwechsel ←	
Entwicklung				
laufende Produktverbesserung →	häufiges Ändern	↙↗	wenig Änderungen ←	
neuester technischer Stand →	Typen- und Teilevielfalt	↙↗	Standardisierung ←	
Umweltreferat				
Einführung umweltfreundlicher Stoffe, →	Substitution von Teilen	↙↗	alte Bestände aufbrauchen ←	
Ressourcenbindung im Anlageninvestment klein halten →	Überdimensionierung von Maschinenpark, Fabrikanlagen, Läger vermeiden	↙↗	JIT-Produktion mit kleinen Mengen ohne Kapazitätsgrenzen ermöglichen ←	

Abb. 73: **Konflikte des Bestandsmanagements**[10]

Unter den möglichen Maßnahmen zur Bestandsoptimierung soll zwischen langfristigen, mittel- und kurzfristig wirksamen unterschieden werden:

Grundsätzliche (längerfristig wirkende) Maßnahmen

- *Dispositionsverfahren bestandsorientiert aufbauen:* Lagerbestandsabgleich; Kennzeichnung der Aufträge ohne Bedarf und der Aufträge, deren Menge größer als die Bedarfsmenge ist; Überprüfung aller Aufträge, die zur Belegerstellung anstehen, auf eventuelle Überhöhung; weitgehend bedarfsorientierte Disposition
- *Recycling-, Wiederverwertungsverfahren* im innerbetrieblichen und interindustriellen Austausch organisieren
- *Änderung der Produktionsverfahren,* eventuell nur in Teilsektoren der Fertigung Umstellung auf flexible Fertigungszellen und -systeme; Einführung des KANBAN-Prinzips

Mittel- und kurzfristig wirksame Maßnahmen

Typenan- und -auslauf

An- und Auslaufpläne erstellen und überwachen; Typen- und Teileaufbrauch bei Produktänderungen sicherstellen; Änderungsoptimierung; Anlauf- sowie Auslaufmengen streng nach Bedarf disponieren, Losgrößenvorgabe vernachlässigen; Ersatzteilverpflichtung bei Auslauf klären; Ausschlachtung und Verwurf von Restbeständen durchführen; Verlagerung von Ersatzteil- und Nachlieferungsverpflichtungen an Schwesterwerke und Lizenznehmer

Flexibilität in der Fertigung

Durch Rüstzeitenreduzierung, Verbesserung der Instandhaltungspolitik (vorbeugende Wartung), rechtzeitige Beseitigung von Engpässen durch Investition und Mitarbeitertausch, Beschleunigung des Materialflusses, Verkleinerung der Losgröße durch flexible Fertigungssysteme, Kürzung der Durchlaufzeiten

Bestandsorientierte Konstruktion

Durchlaufzeitenverkürzung, Durchführung von Wertanalysen, Zuhilfenahme von Wertzuwachskurven, maschinengerechte Konstruktion, Beachtung des Baukastenprinzips, Zurückgreifen auf Analogteile, Beschränkung auf wenige Baustufen, Einsatz von CAD zur Qualitätsverbesserung

Produktrahmenplanung

Verbesserung der Methoden zur Auftagseingangsprognose und Lieferplanung, Intensivierung der Kapazitätsplanung, der Kapazitätsbedarfsvorausschau und Enpaßbeseitigung, kundenauftragsbezogene Fertigungsauslösung durch Kürzung der Wiederbeschaffungszeiten, Bevorratungsebene in Abhängigkeit zur Lieferzeit überprüfen,

Servicegrad mit Kapitalbindung in den Beständen abwägen, Verbesserung der Qualität und Freigabe ausgereifter Produkte durch verkürzte Fertigungseinführung, Vermeiden von Änderungen und Nacharbeit, reduzierter Ersatzteildienst

Disposition

Losgrößen, Sicherheitsbestände und Plandurchlaufzeiten permanent überprüfen und anpassen; Reduzierung von Mehrfachsicherheiten durch großzügige Durchlaufzeit, Pufferzeiten, Sicherheitsbestände, Zuschläge zum Primärbedarf; kooperative Zusammenarbeit mit Einkauf, Lieferplanung, Fertigung, Konstruktion; Dispositionsstufen und Entscheidungsebenen reduzieren; Lagerstufen in Abstimmung mit Konstruktion/Fertigung entfallen lassen; Auftragsfortschritt laufend überwachen

Steuerung

Abrufoptimierung verfügbarer Bestände vor Auslagerung durchführen, Materialflußprinzip (Hol-/Bringschuld) überprüfen, Informationsfluß zwischen Steuerung und Produktion verbessern (Terminvorgaben, Prioritäten, Rückmeldungen, Engpässe und Fehlteile), On-line-Steuerung der Produktion mit laufender Rückmeldung von Daten, Kürzung der Dispositionszyklen (dadurch kleineres Änderungsrisiko), kürzere Reaktionszeiten durch Umstellung von Monats- auf Wochenprogramme

Typen- und Teilereduzierung

Vorbeugende Straffung bei Konstruktion, nachträgliche Reduzierung über ABC-Analysen anstreben, Typen- und Teilecontrolling in Bestandsmanagement integrieren

Betriebsauftragsvorgaben

Nur komplette Aufträge vorgeben (Lagerbestand über Verfügbarkeitsvorabfrage prüfen), Bestandsreservierungszeiten verkürzen (tagesgenaue statt wochenbezogene Disposition), kapazitätsüberschreitende Vorgaben nur nach differenzierten Belastungsschranken pro Fertigungsstufe zulassen[11], Aufträge zum spätestmöglichen Termin vorgeben, kundenauftragsbezogene Montage mit kurzer Durchlaufzeit durchführen

Beschaffungsbereich

Konsignationsläger und Vertragsvorräte vereinbaren, Rahmenverträge mit Lieferanten abschließen, Einkaufslosgrößen verkleinern durch Just-in-time-Anlieferungen, Bestellmengen, Mindestabnahmeverpflichtung, Bestelltermine überprüfen; partnerschaftliche Zusammenarbeit mit Lieferanten hinsichtlich Rationalisierung, Qualitätsverbesserung, flexiblem Abrufsystem; bei Überbeständen Rückverkaufsmöglichkeiten sondieren; über Beschaffungsmarketing preisgünstigere, zuverlässige Lieferanten mit kurzen Beschaffungszeiten ausfindig machen

Lager

Doppelkonten (Vertriebs-, Betriebsläger) auflösen; Sonderaktionen bei Fertigerzeugnis-Überbeständen anregen, Nullverbrauchskonten, Reichweiten überprüfen; regelmäßige Verwurfs- und Ausschlachtaktionen durchführen; Ein- und Auslagerungszeiten reduzieren; Lager-Hardware nach logistischen Grundsätzen neu organisieren

Ersatzteilstrategie

Mehrfachlagerung vermeiden, Regelung der Ersatzteilhaltung vor und nach Produktauslauf klären, Dispositionsverantwortung und Lagerorte klären

Reduzierung der Bestände an unverrechneten Lieferungen und Leistungen

Abbau des Mißtrauens bei Terminforderung und -zusagen, Verkürzung der Abrechnungszyklen, Verkürzung der Durchlaufzeit von Fertigstellung einer Anlage bis Abrechnung; Verbesserung der Transparenz über den jeweiligen Stand der Leistungserstellung.

Eine bestandsoptimierende Strategie ist ohne integrierte Materialwirtschaft undenkbar, denn gerade hier wäre ein starres Bereichsdenken mit Einzeloptimierungen (Einkaufserfolg, Umsatzmaximierung, hohe Auslastung) hinderlich. Das Denken in Ertragszentren muß einer Prozeßverantwortung weichen, womit dann notgedrungen starre Handlungsrichtlinien und Prioritäten kritisch neu durchleuchtet werden. Dann erhalten nach Andler „wirtschaftlich" errechnete Losgrößen nur partielle Gültigkeit, da Rüstzeiten nicht mehr als unabhängige Variable akzeptiert werden – oder hohe Lieferbereitschaften für jedes Erzeugnis müssen mit den damit verbundenen Beständen und Bestandskosten abgewogen werden; das gleiche gilt für das Teilziel hoher Auslastung, das bei konjunkturellen Schwankungen erhebliche Vorräte nach sich ziehen kann. Aus dieser Sicht heraus sind hohe Bestände Auswirkungen unabgestimmter Prozesse, und ihre Reduzierung wird zum auslösenden Moment für viele Verbesserungen im vertrieblichen, konstruktiven, fertigungswirtschaftlichen und dispositorischen Bereich. In *dem* Umfange, wo auf stärkere Materialverwertung, Vermeidung von Überbeständen, Realisierung einer konstanteren umwelt- und sozialverträglichen Modellpolitik mit Aufnahme zum Beispiel von Langzeitgütern übergegangen wird, findet über den Hebel der Bestandsdrosselung auch ein Denken in die Unternehmensführung Eingang, das an den Zielen der Ressourcenschonung und Umweltentlastung nicht mehr vorbeikommt. Somit wird es zu einem dauerhaften zentralen übergreifenden Ziel einer ökologisch integrierten Materialwirtschaft.

5.3 Materialrationalisierung

Unter Rationalisierung versteht man allgemein die durch Vernunft (ratio) erzielte Verbesserung herrschender Zustände. Im betriebswirtschaftlichen Sinne geht es um die zweckmäßige Anwendung von technischen und organisatorischen Mitteln, um die

Produktivität (Input/Output-Verhältnis) und das Ertrag/Aufwand-Verhältnis zu verbessern. Rationalisierungserfolge materialwirtschaftlicher Art liegen *dann* vor, wenn:

- Leistungen mit gleichem Inhalt mit geringeren Materialkosten oder weniger Ressourcenverbrauch durch technische oder organisatorische Verfahrensänderungen erbracht werden
- Erzeugnisse bei gleicher technischer Leistung und unter Zugrundelegung gleicher Stückzahlen mit weniger Material und Materialkosten, zum Beispiel durch Produktinnovation, gefertigt werden.

Eine Rationalisierung des Materialeinsatzes kann besonders in vier Bereichen stattfinden:

- im Bereich der ruhenden Bestände durch Numerierung der Teile, Standardisierung, ABC-Analysen, Make-or-Buy-Analysen, Kontrolle der Umschlagszahlen, der Überbestände und Sicherheitsbestände;
- im Bereich der fließenden Bestände durch die Analyse von Wertzuwachskurven, Materialflußkontrollen, Rüstzeitenminimierung und durch maschinelle Dispositionsverfahren;
- im Bereich der möglichst vollständigen Materialverwertung durch Wiederverwendung von Abfallstoffen im Produktionsprozeß, Aufbau von Kuppelproduktionen und Verschnittoptimierung;
- im Bereich der Produkt- und Verfahrensplanung durch Wertanalysen, Input-Output-Tabellen und ökologische Buchführung.

Da auf einige der hier genannten Rationalisierungsmöglichkeiten bereits früher Bezug genommen wurde, findet in diesem Kapitel nur noch eine gezielte Auswahl der verbleibenden Instrumente statt. Sie sind zum großen Teil nur gemeinschaftlich von mehreren Bereichen erschließbar, bilden demnach wertvolle Ansätze für ein Schnittstellenmanagement.

5.3.1 Verwaltung und Analyse von Typen und Teilen

Numerierung

Die Numerierung des eingesetzten Materials ist eine grundlegende Voraussetzung dafür, um Material überhaupt rational verwalten, steuern und planen zu können. Ein Nummernschlüssel dient also der Identifizierung, der Klassifizierung und der Information von Typen und Teilen. Im wesentlichen unterscheidet man zwei Arten von Schlüsseln: den systematischen und den systemfreien Schlüssel.

Bei der *systematischen Schlüsselung*, auch „sprechende" oder „Verbund"-Schlüsselung genannt, werden in eine Sachnummer klassifizierende Merkmale, zum Beispiel durch technologische, dispositive, organisatorische und vertriebliche Informationen, eingebaut. Auf diese Weise kann man vor allem bei manueller Bearbeitung auf einen Blick erkennen, welche Eigenschaften dieses Teil hat. Verbunden mit einer Typennum-

mer ist ersichtlich, in welches Erzeugnis die Sachnummer unter Umständen mehrheitlich einfließt.
Allerdings enthält diese Methode auch erhebliche Nachteile:

- der Schlüssel muß aus wirtschaftlichen Gründen auf eine bestimmte Länge begrenzt werden
- die Festlegung erfordert eine lange Vorbereitungszeit
- der Schlüssel kann leicht veralten oder zu eng werden (bei Sortimentserweiterung)
- nachträgliche Umschlüsselungen kommen oft sehr teuer.

Deshalb geht man, gerade auch mit Hilfe der EDV, über zu einem *systemfreien Schlüssel.* Hier erhält jeder Gegenstand durch „Anhängen" eine Zählnummer (Ident-Nummer), mit der die Abteilungen Disposition, Einkauf, Kalkulation und Vertrieb arbeiten. Mit einer fünfstelligen Zahl können somit 99999 Sachnummern vergeben werden. Danach findet gegebenenfalls noch einen Klassifizierung über eine Typennummer oder einen Klassifizierungsschlüssel (nebengeordnet als sogenannte „Parallelverschlüsselung") statt. Über die Ident-Nummer kann bei elektronischer Datenverarbeitung ein Disponent über sein Terminal eine Reihe von Informationen abrufen, zum Beispiel die Arbeitsplandatei, die Stücklistenverwaltung, Kalkulationslisten oder die Lieferantendateien. Die Konstruktion erfährt über die Ident-Nummer alle Merkmale eines Teils, wie auch die Umweltgefährlichkeit aus der CAD-Werkstoffdatei. Das Lager braucht die Ident-Nummer, Auftragsnummer und Lagerstandortnummer für die Auslagerung nach dem FIFO-Prinzip.

Der systemfreie Schlüssel läuft also nicht Gefahr, schnell zu veralten, und ermöglicht bei einer EDV-gestützten Materialwirtschaft jederzeit den Zugriff zu relevanten Daten, die abteilungsbezogen meist mit einem Benutzer-password angefordert werden.

Normung und Typung

Mit Normung bezeichnet man die Vereinheitlichung von Objekten durch das Festlegen von Größe, Abmessung, Form, Farbe, Qualität und Bezeichnung. Je nach Geltungsbereich unterscheidet man verschiedene Arten von Normen:

- internationale Normen; ISO-Normen: International Organisation for Standardization; IEC-Normen: International Electronique Commission; CEN-Normen: Comité Européen de Coordination des Normes; CENTELEC: Comité Européen de Normalisation Electrotechnique
- nationale Normen; DIN-Normen vom Deutschen Normenausschuß; ASA-Normen von der American Standards Association
- Verbandsnormen; VDI-Richtlinien vom Verband Deutscher Ingenieure; VDE-Bestimmungen vom Verband Deutscher Elektrotechniker; VDMA-Einheitsblätter vom Verband Deutscher Maschinen- und Anlagenbau
- Werksnormen; zum Teil aus DIN abgeleitet, Eigenentwicklungen oder von großen Lieferanten und Abnehmern übernommene Arbeitsnormen.

Darüber hinaus kann man Normen einteilen nach:

- Inhalt (Gütenorm, Konstruktionsnorm, Sicherheitsnorm)
- Reichweite (Grundnorm, Fachnorm, Fachgrundnorm)
- Grad (Normungsbreite, -tiefe, -umfang)

Normung strebt also eine Vereinheitlichung des eingesetzten Materials, eine vielseitige Verwendung der in Gebrauch befindlichen Sachnummern an und wirkt unnötiger Teilevielfalt entgegen. Eine Schlüsselstellung ergibt sich hier für die Konstruktion, die heute mit Hilfe von CAD-Werkstoffdateien und maschinenlesbaren Fabrikatenummern Ähnlichkeitsteile schnell ausfindig machen kann und in Zusammenarbeit mit dem Normenbüro und der Kalkulation (wenn eine Alternativkostenrechnung erforderlich ist) die endgültige Entscheidung für eine Aufnahme in die Stückliste trifft.

Normung und Typung stützen letztlich auch das ökologische Ziel, mit geringen Beständen einen bestimmten Output zu bewerkstelligen, und bieten für einen Betrieb eine Vielzahl von Rationalisierungsmöglichkeiten:

In der Disposition

- vereinfachte Steuerung und Kontrolle durch weniger Teile
- Bestandswertsenkung durch weniger Lagerpositionen
- reduzierbarer Personaleinsatz

Im Einkauf

- vereinfachte Beschaffung (über Kurzbezeichnung, keine umständliche Inhaltsbeschreibung der Materialien, weniger Mißverständnisse, leichtere Angebotseinholung)
- günstigere Beschaffungspreise (durch Mengenrabatte, Kostenverminderung beim Lieferanten durch Large-scale-Effekte)
- niedrige Bestellkosten (seltenere Beschaffung, weniger Zeitaufwand, geringere Personalkosten, da weniger verschiedene Kaufteile)

In der Fertigung

- Vereinfachung der Fertigungsverfahren, weniger Spezialmaschinen
- Übergang zu Fließprinzipien, Erleichterung der KANBAN-Einführung
- Rüstzeiten sinken, wirtschaftliche Losgrößenbildung
- Verbesserung des Materialflusses

Im Lager und Transportwesen

- Lagerraum verringert sich durch geringere Sicherheitsbevorratung
- einfachere Auslagerung, da weniger Lagerpositionen angesprochen werden

– vereinfachter Transport, da Transportmittel ebenfalls standardisiert werden können
– Vereinfachung der Materialeingangsprüfung, weil Prüfgeräte vereinheitlicht werden können

In der Konstruktion und Kalkulation

– weniger Teile sind zu konstruieren und kalkulieren
– Änderungsdienst und Nachkalkulationen verringern sich
– Vereinheitlichung der Kostenrechnung

Im Vertrieb/Verkauf

– verringerte Reparaturleistungen
– vereinfachter Service

Im Gegensatz zur Normung verfolgt die Typung eine kritische Durchleuchtung der Sortimentsbreite und -tiefe mit dem Ziel, einer Ausuferung des Sortiments entgegenzuwirken. Dies kann im überbetrieblichen Rahmen durch Wirtschaftsverbände, durch Kooperation von Unternehmen der gleichen Branche und durch Zwang von Großabnehmern erfolgen oder durch innerbetriebliche Standardisierung. Letztere kann in die konsequente Realisierung eines Baukasten-/Modulsystems münden, wo:

– eine begrenzte Anzahl unterschiedlicher, mehrfachverwendbarer Bausteine mit vielseitigen Kombinationsmöglichkeiten entwickelt werden
– die aus den Bausteinen entstandenen Gebilde wieder zerlegbar sind
– die Bausteine einheitliche Paßflächen oder Paßstellen haben

Sonstige Typenbeschränkungen können durch gut gegeneinander abgestimmte Typenreihen, Grundtypen und Variantenfertigung sowie durch Mehrzweckerzeugnisse erzielt werden[12].

Obwohl die Typung, ähnlich der Normung (beziehungsweise mit positiver Auswirkung auf Normierungsbestrebungen) Vorteile aufweist, wie die Vermeidung häufiger Programmänderungen, bessere Kapazitätsauslastungsplanung, Vereinfachung des Kundendienstes, Vereinfachung der Lagerhaltung und Distribution, müssen mögliche Nachteile demgegenüber genau abgewogen werden:

– Inkaufnahme von Wettbewerbsverlusten durch ein undifferenziertes Programm
– Verhinderung des technischen Fortschritts durch verengte Problemstellungen in Forschung und Entwicklung
– Uniformierung des Angebots, Beschneidung der Angebotsvielfalt

Da im gegenwärtigen Entwicklungsstadium der westlichen Industrienationen die Artikelvielfalt vor allem im Konsumgüterbereich fast unübersehbar geworden ist und mit Millionen-Etats und oft mit Pseudo-Argumenten der Werbung nur noch um graduelle Marktanteilsverschiebungen gerungen wird[13], ist spätestens unter ökologischen Aspekten eine Überprüfung herkömmlicher Differenzierungsstrategien vom Marketing zu überprüfen. Der Verzicht auf äußeren Unterscheidungsfirlefanz, Scheininnovationen und umweltgefährdende technische Ausrüstung – wie 700 PS-Motoren im Pkw – führt zwangsläufig zu einem Marketing, das Problemlösungen ökologie- und sozialverträglich dauerhaft in Produkte umsetzt. Damit gewinnen auch Langzeitprodukte im Baukastensystem und mit recyclingfreundlichen Stoffstrukturen an absatzwirtschaftlicher Bedeutung mit der Folge einer konstanten Modellpolitik, längerer Produktnutzungsdauer und intensivierter Anwender-Beratung. Die Vorteile, welche sich für die Materialwirtschaft und die Bestandssenkungsziele eines Unternehmens ergeben, werden ergänzt durch Vorteile für die Umwelt und für den Kunden durch sinkende Betriebskosten. Wenngleich die Absatzzahlen eines Unternehmens dadurch sinken, kann doch der Umsatz wegen des steigenden Preises und der steigenden Serviceleistungen (Reparaturen, Ersatzteile) erhalten bleiben.

Tabelle 11 führt auf, zu welchem Ergebnis eine Studie der Porsche AG über das Langzeit-Auto[14] kommt, unter der Annahme einer Lebenszeit von 20 Jahren und 300000 Fahrkilometern von der Herstellung bis zur Verschrottung.

Tabelle 11: **Forschungsprojekt Langzeitauto**

	auf Stahlbasis	auf Aluminiumbasis
Materialverbrauch (insgesamt)	– 55%	– 65%
Energieverbrauch (insgesamt)	– 5%	– 20%
Arbeitsinput	+ 7%	+ 17%
Verkaufspreis	+ 22%	+ 30%

Die Umwelteffekte liegen in einer Schonung der Energie- und Rohstoffvorräte und einer Verringerung der Umweltbelastung durch Abfälle. Gefördert werden qualitative Wachstumsstrukturen mit einer Minimierung des Inputs statt Maximierung des Outputs, ohne größeren Umrüstungsaufwand der Fertigungstechnik. Für den Kunden erhöhen sich Betriebssicherheit und Zuverlässigkeit. Durch geringere Wartungsansprüche und Reparaturen verringern sich die Gesamtkosten[15]. Das umweltschonende Auto wartet auf seine erste Serie.

ABC-Analyse

Die ABC-Analyse ist ein Mittel zur Rationalisierung, soll Wesentliches vom Unwesentlichen trennen und damit die Energie des Sachbearbeiters oder Managements in Bereiche lenken, wo mit verhältnismäßig geringem Aufwand eine hohe Effizienzsteigerung zu erwarten ist[16].

Bei einer Vielzahl von Einzelteilen, Fertigprodukten, Abwicklungsvorgängen wäre eine gleich intensive Behandlung in puncto Dispositionsgenauigkeit, Planung, Kon-

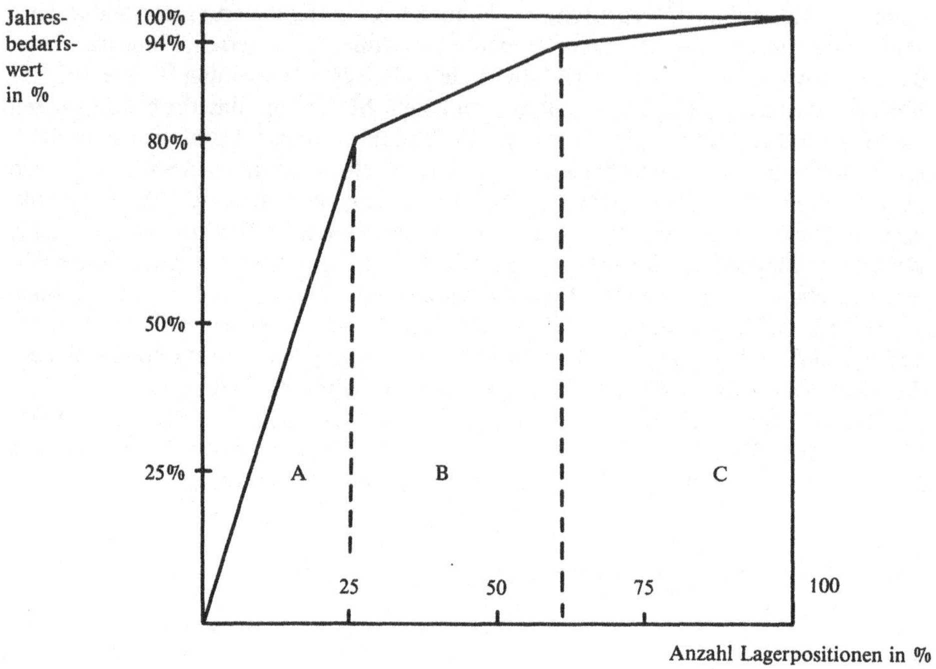

Abb. 74: **ABC-Analyse nach dem Schema der Lorenzkurve**

trolle und Marktforschung unwirtschaftlich. Fast regelmäßig zeigt sich bei Betriebsstatistiken, daß die Bedeutung von Waren und Teilen hinsichtlich Umsatz, Deckungsbeitrag, Kapitalbindung und Verbrauch höchst unterschiedlich ist. So bindet in vielen Unternehmen nur eine geringe Anzahl von Lagerpositionen einen hohen Anteil des Umlaufvermögens in den Beständen (Abbildung 74). Das bringt man durch eine ABC-Klassifizierung zum Ausdruck. Dabei wird der Jahresbedarf einzelner Artikel in absteigender Reihenfolge kumuliert (Tabellen 12 und 13).

Die Konsequenz aus dieser Untersuchung der Teilstruktur könnte folgendermaßen lauten:
Für alle A-Teile mit besonders hohem Kapitaleinsatz gilt:

- Disposition genau nach Bedarfsprognosen
- verfeinerte Losgrößenrechnung
- exakte Bestandsplanung, -analyse und -kontrolle
- Durchführung von Wertanalysen, Make-or-Buy-Untersuchungen
- straffe Durchlaufterminierung und eventuell später einsteuern.

Dagegen lassen sich für C-Teile die Regeln aufstellen:

- verbrauchsorientierte Materialsteuerung
- großzügige Sicherheitsbestände
- vereinfachte Bestandsüberwachung.

Tabelle 12: **Ausgangsdaten zur Erstellung einer ABC-Analyse „Kapitalbindung von Lagerpositionen"**

Material Nummer	Jahresbedarf Stück/m/kg	Preis/Stück	Jahresbedarf in DM	Rangfolge
101	200	80,00	16 000,–	2
102	1 000	20,00	20 000,–	1
103	500	5,00	2 500,–	4
104	100	2,00	200,–	12
105	3 000	0,80	2 400,–	5
106	2 000	0,70	1 400,–	7
107	10 000	0,50	5 000,–	3
108	5 000	0,30	1 500,–	6
109	4 000	0,20	800,–	9
110	15 000	0,06	900,–	8
111	14 000	0,05	700,–	10
112	12 000	0,03	360,–	11
			51 760,–	

Tabelle 13: **Ermittlung der Wertgruppen**
(Die Gruppentrennung sollte möglichst bei signifikanten Wertsprüngen vorgenommen werden!)

Rang	Material-Nummer	Jahresbedarf in DM	%Anteil vom Gesamtwert	kumuliert	Wertgruppe
1	102	20 000,–	39	39	
2	101	16 000,–	31	70	A
3	107	5 000,–	10	80	
4	103	2 500,–	5	85	
5	105	2 400,–	5	90	B
6	108	1 500,–	2	92	
7	106	1 400,–	2	94	
8	110	900,–	2	96	
9	109	800,–	2	98	
10	111	700,–	1	99	C
11	112	360,–	0,5	99,5	
12	104	200,–	0,5	100	

Fazit:
Von 12 Positionen sind 3 (25 Prozent) A-Positionen (80 Prozent Wertanteil)
Von 12 Positionen sind 4 (33 Prozent) B-Positionen (14 Prozent Wertanteil)
Von 12 Positionen sind 5 (42 Prozent) C-Positionen (6 Prozent Wertanteil)

Die ABC-Analyse läßt sich ergänzen durch eine XYZ-Analyse nach Prognosegenauigkeit.

Wert / Prognose-genauigkeit	A	B	C
X	hoher Wert hohe Prognose-genauigkeit		niedriger Wert hohe Prognose-genauigkeit
Y	hoher Wert mittlere Prognose-genauigkeit		
Z	hoher Wert niedrige Prognose-genauigkeit Verbrauch unregel-mäßig	iedriger Wert niedrige Prognose-genauigkeit	

Abb. 75: **ABC- und XYZ-Analyse**

Daraus könnte folgen für:

XA-Teile: fertigungssynchrone Beschaffung (KANBAN)
XC-Teile: Sammelbestellungen und große Lose
AZ-Teile: bedarfsgesteuerte Disposition

Die Beschaffungsmarktforschung kann Kaufteile nach verschiedenen ABC-Kriterien gliedern und daraus Empfehlungen für den operativen Einkauf ableiten:

–ABC 1: Analyse nach Wert (A = hoch, C = niedrig)
–ABC 2: Analyse nach Preisschwankung
–ABC 3: Analyse nach Beschaffungszeiten
–ABC 4: Analyse nach Veränderungsgefahr durch technischen Fortschritt
–ABC 5: Analyse nach Fehlmengenkosten.

Im Falle der Klassifizierung eines Kaufteiles nach Kriterienkette A1/A2/C3/A4/C5 könnten kleine Bestellosgrößen im kurzen Lieferrhythmus vorgeschlagen werden.

Die Anwendungsbereiche der ABC-Analyse mit ihren verschiedenen Varianten sind vielfältig. Außer bei Untersuchungen der Teilestruktur findet die ABC-Analyse Einsatz bei:

- Lieferantenumsatz-Statistiken (Anteil einzelner Lieferanten am gesamten Beschaffungsvolumen)
- Untersuchung der Altersstruktur von Maschinen und Produkten
- Umsätze, Deckungsbeiträge nach Produkten und Geschäftsgebieten
- Auslieferungshäufigkeiten nach Zielorten
- Summe der Reklamationen nach Erzeugnissen.

In einer umweltorientierten Materialwirtschaft sollte die ABC-Analyse Aufschluß darüber geben:

- welche Produkte besonders viele umweltgefährdende Inhaltsstoffe haben
- welche Geschäftsgebiete besonders knappe Ressourcen beanspruchen und auf der gesamten Produktlinie Umweltbelastungen hervorrufen
- welche Produkte am meisten Energie verbrauchen.

Für A-Produkte wäre hier zu überlegen, inwieweit sie substituierbar sind durch umweltfreundliche Varianten (eventuell mit einer Wertanalyse verbinden); ob Geschäftsfelder besonders bei rückläufigen Ergebnisbeiträgen oder Deckungbeiträgen vorzeitig aufgegeben werden sollen oder ob bei aussichtsreichen „Embryos" nachträglich Anpassungsentwicklungen vorzunehmen sind, um Schwierigkeiten mit Umweltschutzgesetzen oder Verbraucherverbänden und Bürgerinitiativen zu entgehen. Portfolio-Untersuchungen im Rahmen der Sortimentspolitik müssen insofern soziale Kosten einzelner nach Marktwachstum oder Marktanteil positionierter Produkte mit einbeziehen. Zusammen mit einem Technologie-Portfolio, ebenfalls um ökologische Folgelasten ergänzt, können damit umweltorientierte Planungen der Geschäftsfelder durchgeführt werden.

Eigenfertigung oder Kauf

Die Frage, ob Teile oder Arbeitsgänge eines Produktes selbst oder durch Zulieferanten hergestellt werden sollten, stellt sich aus verschiedenen Gründen, wobei in Zeiten der Konjunkturabschwächung und des Beschäftigungsrückganges eher die Tendenz zur Eigenfertigung besteht und umgekehrt.
Untersuchungen können angeregt werden durch:

- mangelnde technische Ausstattung, fehlendes Know-how, Anschaffung teurer Spezialmaschinen
- schwer beseitigbare Engpässe im Fertigungsbereich
- günstige Fremdbezugspreise
- auslaufende Verträge für Fertigungseinrichtungen
- teure Produktionsrechte
- veraltete Fertigungsanlagen mit hohen Emissionen.

Für die Entscheidung, ob „make or buy" vorzuziehen ist, wird zunächst geprüft, ob aus vertraglichen oder aus Gründen der Geheimhaltung überhaupt die Möglichkeit einer Alternative existiert (Ausschließlichkeitsprüfung). Danach wird ein Kostenvergleich vorgenommen, der aber nur die *relevanten Kosten* enthält. Das sind Kosten, die von der Entscheidung beeinflußt werden, nicht also Vertriebs- und Verwaltungsgemeinkosten, die in jedem Falle entstehen, oder Fixkosten, die unabhängig von der Entscheidung vorhanden sind. Für die aufzustellende Spezialkalkulation ist außerdem die Unterscheidung wichtig, ob für die betrachteten Fertigungsgänge freie Kapazitäten vorliegen oder Kapazitäten erst neu geschaffen werden müßten und alte Anlagen zu ersetzen sind. Im ersten Falle sind nur die variablen Kosten anzusetzen, wobei oft die Entscheidung zugunsten der Eigenfertigung ausfällt. Im zweiten Falle sind die Bereitschaftskosten mit einzubeziehen[17].

1. Beispiel: Kapazitätserweiterung

Vergleichszeitraum: 4 Jahre
Stückzahl im Vergleichszeitraum: 1800 Stück, Jahresbedarf 450 Stück
Summe Vorgabezeiten pro Stück: 20 Industrieminuten
Betroffene Werkstätten: Stanzerei, Schlosserei, Schweißerei
360 Stunden Belastung in 4 Jahren (das heißt: bei etwa 1400 Stunden externe Leistung pro Maschine und Jahr ergibt sich eine Beschäftigung für 4 Mann-Monate)
Materialeinzelkosten pro Stück: 6,– DM
Einstandspreis inclusive Frachtkosten, Verpackung, abzüglich, Rabatte und Skonti: 8,– DM.

Tabelle 14: **Spezialkalkulation „Rechnergehäuse" bei neu zu schaffenden Kapazitäten**
Eigenfertigung (I) oder Bezug (II)

	Relevante Kosten	
	I	II
Fertigungsmaterial (Wert laut Standardkalkulation)	10 800,– (6 × 1 800)	14 400,– (8 × 1 800)
Materialgemeinkosten (10%)	1 080,–	
Fertigungslöhne (laut Standardkalkulation)	1 980,– (1,10 × 1 800)	
Fertigungsgemeinkosten (200%)	3 960,– (2,20 × 1 800)	
Einmalkosten (noch entstehend)		
Arbeitsplanerstellung mit Vorgabezeiten	300,– (3 AG × 100)	
Spezialwerkzeuge	1 000,–	500,–
Teileverwaltung in Vergleichszeitraum	1 200,– (1 × 300 × 4)	600,– (1 × 150 × 4)
Summe Selbstkosten	20 320,–	15 500,–

Bei vorhandenen Maschinenstundensätzen können Fertigungseinzel- und -gemeinkosten in Summe für die betreffenden Maschinengruppen angesetzt werden. Zu den Einmalkosten können bei Eigenfertigung zählen: zusätzliche Vorrichtungen, Anlagen für Umweltschutz, Entsorgungskosten, Anlernkosten, Mehrkosten aus Einlaufschwierigkeiten, verschiedene Kosten der Arbeitsvorbereitung. Bei Fremdbezug: zusätzliche Prüfkosten, Warenannahme und Zölle.

Ergebnis: Bei neu zu schaffenden Kapazitäten (die Fixkosten gehen gemäß Standardkalkulation in die Rechnung mit ein) erweist sich der Fremdbezug als günstiger.

Zur Beachtung: Bei Kostenstellenzuschlagskalkulation müssen eventuell die Gemeinkosten-Zuschläge neu berechnet werden (wenn sich die Basiseinzelkosten relativ anders entwicklen als die Gemeinkosten, zum Beispiel Abschreibungen durch die Entscheidung mehr ansteigen als die Fertigungslöhne)!

2. Beispiel: Vorhandene Kapazitäten

Bei ausreichend vorhandenen Kapazitäten gehen die Bereitschaftskosten nicht mit in die Rechnung ein, da sie auch ohne Nutzung anfallen würden.

Tabelle 15: **Spezialkalkulation „Rechnergehäuse" bei vorhandenen Kapazitäten**

	Relevante Kosten I	Relevante Kosten II
Fertigungsmaterial	10 800,–	14 400,–
Materialgemeinkosten (variabler Teil: 30%)	324,–	
Fertigungslöhne	1 980,–	
Fertigungsgemeinkosten (variabler Teil: 20%)	792,–	
Einmalkosten (neu entstehend)	2 500,–	1 100,–
Summe variable Kosten	16 396,–	15 500,–

Ergebnis: Auch bei freien Kapazitäten ist der Fremdbezug günstiger!

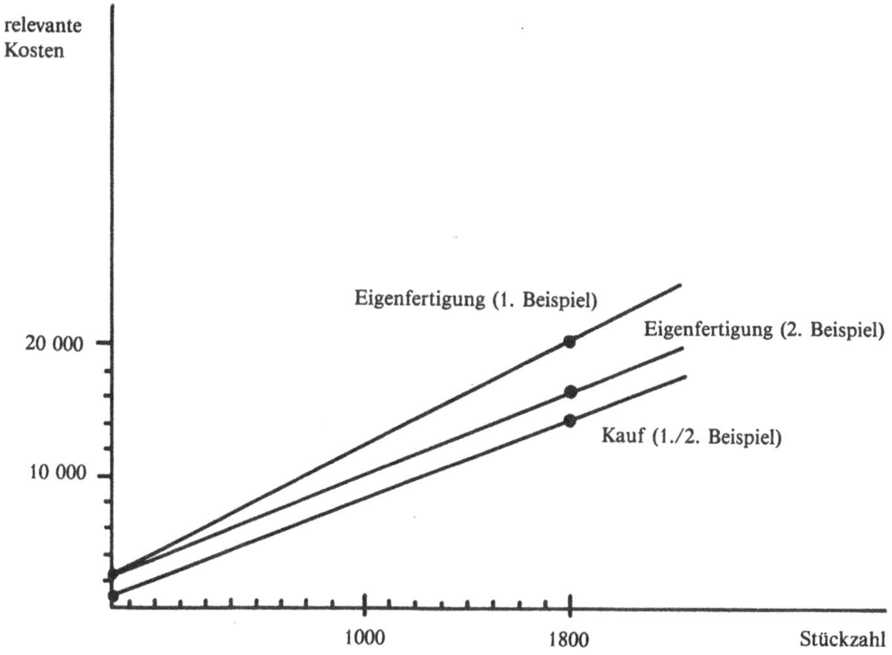

Abb. 76: **Verlauf der relevanten Kosten zu den Make-or-Buy-Beispielen 1 und 2**

Trotz des in beiden Fällen günstigen Ergebnisses für den Fremdbezug können außerhalb der Wirtschaftlichkeitsrechnung liegende, vorwiegend qualitative Faktoren eine Ablehnung angeraten erscheinen lassen. So müßte die Auswirkung auf die Beschäftigungssituation gezielt nach Werkstätten überprüft werden. Diese kann punktuell gravierend sein. Angesichts der verlorenen Jahresbeschäftigung von insgesamt 1 Mann/Monat im vorliegenden Beispiel kann sie als vernachlässigenswert bezeichnet werden. Weitere qualitative Faktoren sind:

- die Qualität
- die Zulässigkeit, Schnelligkeit der Bearbeitung und Lieferung
- Bedarfsprognosen (bei langfristigem Anstieg unter Umständen doch Selbstfertigung wegen der sich reduzierenden Gemeinkosten-Zuschläge)
- Umweltbelastung.

Diese Faktoren können nach dem „K.O.-System" (unbedeutend = 0, bedeutend = 1) geprüft werden. Je nach Gewichtung gibt die Multiplikation mit den 1-Werten den Ausschlag über Eigenfertigung oder Kauf!

Tabelle 16: **Bewertungsmatrix nach dem K.O.-System**

Anforderungen	Gewichtung (1–10)	Erfüllungsgrad		Punkte		Summe	
		Eigenfertigung %	Kauf %	Eigenfertigung	Kauf	Eigenfertigung	Kauf
sichere Versorgung mit Rohmaterial	2	60	80	0	1	0	2
konstante Auslastung der eigenen Kapazitäten	3	70	50	1	0	3	0
hoher Qualitätsstandard	5	60	70	0	1	0	5
keine Belastung der Umwelt mit Emissionen	4	20	80	0	1	0	4
keine Überbauung von ökologisch wertvollem Boden	3	20	90	0	1	0	3
• • •							
					Σ	3	14

Stehen mehrere Produkte zur Auswahl bei der Frage „Eigenfertigung oder Kauf", so kann bei Vollbeschäftigung die Rangfolge der Differenzen zwischen Einstandspreis Fremdbezug plus relevanten variablen Kosten der Eigenfertigung und Verkaufspreis als Entscheidungskriterium herangezogen werden. Produkte mit den niedrigsten

Deckungsbeitrags-Differenzen können danach an Lieferanten vergeben werden. Hat man bei zwei Produkten die Alternative zwischen „make or buy“, so können die jeweiligen Deckungsbeitragsdifferenzen folgendermaßen ermittelt werden:

Tabelle 17: **Deckungsbeitrags-Vergleichsrechnung zwischen Produkt A und B**

Alternative I Kauf A Eigenfertigung B		Alternative II Eigenfertigung A Kauf B	
Verkaufspreis A	100,– DM	Verkaufspreis A	100,– DM
Verkaufspreis B	120,– DM	Verkaufspreis B	120,– DM
Summe Verkaufspreise A/B	220,– DM	Summe Verkaufspreise A/B	220,– DM
– relevante variable Kosten B	70,– DM	– relevante variable Kosten A	75,– DM
– Einstandspreis A	80,– DM	– Einstandspreis B	100,– DM
DB-Differenz	70,– DM	DB-Differenz	45,– DM

Hiernach würde sich anbieten, A zu kaufen und B selbst zu fertigen (Alternative I). Bei Vollbeschäftigung sollte darüber hinaus eine Engpaßkalkulation mit Ergebnissen je Engpaß-Maschinenstunde durchgeführt werden, um Produkte mit niedrigen Ergebnissen pro Maschinenstunde zu verlagern, wenn nicht ganz aus dem Programm zu eliminieren.

Wertanalyse

Während Rationalisierungsmaßnahmen zum großen Teil kostenorientiert vorgenommen und ressortspezifisch ermittelt werden, geht die Wertanalyse als erweiterte Rationalisierung anders vor.

Sie dient der systematischen Untersuchung der Aufgaben und Funktionen eines Erzeugnisses oder Objekts – mit dem Ziel, die Träger vorhandener, aber nicht erforderlicher Funktionen zu eliminieren und für die verbleibenden Funktionen günstigere Träger zu finden[18].

„Wert“ wird in diesem Zusammenhang sowohl hersteller- als auch kundenbezogen interpretiert. Für den Hersteller ist der Wert eines Produktes der niedrigst mögliche Kostenbetrag, um eine Funktion in der gewünschten Qualität zu gewährleisten. Unter dem Aspekt qualitativer Gütererstellung gewinnen dabei Sozial- und Umweltverträglichkeitsaspekte (zum Beispiel risikoarme, geräuscharme Technik) an Bedeutung.

Für den Kunden ist der Wert eines Produktes der höchste Geldbetrag, den er bereit ist, auszugeben. Ist der Preis, den der Kunde bezahlen muß, niedriger als der, den er im äußersten Falle zu zahlen bereit ist, entsteht ihm eine Konsumentenrente (consumer surplus). Diesen Betrag über die Produktgestaltung und den Preis an das Unternehmen zurückzuführen, ist eine wichtige Aufgabe der Wertanalyse.

Vom konventionellen Rationalisierungsdenken oder der Produktplanung und dem allgemeinen Wirtschaftlichkeitsdenken unterscheidet sich die Wertanalyse vor allem durch drei Punkte:

– die systematische Vorgehensweise
– die Koordinierung und Nutzung von zum Teil unterschiedlichen Abteilungsansichten in Teamarbeit (Schnittstellenmanagement)
– die besondere Betrachtungsweise eines Produkts oder Verfahrensablaufs unter dem Gesichtspunkt der Funktion, das heißt: Was tut ein Objekt? Wozu kann man es verwenden? Was könnte ähnliche Funktionen erfüllen? Was kostet die Alternative? Welchen Wert hat die Alternative?

Besonders effizient sind wertanalytische Untersuchungen im Stadium der Entwicklung eines Produkts, da hier noch unnötige Kosten und Investitionen vermieden werden können. Die *Wertgestaltung*, die bis zum Fertigungsbeginn möglich ist, gewinnt an Bedeutung bei hoher Kapitalintensität und hoher betriebsinterner Kostenverursachung. Als *Wertverbesserung* dagegen hilft die Wertanalyse bei bereits existierenden Produkten oder Arbeitsabläufen, (konkret erfaßbare) Kosten zu senken.

Die Vorgehensweise einer Wertanalyse kann aus der DIN-Norm 69910 entnommen werden.

Grund-schritt	Bezeichnung	Teil-schritt	Bezeichnung
1	Vorbereitende Maßnahmen	1	Auswählen des Wertanalyse-Objektes und Stellen der Aufgabe
		2	Festlegen des quantifizierten Zieles
		3	Bilden der Arbeitsgruppe
		4	Planen des Ablaufes
2	Ermitteln des IST-Zustandes	1	Informationen beschaffen und Beschreiben des WA-Objekts
		2	Beschreiben der Funktionen
		3	Ermitteln der Funktionskosten
3	Prüfen des IST-Zustandes	1	Prüfen der Funktionserfüllung
		2	Prüfen der Kosten
4	Ermitteln von Lösungen		Suche nach allen denkbaren Lösungen
5	Prüfen der Lösungen	1	Prüfen der sachlichen Durchführbarkeit
		2	Prüfen der Wirtschaftlichkeit
6	Vorschlag und Verwirklichen einer Lösung	1	Auswählen der Lösung(en)
		2	Empfehlen einer Lösung
		3	Verwirklichen der Lösung

Abb. 77: **Arbeitsphasen der Wertanalyse**

Als erstes wird vom Betriebsleiter oder einem Wertanalyse-Fördergremium festgelegt, was untersucht werden soll: zum Beispiel ein Produkt, das zunehmend unter Konkurrenzdruck und Öffentlichkeitskritik gerät oder das im Verhältnis zu seinem Ergebnisbeitrag hohe Bestände bindet. Für diese Vorauswahl kann mit Erfolg die ABC-Analyse eingesetzt werden. Dann wird ein Ziel quantifiziert (wieviel eingespart werden muß) und festgelegt, in welcher Zeit ein Ergebnis vorliegen soll (Terminplan) und wer an der Untersuchung teilnimmt. In der Regel wird das Wertanalyse-Team aus Fachleuten der Entwicklung, des Vertriebs, der Fertigung, der Materialwirtschaft, des Rechnungswesens und eines Umweltreferates zusammengesetzt; es ist hierarchisch neutral und organisatorisch der Unternehmensleitung beigeordnet. Es besteht zweckmäßigerweise aus vier bis sieben Mitarbeitern mit verschiedenen Ansichten und Temperamenten. Der Leiter des Wertanalyseteams sollte die Teilnehmer auch zu „verrückten Ideen" anregen, Killerphrasen unschädlich machen und die Vorteile der Teamarbeit, die Verbreiterung der Wissensbasis und die übergreifende Wirtschaftlichkeitsbetrachtung zur Geltung bringen.

Bei der Ermittlung und Prüfung des Ist-Zustandes werden die Funktionen in einem Funktionsstammbaum gegliedert. Als Funktion 1. Stufe (marktkonforme Funktion, welche von der Mehrzahl der Käufer verlangt wird) ergibt sich zum Beispiel bei einer Auspuffanlage die unschädliche und lärmmindernde Ableitung von Abgasen.

Die Funktionskosten, in der Regel die Herstellkosten, werden in eine Funktionskostenmatrix eingetragen (Abbildung 79).

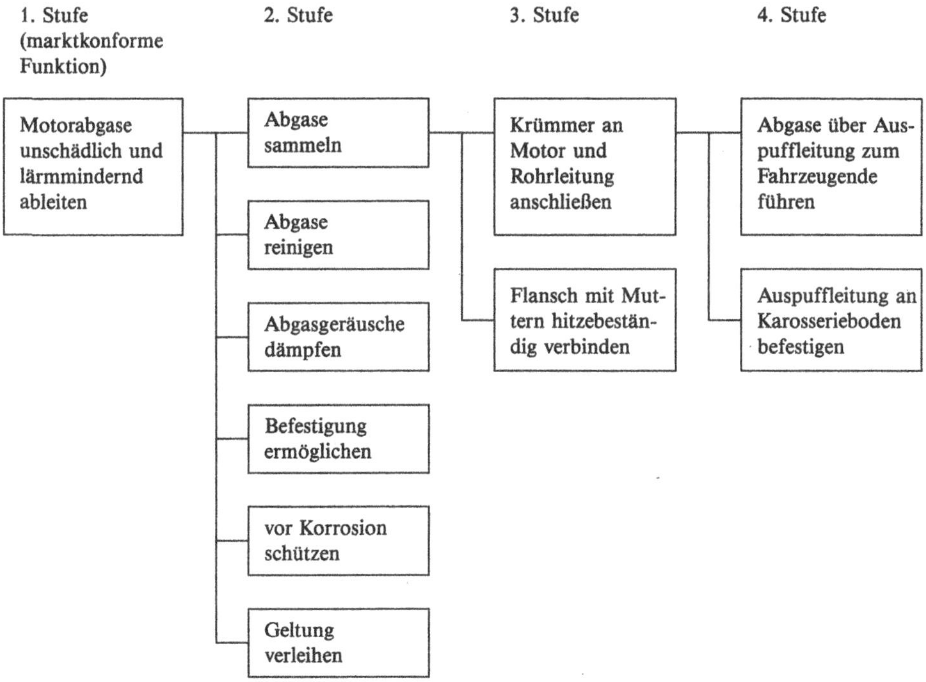

Abb. 78: **Funktionsstammbaum (Beispiel Auspuffanlage)**

Funktion 2. Stufe / Teil	Abgase sammeln		Abgase reinigen		Abgas-geräusche dämpfen		Befestigung ermöglichen		vor Korrosion schützen		Geltung verleihen		Herstell-kosten
	%		%		%		%		%		%		
Rohrleitungen	53	80,–			27	40,–			20	30,–			150,–
Krümmer	55	60,–			18	20,–	27	30,–					110,–
Auspufftopf	13	20,–			87	130,–							150,–
Mikro-Katalysator			100	300,–									300,–
Zylinderflansche							100	50,–					50,–
Rohrschellen							100	40,–					40,–
Doppelendrohr (verchromt)	12	20,–			12	20,–			17	30,–	59	100,–	170,–
Summe	19	180,–	31	300,–	22	210,–	12	120,–	6	60,–	10	100,–	970,–

Abb. 79: **Funktionskostenmatrix Auspuffanlage**

Man ermittelt, wieviel Prozent der Herstellkosten der Baugruppen und Einzelteile dieser Auspuffanlage auf die einzelnen Funktionen entfallen. Diejenige Funktion, die im Verhältnis zu ihrem Wert oder dem Nutzen, den der Käufer erwartet, zu hohe Kosten verursacht, dient als Ansatzpunkt für die Untersuchungen. Angesichts der Diskussionen um das „umweltfreundliche Auto" ist anzunehmen, daß ein Auspuff weniger zum Geltungsnutzen beitragen sollte (im vorliegenden Beispiel immerhin 10 Prozent der Herstellkosten!), sondern daß relativ (eventuell auch absolut) mehr Kosten in die Langlebigkeit der Anlage (beispielsweise durch Verwendung feuer-aluminierter Bleche) und die Abgasreinigung (zum Beispiel durch einen Dreiwege-Katalysator mit Lambda-Sonde) fließen.
Die Wertanalyse kann dabei zwei Richtungen einschlagen:

- Die Wertvorstellung der Autokäufer gegenüber Auspuffanlagen kann sich allgemein verändert haben, die Reinigung der Abgase wird mehr geschätzt als Geltungswert, oder dem Vertrieb wurde die Aufgabe gestellt, die Reinigungsleistung *vor* dem Geltungsnutzen („satter sound", „verchromte Doppelendrohre") anzupreisen.
- Nach dem Hersteller-Wertbegriff wird gefragt: „Wo liegen die minimalen Kosten für eine Funktion?" Man prüft also, ob man den Katalysator nicht günstiger kauft, als ihn selbst zu erstellen (Make-or-Buy-Analyse), oder fragt sich, in welchem Verhältnis die Funktionsträgerkosten zu denen der Konkurrenz stehen (Mitbewerberanalysen) oder zu ähnlichen Fabrikaten der eigenen Herstellung. Außerdem werden Kostenkenndaten (DM/KWh, DM/kg) herangezogen.

Das Ermitteln denkbarer Lösungen kann über verschiedene Kreativitäts-Techniken wie Brainstorming, Brainwriting und Morphologischer Kasten geschehen. Die Lösungsansätze werden zunächst geprüft, ob sie sachlich durchführbar, ob Materialien termingerecht beschaffbar sind und ob der Maschinenpark den neuen Aufgaben gewachsen ist. Dabei wird von den Teammitgliedern integriertes materialwirtschaftliches Denken gefordert:

- der Einkauf wird auf Lieferschwierigkeiten bestimmter Materialien hinweisen
- der Umweltreferent auf die Umweltschädlichkeit, auf Abgasgrenzwerte und abzusehende öffentliche Restriktionen beim Einsatz bestimmter Stoffe
- die Konstruktion auf die Änderungshäufigkeit bestimmter Teile
- die Qualitätssicherung auf die Materialmängel während der Bearbeitung
- die Fertigung auf die Maschinenauslastung oder Behinderungen des Materialflusses
- die Kalkulation auf Kosten für Nacharbeiten
- der Vertrieb auf Kundenreklamationen oder die Leistungen von Konkurrenzfabrikaten.

Für den Vergleich verschiedener Lösungen müssen schließlich Kosten gegenübergestellt werden, und zwar die variablen (direkten) Kosten. Fallen durch Wertanalyse Arbeitsgänge weg und damit auch Lohneinzelkosten, so ist zumindest bei elektiver Zuschlagskalkulation darauf zu achten, daß die Gemeinkosten nicht unter den Tisch fallen; denn wenn die Schlosserei zum Beispiel ein Profil nicht mehr biegen muß, fallen damit noch längst nicht die Kosten für Meister, Hallenbeleuchtung und ähnliches weg.

Sind Investitionen für Alternativlösungen notwendig, so empfiehlt sich eine Wirtschaftlichkeits- oder Alternativkostenrechnung. Man ermittelt die Einsparungen pro Jahr und stellt dann die Einsparung während der Laufzeit des neuen Produkts dem Finanzmittelrückfluß gegenüber.

Wichtig ist, auch nicht quantifizierbare Faktoren wie Aussehen, Stromverbrauch, Bedienung, Regulierbarkeit, Reparaturfreundlichkeit, Recyclingfreundlichkeit und Umweltverträglichkeit in die endgültige Entscheidungsfindung mit Hilfe einer Bewertungsmatrix mit einzubeziehen. Gerade bei geringen Differenzen der Wirtschaftlichkeitsrechnungen kann hierdurch der Ausschlag für die eine oder andere Alternative fallen, was auch von den Prioritäten der Unternehmenspolitik und der Vertriebsstrategie abhängt.

Angesichts der Grenzen des quantitativen Wachstums kommt der wertanalytischen Betrachtungsweise eine besondere Bedeutung zu. Sie ermöglicht mit ihrem interdisziplinären, vernetzten Ansatz, Leistungsreserven bei Produkten zu mobilisieren, energiesparsame Konstruktionen durchzuführen, sie von unnötigem Ballast zu befreien, ihre Lebensdauer zu erhöhen und scheinbar nutzlose Nebenfunktionen zu aktivieren (zum Beispiel Abwärmenutzung). Die Wertanalyse ist aber nicht nur ein hervorragendes Instrument, Produkte umweltfreundlich zu verbessern, sondern gleichermaßen zur Überprüfung geeignet, ob bestimmte Funktionen oder Leistungsdarbietungen ohne Materieeinsatz erfolgen können, etwa durch Informationen, Beratungen oder organisatorische Verbesserungen.

5.3.2 Wirtschaftliche und umweltgerechte Materialverwertung

Recycling

Jegliche Produktion von Gütern und Dienstleistungen ist in der Regel mit einer Reihe von Abfällen und Emissionen verbunden, so daß der gesamte Fertigungsprozeß typischerweise als *Kuppelproduktion* bezeichnet werden kann, bei der neben dem Hauptprodukt eine Reihe von erwünschten oder unerwünschten Nebenprodukten anfällt. Besonders augenfällig wird dieser Tatbestand bei der zerlegenden Stoffverwertung, zum Beispiel in der chemischen Industrie, oder bei den umformenden Produktionsvorgängen, etwa in der Stahlindustrie, wo bereits umfangreiche Kuppelproduktionsverfahren organisiert worden sind.

Je geringer indessen der Anteil unerwünschter Abfälle oder Reststoffe ist, je leichter sie dem kostenlosen „Abfallkübel“ Natur übergeben werden können, desto weniger werden Inputstoffe, Verfahren und die Programmauswahl nach Koppelungsmöglichkeiten untersucht. Zwar fällt das Gebot einer möglichst vollständigen Energie- und Materialausnutzung bereits unter das Ziel betrieblicher Kostensenkung. Wegen der Geringfügigkeit der Abfallwerte und der „Unsichtbarkeit“ externer Folgekosten wurden aber konsequente Maßnahmen zur vollständigen Materialverwertung häufig unterlassen. Verstärkte Anstrengungen zu weitergehender Materialverwertung, Kreislaufverfahren und Recycling sind mittlerweile erkennbar und noch zu erwarten wegen:

- der Verschärfung von Umweltgesetzen (Abfallbeseitigungsgesetz, Abwasserabgabengesetz, Bundesimmissionsschutzgesetz und Gebührenerhöhungen von Mülldeponien)
- dem realen Anstieg der Preise für Primärrohstoffe bei Annäherung an die Erschöpfungsgrenzen
- der von Umweltverbänden geforderten Verteuerung nichtregenerativer Energie[19]
- der Abkehr vom quantitativen Wachstumsdenken und von der Wegwerfideologie
- des zunehmenden Angebots von Recyclingverfahren[20] und Recycling-Informationssystemen[21].

Im Sinne eines präventiven und integrierten Umweltschutzes sind dabei Verfahren und Produktionsprogramme vorzuziehen, die von vorneherein eine möglichst hohe Materialverwertung erlauben, so daß man von einer „wirtschaftlichen Kuppelproduktion“ sprechen kann.

Recycling dagegen bedeutet das Rückführen von stofflichen und energetischen Abfällen, die bei Produktion oder Konsumvorgängen entstanden sind, in die Produktion.

Bei *innerbetrieblichem Recycling* werden Abfallstoffe innerhalb eines Betriebes mit interner Leistungsverrechnung erneut eingesetzt. *Außerbetriebliches Recycling* findet als Abfallaustausch innerhalb der privaten und öffentlichen Betriebe in der Form eines interindustriellen Recyclings oder zwischen Haushalten und Betrieben statt.

Bei allen Recyclingmaßnahmen ist ein *originäres Recycling* zu präferieren, das heißt Gebrauchs- und Verpackungsgegenstände werden nach ihrer Nutzung ohne Aufbereitung weiterverwendet. Bei *sekundärem Recycling*, etwa der Sammlung der Abfälle in Containern und der Aussortierung in Müllverbrennungsanlagen, entsteht das Problem der Vermischung, das zur Zeit die Siedlungsabfälle nur zu circa 30 Prozent wiederverwertbar macht. Dieser Rückführungsgrad kann selbstverständlich steigen, je mehr Materialien nach der Konsumnutzungsdauer „rein“ sortierbar sind, was bereits für die Konstruktion der Produkte die Beachtung einer geringen Materialvermischung (niedrige Entropie) und guten stofflichen Trennbarkeit voraussetzt.

Das Abfallaufkommen in der Bundesrepublik Deutschland 1982 stellt sich wie folgt dar[22]:

Abfälle aus Industrie und Gewerbe	127 Mio Tonnen pro Jahr
Siedlungsabfälle	48 Mio Tonnen pro Jahr
Abfälle aus dem Bergabau	80 Mio Tonnen pro Jahr
Abfälle aus Landwirtschaft und Massentierhaltung	260 Mio Tonnen pro Jahr

Zum Zwecke der Abfallverwertung ist in etlichen Wirtschaftsbranchen bereits eine umfangreiche Kreislaufführung von Reststoffen (Wertstoffen) organisiert worden; bei Altöl, Altautos nahezu vollständig, bei Altreifen 80 Prozent, bei Altpapier und Pappe 50 Prozent, bei Altglas 30 Prozent, bei Kunststoffen 12 Prozent[23].

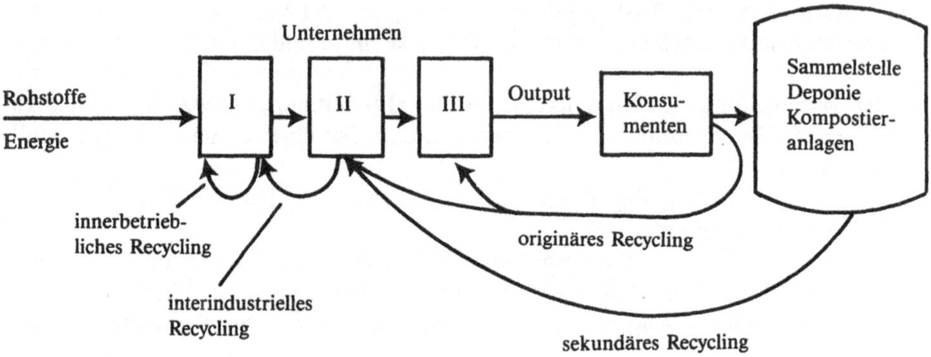

Abb. 80: **Stoffkreisläufe des Recycling**

Die potentiellen Wiederverwertungsraten für Metalle betragen für Kupfer 61 Prozent, Aluminium 48 Prozent, Blei 42 Prozent, Nickel 40 Prozent, Eisen 30 Prozent, Stahl 26 Prozent, Zink 14 Prozent[24].

Selbst wenn im langfristigen Durchschnitt die meisten Rohstoffpreise (inflations- und wechselkursbereinigt) sinken[25], ist der sparsame Einsatz von Rohstoffen oberstes Gebot für eine Wirtschaft, die extrem von Rohstoffimporten abhängig ist.

Tabelle 18: **Rohstoffimportabhängigkeit der Wirtschaft der Bundesrepublik Deutschland** (Anteil der Einfuhren am Verbrauch[26])

Grundstoff	Rohstoffimportabhängigkeit (%) (1979)
Holz	10
Nahrungsmittel	28
Erdgas	63
Zink	65
Blei	87
Erdöl	96
Eisenerz	98
Kupfer	99
Zinn, Bauxit, Rohphosphat, Chrom, Mangan, Nickel, Titan, Wolfram, Uran	100

Diese Abhängigkeit wird noch deutlicher, wenn man bedenkt, daß die Bundesrepublik Deutschland etwa 10 Prozent der Weltförderung an mineralischen Rohstoffen verarbeitet, ihr Eigenbeitrag an der Weltförderung aber nur knapp 1 Prozent ausmacht.

Recycling ist demzufolge für eine umweltorientierte Unternehmensführung in mehrfacher Hinsicht eine notwendige Zielsetzung:

- es hilft Energie und Rohstoffe sparen und trägt damit zur einzel- und volkswirtschaftlichen Kostenentlastung bei (zum Beispiel Abwärmenutzung aus Werkstatt-

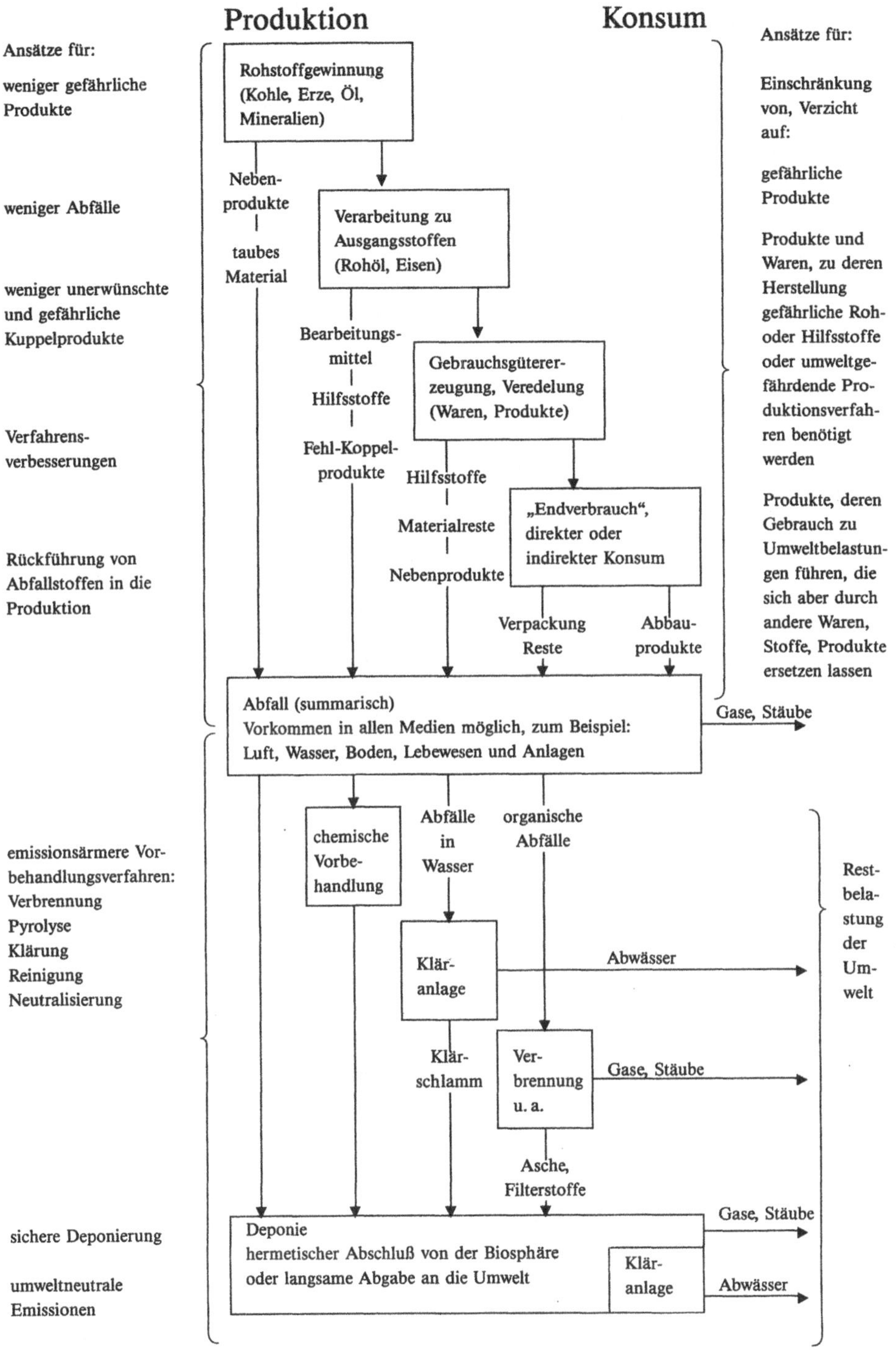

Abb. 81: **Ansätze zur Vermeidung des Abfallaufkommens**[27]

bereichen zum Heizen für Bürogebäude, Brauchwasserwiedergewinnung von Galvanikanlagen mit den betriebswirtschaftlichen Effekten: Wasserkosten-, Abwasserabgabenersparnis, Rückgewinnung von Schwermetallen)

- es verringert die Abhängigkeit von Rohstoffimporten und erhöht die Versorgungssicherheit
- es eröffnet Möglichkeiten zum Verkauf von Nebenprodukten durch interindustrielles Recycling mit zusätzlichen Umsatzerlösen und eventuell neuen Geschäftsfeldern (zum Beispiel die Nutzung der Abwärme von Eisenhüttenkonvertern als Fernwärme).

Für das Materialmanagement ergeben sich daraus zusätzliche Anforderungen (Abbildung 81):

- Auswahl der Inputstoffe nach Recyclingfähigkeit
- Aktivitäten des Einkaufs zur Anbahnung interindustrieller Kooperationen und der Abnahme von Abfallstoffen (unter anderem Anbieten von Abfallstoffen an der Abfallbörse)
- Zusammenarbeit mit der Konstruktion zur Vermeidung von Materialvermischungen wegen der damit verbundenen schlechten Trennbarkeit bei Recyclingprozessen
- in Absprache mit dem Vertrieb: Organisation von Werkstoff-Redistribution durch originäres Recycling, Modifizierung des Absatzprogrammes zugunsten wiederverwertbarer Langzeitprodukte
- Auflistung der Stoff- und Abfallströme durch das Unternehmen mit Hilfe von Input-Output-Analysen
- Verfahrensauswahl zusammen mit der Fertigungswirtschaft unter der Zielsetzung einer abfallarmen wirtschaftlichen Kuppelproduktion
- Vermeidung von Abfällen in Berücksichtigung der gesamten Produktlinie von der Gewinnung über die Herstellung bis zum Konsum.

Der technologische Umweltschutz *allein* löst allerdings das Problem der Ressourcenerschöpfung und Umweltbelastung durch Schadstoffe nicht, sondern schiebt es bestenfalls hinaus. Auch Recyclingverfahren erfordern wieder Materieeinsatz, zum Beispiel durch den Bau von Pyrolyse-Anlagen, und Energie, zum Beispiel beim Rücktransport von Altglas-Sammelbehältern, so daß die Grenzen des Wachstums nicht überwunden werden, wenn die Verbrauchsraten der Rohstoffe weiter exponentiell ansteigen und die alten Angebots- und Nachfragestrukturen aufrechterhalten bleiben. Dieser Zusammenhang wird von Meadows am Beispiel Chrom aufgezeigt (Abbildung 82).

In ähnlicher Weise demonstriert ein Beispiel des NAWU-Reports, daß bei unverändert beibehaltenem quantitativen Wachstum auch relativ intensive Reinigungsmaßnahmen durch absolut weiter ansteigende „Restverschmutzung" nur kurzfristige Entlastungseffekte der Umwelt herbeiführen. Die Notwendigkeit, den Reinigungsgrad zu steigern, muß erkauft werden durch einen überproportional steigenden Einsatz an energetischem Input (Abbildungen 83 und 84).

Daraus folgt, daß letztlich nur eine Reduzierung von Material und Energieströmen mit einer qualitativen Veränderung der Programmstruktur dauerhafte Entlastungseffekte für die Umwelt bringt. Die Bemühung, auch ohne Material- und Energieeinsatz Bedürfnisse von Menschen zu befriedigen, muß demnach einer integrierten Material-

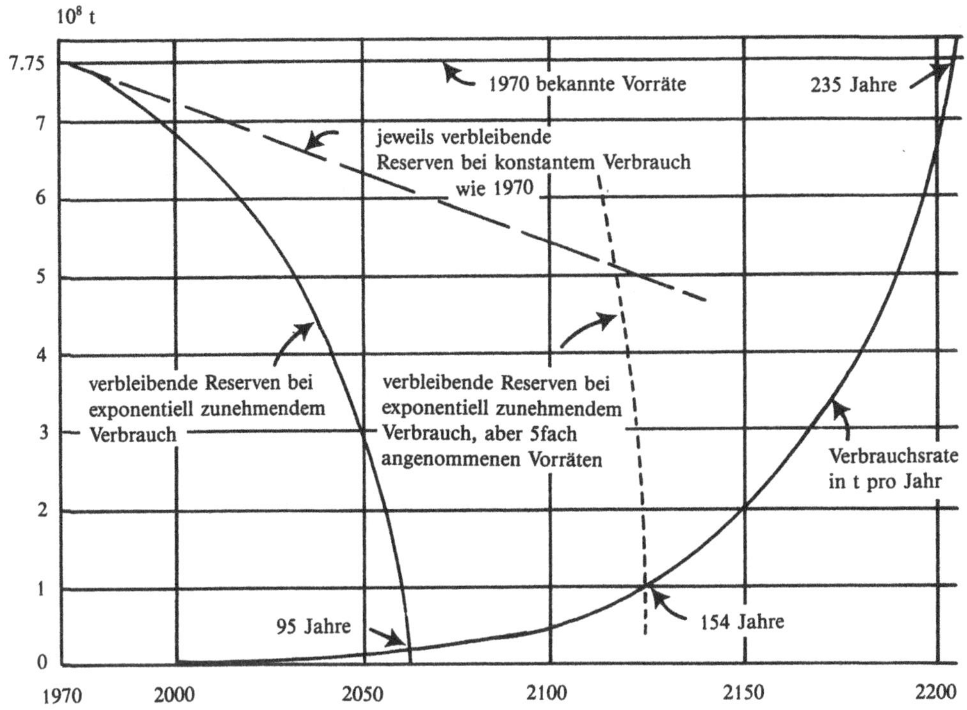

Abb. 82: **Reichweite der Chromvorräte**[28]
Wie lange die bekannten Chromvorräte noch reichen, hängt von der Nutzungsrate des Chroms ab. Bleibt der Verbrauch konstant (gestrichelte Linie), so ist noch für etwa 420 Jahre Chrom vorhanden. Wenn die Nutzung wie gegenwärtig um 2,6 Prozent jährlich anwächst, ist der Chromvorrat schon in 95 Jahren erschöpft; wenn man von den fünffachen Erzmengen ausgeht, in 154 Jahren. Auch wenn es gelänge, alles gebrauchte Chrom als Altmaterial wieder dem Neugebrauch zuzuführen, würde der exponentiell steigende Bedarf die Chromvorräte in 235 Jahren erschöpfen (horizontale Linie).

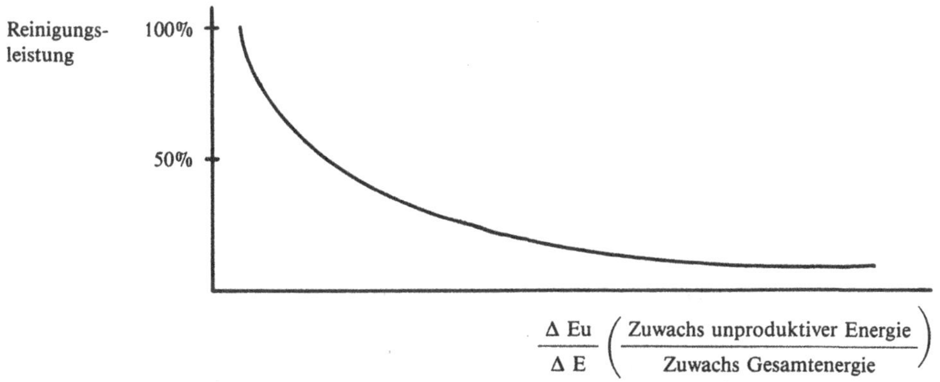

Abb. 83: **Zusammenhang zwischen Restverschmutzungsgrad und produktiver Energie**[29]

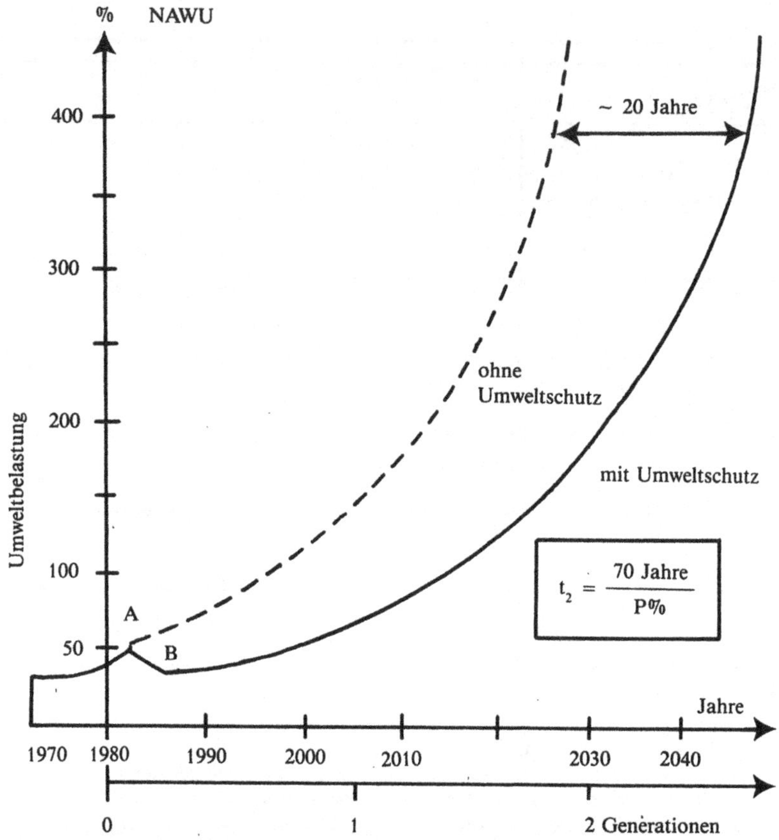

Abb. 84: **Effekt einer 75prozentigen Säuberung der Gewässer durch Kläranlagen zwischen 1980 und 1990 bei unverändertem quantitativem Wachstum**[30]

wirtschaftsauffassung vertraut werden und kann nur von einer „verwaltenden", linear und unvernetzt denkenden Materialwirtschaft als kontradiktorisch empfunden werden. Umweltschutz- und Recyclingmaßnahmen bieten für diesen Wandlungsprozeß im Denken insofern gute Anstöße, als der Grundsatz zum haushälterischen Umgang mit Stoffen sowie die Entropie-Problematik der Stoffumwandlung und Dissipation sichtbar werden und eine Option für eine ökologische und materialflußarme Produktion am unternehmerischen Horizont erscheint.

Input-Output-Tabellen

Um die Materie- und Energieströme innerhalb eines Fertigungsbetriebes und innerhalb von Kostenstellen sichtbar zu machen, können Stoff- und Energiebilanzen aufgestellt werden[31].

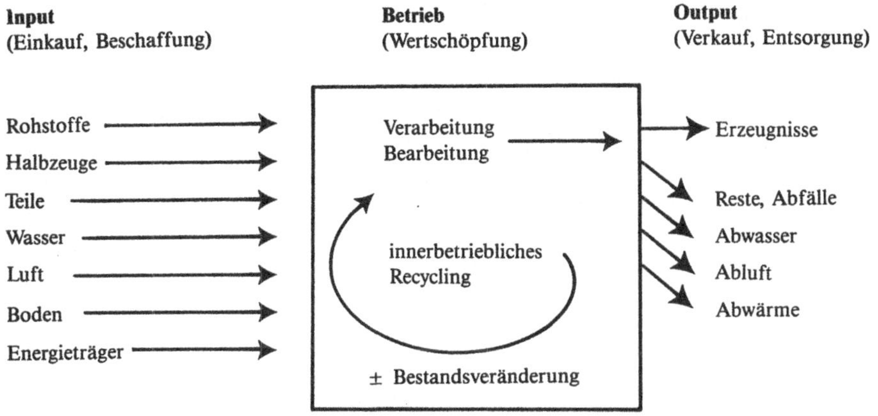

Abb. 85: **Schema einer Stoff- und Energiebilanz eines Fertigungsbetriebes**

Mittels Input-Output-Tabellen lassen sich in allen Werkstätten und allen mit Material wirtschaftenden Bereichen Stoffumsätze darstellen mit dem Ziel:

- die Abfälle besonders wertvoller Materialien zurückzuverfolgen
- teure Entsorgung zu überprüfen.

Die Konsequenzen aus einer solchen Untersuchung können sein

- Verfahrensänderungen
- Konstruktionsänderungen, gegebenenfalls Eliminierung von Produkten
- Installation von Recycling-Verfahren
- Initiierung eines Abfallmarketing, zum Beispiel Abwärmeverkauf.

Das Input-Output-Schema einer Kostenstelle wird in Abbildung 86 skizziert.

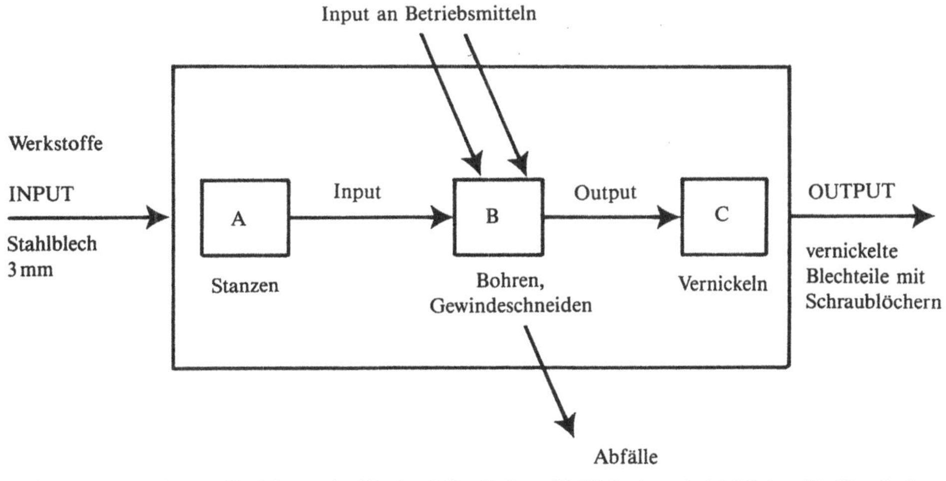

Abb. 86: **Input-Output-Positionen der Kostenstelle „Bohrerei" (B) im innerbetrieblichen Stoffwechsel**

Die Produktion durchläuft drei Kostenstellen: A, B und C. B erhält Halbfabrikate zur weiteren Bearbeitung als Input von A und gibt diese zur weiteren Bearbeitung an Kostenstelle C. Zur Bearbeitung erhält B ferner einen Input an Betriebsmitteln und Werkzeugen. Vom Output gehen gewisse Abfälle (verbrauchtes Bohröl, Bohrspäne, Ausschußstücke) ab. Da nach dem Erhaltungssatz von Energie und Materie (1. Hauptsatz der Thermodynamik) das, was Kostenstelle B an Output an KST C weitergibt, dem äquivalent sein muß, was B als Input erhielt, müssen rechnerische Differenzen zwischen beiden Bereichen aufgeklärt werden. Dazu werden Input-Output-Listen für einzelne Kostenstellen erarbeitet:

Tabelle 19: **Input-Output-Liste für eine einzelne Kostenstelle**

Input der jeweiligen Kostenstelle aus anderen Kostenstellen des untersuchten Produktionsbereichs		Output der jeweiligen Kostenstelle an andere Kostenstellen des untersuchten Produktionsbereichs	
in-1	Vorerzeugnisse	out-1	behandelte Vorerzeugnisse
in-2	Halbwaren	out-2	behandelte Halbwaren
in-3	Prozeß- und Hilfsstoffe	out-3	Prozeß- und Hilfsstoffe
in-4	Verpackungsmaterialien, Gebinde	out-4	Verpackung, Gebinde
in-5	sonstige Materialien zur Behandlung (auch Reste, Abfälle)	out-5	sonstige Materialien zur Behandlung (auch Reste, Abfälle)
in-6	Energie, Energieträger aus anderen Kostenstellen des Produktionsbereichs	out-6	Energie, Energieträger an andere Kostenstellen des Produktionsbereichs
in-7	Wasser, Abwasser aus anderen Kostenstellen des Produktionsbereichs	out-7	Wasser, Abwasser an andere Kostenstellen des Produktionsbereichs
in-9	Sonstige input-Positionen aus anderen Kostenstellen des Produktionsbereichs	out-9	Sonstige output-Positionen aus anderen Kostenstellen des Produktionsbereichs
in-0	Abgrenzungsposten	out-0	Abgrenzungsposten

Für eine konkrete Kostenstelle, die Blechbearbeitung/Drahtnerei einer Kühlschrankproduktion, kann sich dabei die in Tabelle 20 beschriebene Situation ergeben.

Aus diesem Zahlenbeispiel läßt sich ableiten, daß insgesamt 255 Tonnen Blech und Draht eingesetzt wurden. Davon verbleiben 222 Tonnen in den hergestellten Blechteilen und Rosten. An sortierten Blechabfällen gehen etwa 32 Tonnen verwogen an den Schrotthandel. Während der Schrottanteil bei den hauptsächlich verwendeten Schwarzblechtafeln klein ist, erhöht er sich bei teuren Blechen. Damit wird deutlich, daß sich Maßnahmen zur besseren Materialnutzung besonders bei den Edelstahlblechen lohnen würden!

Aus mehreren solcher Einzelposten wird eine umfassende Input-Output-Tabellierung für den gesamten Produktionsbereich erstellt. Vom Rationalisierungskuratorium der deutschen Wirtschaft (RKW), das Untersuchungen in der Metall- und Elektroindustrie durchgeführt hat, wird folgende Vorgehensweise empfohlen:

– Sachbearbeiter benennen und eine Stabstelle in der Nähe zur Betriebsleitung einrichten

Tabelle 20: **Input-Output-Liste der Blechbearbeitung/Drahtnerei**

Input Code	Stoffe, Materialien, Erzeugnisse, Energie, Energieträger	Mengen	von Kostenstelle
In-2	Schwarzbleche in Tafeln	153,5 t	120
	Edelstahl-Bleche in Tafeln	27,0 t	120
	Feuerverzinkte Bleche in Tafeln	55,5 t	120
	Alu-Bleche	6,5 t	120
	insgesamt	242,5 t	
	Verkupferte Stahldrähte für Roste	12,5 t	120
	Schweißdrähte	100 kg	120
In-6	Elektromechanische Energie	115 MWh	105
	Acetylen 120 Nm^3	1,7 Gcal	
In-7	Kühlwasser	150 m^3	105
In-3	Sauerstoff	14040 Nm^3	120
	Schutzgas (Argon, Stickstoff)	2040 Nm^3	120
Output Code	**Stoffe, Materialien, Erzeugnisse, Energie, Energieträger**	**Mengen**	**weiter zu Kostenstelle**
Out-1	Blechteile	210 t*	141, 146/1
	Roste	12 t	146/2
Out-5	Sortierte Metallabfälle		121
	Schwarzblech u. Draht	11,5 t	
	CR-Ni Blech Edelstahlblech	7,0 t	
	Verzinktes Stahlblech	12,0 t	
	Alu-Blech	1,5 t	
Out-6	Metallabfälle im Werkstattmüll	1,0 t	
Out-7	Kühlwasser mit Abwärme, unverschmutzt	150 m^3	121
	* Materialzusammensetzung:		
	Schwarzblech	142 t	141
	Edelstahlblech	20 t	146/1
	Feuerverzinkt	43 t	146/1
	Alu-Blech	5 t	146/1

- Geschäftsführung muß über Rahmenplan Zuständigkeit festlegen, die betroffenen Abteilungen informieren und zur Mitarbeit aufrufen, inclusive Einkauf, RHB-Lager, Verpackungswesen und Energieversorgung. Es wird ein Zeitraum festgelegt, für den eine Ökobilanz erstellt werden soll; ebenfalls Abgrenzung des Produktionsbereiches, in dem die Untersuchung stattfinden soll (in der Regel Bereiche mit hohem Materialdurchsatz)
- Auflistung der einzelnen Kostenstellen, Erstellen eines Materialflußdiagramms
- Beschreibung der Tätigkeiten und Abläufe der Kostenstelle
- Input/Output-Klassifizierung der Materialien
- Längs- und Quervergleiche mit der Kontrolle untertauchenden Materials
- Gesamtrechnung für den Produktionsbereich
- Berichterstattung, Diskussion und Beschluß von Maßnahmen.

Die Mengenrechnung auf der Grundlage von Material- und Energiebilanzen der einzelnen Wertschöpfungsprozesse ist für viele materialintensive Unternehmen unentbehrlich, weil:

- Rohstoffe und Energie auf der Inputseite immer teurer werden, auf der Outputseite Stoffabfälle in Form von Emissionen in Wasser, Luft und Boden nicht nur Materialverluste offenbaren, sondern auch teure Entsorgungskosten und Konflikte mit der Allgemeinheit auslösen können
- aufgrund solcher „Ökobilanzen" Materialersparnisse und Recyclingmaßnahmen fundiert eingeleitet werden können
- eine ökologische Buchführung oder eine komplette Umweltrechnungslegung das entscheidende Mengengerüst für die weitere Verfeinerung erhält.

Ökologische Buchführung

Zur Kontrolle der Wirtschaftlichkeit und Rentabilität betrieblicher Prozesse hat das Rechnungswesen Unterlagen bereitzustellen, die über alle für das Unternehmen relevanten Geld- und Leistungsströme Auskunft geben. Für eine ökologische Ausrichtung der Unternehmensführung reichen dabei die herkömmlichen Inhalte der Finanzbuchhaltung, Kostenrechnung und betriebswirtschaftlichen Statistik nicht aus, weil sie im wesentlichen an Marktpreisen orientierte monetäre Bewertungsgrößen verarbeiten. Solange das Verursacherprinzip in den Marktpreisen nicht wirkt und soziale Kosten über wirtschaftspolitisch veränderte Rahmenbedingungen nicht automatisch in die einzelwirtschaftliche Rechnungslegung einfließen, besitzt der Gewinn eine fragwürdige Lenkungskompetenz für Investitionen und unternehmerische Strategien unter ökologischem Aspekt. Entscheidende Aufgabe für das Rechnungswesen ist deshalb, den Begriff der Kosten in Berücksichtigung erschöpfbarer Ressourcen, negativer externer Effekte, weiterzufassen und auch nicht meßbare Schäden für die langfristige Tragfähigkeit unternehmerischer Entscheidungen transparent zu machen.

Zur ökologischen Erweiterung des Rechnungswesens wurde eine Reihe von Vorschlägen und Methoden unterbreitet[32], von denen die ökologische Buchhaltung[33] als weitestgehender Ansatz zu einer umfassenden Umweltrechnungslegung im Betrieb gewertet werden kann. Dabei werden in einzelnen Kontenklassen verschiedenartige Umwelteinwirkungen des Unternehmens in physikalischen Einheiten wie Gewicht, Volumen oder Joule gemessen. Der Begriff „Umwelteinwirkung" steht hier für alle Entnahmen von Stoffen und Energie aus der natürlichen Umwelt wie auch für Abgaben (Abfälle, Energie) an die natürliche Umwelt. Input- und Abfallstoffe werden, je nach Beanspruchung der natürlichen Umwelt (etwa dem Erschöpfungsgrad der Ressourcen oder der Belastbarkeit von Umweltmedien), mit Äquivalenzkennziffern versehen. Daraus ergibt sich für verschiedene Umwelteinwirkungen, wie Abwärme, Nutzung nichtregenerativer Rohstoffe und Abfälle, eine vergleichbare Maßzahl in Rechnungseinheiten (RE). Die Gesamtzahl an RE ergibt die Gesamtumweltbelastung eines Unternehmens, die – gleiche Äquivalenzkennziffern vorausgesetzt – geeignet sind, Betriebe, Regionen, Branchen in ihrer Umweltbelastung zu vergleichen. In erster Linie soll dem Unternehmer aber eine rationale Entscheidungshilfe geboten werden, welche die für den Umweltschutz zur Verfügung stehenden Mittel in diejenigen Sektoren lenkt, wo der Effekt der Umweltentlastung am größten ist. Der Unternehmer soll wissen, wann er sich umweltpolitisch richtig verhält, wenn er zum Beispiel die Wahl hat:

- Einwegflaschen (mit oder ohne sekundärem Recycling) zu verwenden (Ressourcenknappheit, Abfälle)
  oder
- Mehrwegflaschen mit originärem Recycling und Reinigung (Wasser-, Energieverbrauch).

Bei der Aufstellung der Äquivalenzkennziffern (Aek) berücksichtigt man zwei verschiedene „Knappheitsbegriffe“: Ratenknappheit und Kumulativknappheit.

Ratenknappheit

Die Ratenknappheit drückt den Grad der Umweltbeeinträchtigung durch Emmissionen aus und errechnet sich aus:

$$\text{Aek} = \frac{f}{F_k - F} \times \frac{1}{F_k}$$

F = tatsächliche Verbrauchs- oder Immissionsrate
F_k = kritische Verbrauchsrate (MIK-Werte, unter Umständen regional differenziert)

$F \geq F_k$ nicht definiert

Kumulativknappheit

Die Kumulativknappheit setzt die jährlichen Ausbeutungen nichtregenerativer Rohstoffe mit dem Stand der vermuteten Reserven in Beziehung.

$$\text{Aek} = \frac{n\,F}{R - nF} \times \frac{1}{R}$$

n = der normativ festzulegende Zeithorizont, in der ein Rohstoff noch verfügbar gehalten werden soll
F = jährlicher Fluß von Rohstoffen in das zivilisatorische System
R = bekannte Reserven

Die Vorzüge der ökologischen Buchführung, deren Erstellung in den Aufgabenbereich eines Umweltreferates fällt, lassen sich für ein Unternehmen folgendermaßen zuammenfassen:

- sie vermittelt dem Unternehmer einen Überblick über die Umwelteinwirkungen der gesamten Produktionstätigkeit oder einzelner Produkte. Die Summe der produktbezogenen RE muß dabei mit der Summe der ökologischen Buchführung übereinstimmen
- sie läßt die Schwachstellen eines Unternehmens erkennen und lenkt die Aufmerksamkeit in die Bereiche der größten Umweltbelastung

Tabelle 21: **Ökologische Buchhaltung von Roco Conserven Rohrschach (Schweiz) – Abschluß 1975**[34]

Konto	Menge in physikalischen Maßeinheiten	Äquivalenzkoeffizient (AeK)	RE
1. *Energieverbrauch*			
1.1. Elektrizität	6 803 525 kWh	15,75 RE/MWh	107 156
1.2. Gas	43 890 m^3	0,022 RE/m^3	966
1.3. Heizöl, speziell	98 292 l	0,013 RE/Liter	1 278
Heizöl, mittel	1 979 780 l	0,013 RE/Liter	25 698
Heizöl, schwer	534 880 l	0,013 RE/Liter	6 953
1.4. Autobenzin	108 322 l	0,013 RE/Liter	1 408
1.5. Dieselöl	177 500 l	0,013 RE/Liter	3 308
Subtotal Energie			145 767
2. *Materialverbrauch*			
2.1 Weißblech bestehend aus:			
Eisen	2 453 800 kg	0,0388 RE/t	95
Zinn	20 700 kg	72,7 RE/kg	1 504 890
Mangan	12 435 kg	0,01565 RE/kg	195
2.2. Lötzinn bestehend aus:			
Zinn	5 239 kg	72,7 RE/kg	380 875
Blei	7 111 kg	3,1 RE/kg	22 044
2.3. Aluminium	18 787 kg	66,5 RE/t	1 249
2.4. Polyäthylen, Polystyrol	243 456 kg	0,0144 RE/kg	3 505
2.5 Polyvinylchlorid	36 917 kg	0,00654 RE/kg	241
2.6. Glas	913 468 kg	0	0
2.7 Deckel zu Gläsern aus:			
Eisen	64 248 kg	0,0388 RE/t	2
Zinn	400 kg	72,7 RE/kg	29 080
Mangan	310 kg	0,01565 RE/kg	5
2.8. Papier, Karton	683 166 kg	0	0
Subtotal Material			1 942 181
3. *Bodenverbrauch*	0 m^2		0
4. *Feste Abfälle*			
4.1. ungiftige, deponierbare	1 445 m^3	0,0114 RE/m^3	16
5. *Abwasser*			
5.1. Phosphorgehalt	347 kg	295,32 RE/kg	102 476
6. *Gasförmige Abfälle*			
6.1. Schwefeldioxid SO_2	81 000 kg	1,12 RE/t	91
6.2. Kohlenmonoxid CO	32 208 kg	61,6 RE/t	1 984
6.3. Kohlendioxid CO_2	8 245 400 kg	0,05 RE/t	412
6.4. Kohlenwasserstoffe	22 242 kg	1401 RE/t	31 161
6.5. Stickoxide	19 614 kg	37,6 RE/t	737
Subtotal Gase			34 385
7. *Abwärme*			
7.1. aus Elektrizität	5 851 Gcal	14,76 RE/Tcal	86,4
7.2. aus Gas	307 Gcal	14,76 RE/Tcal	4,5
7.3. aus Erdölderivaten	26 356 Gcal	14,76 RE/Tcal	389,0
Subtotal Abwärme			480,0
8. *Umwelteinwirkungen in Haushalten*			
8.1. verbrennbarer Hausmüll (resultierende Verbrennungsrückstände)	994 m^3	0.0114 RE/m^3	11,3
8.2. PVC-Abfälle (resultierendes HCl bei Verbrennung)	21 042 kg	0,72 RE/t	204,5
Subtotal Haushalt			215,8
9. *Materialweiterlieferungen*			
9.1. Lieferungen Leerdosen an andere Konservenfabriken bestehend aus:			
Eisen	523 490 kg	0,0388 RE/t	
Zinn	5 520 kg	72,7 RE/kg	401,30
Mangan	2 640 kg	0,01565 RE/kg	
Blei	1 520 kg	3,1 RE/kg	4,7
Subtotal Weiterlieferungen			406,0
Rekapitulation			
Energieverbrauch			145,7
Materialverbrauch			1 942,2
./. Materialweiterlieferung			./. 406,0
Feste Abfälle			
Abwasser			102,5
Gasformige Abfälle			34,4
Abwärme			0,5
Einwirkungen bei Haushalten			0,2
Totaleinwirkung Roco 1975			1 819,5

- sie ermöglicht eine operationale Fassung der Strategie eines „qualitativen Wachstums", das heißt der Wertschöpfung eines Unternehmens bei nicht steigenden, sondern eher sinkenden Rechnungseinheiten
- sie kann als ökologische Schattenrechnung die Finanzbuchhaltung wirkungsvoll ergänzen, ohne daß monetäre und reale Größen miteinander vermischt werden. Als Fernziel (bei veränderten wirtschaftspolitischen Rahmenbedingungen) verlaufen die Ergebnisse der Finanzbuchhaltung und die Ergebnisse der ökologischen Buchhaltung synchron
- sie kann zur Versachlichung der Zusammenarbeit mit Behörden dienen und Informationslücken über integrierte unternehmensinterne Umweltschutzmaßnahmen schließen
- sie kann zur fundierten Information der Öffentlichkeit herangezogen werden, mit der Möglichkeit der Aufstellung von Umweltbilanzen.

Problematisch sind:

- die Vereinheitlichung der Äquivalenzkennziffern für *alle* Unternehmen (genauso wie die Bundesbank über den Diskontsatz Zinsen und Werte für die Finanzbuchhaltung vorgibt, ist die Festlegung ökologischer Grenzwerte allerdings auch über ein Umweltbundesamt denkbar)
- die regionale Spezifizierung der ökologischen Situation und damit auch Kommunalisierung der Grenzwertvorgaben in bestimmten Bandbreiten
- die Einbeziehung der gesamten Produktlinie (Rohstoffgewinnung, Herstellungs-, Verwendungs- und Entsorgungsphase)
- die Ausklammerung von Lärm, Toxizität, Radioaktivität und Vernichtung von Arten (zum Teil integrierbar)
- das „Frisieren" der Bilanzen je nach aktuellem Bedarf (ähnlich wie die Wirtschafts- und Steuerprüfung der herkömmlichen Buchführung wären hier auch ökologische Prüfungen durchzuführen!).

Verfahrensoptimierung

Um den Materialeinsatz im Verhältnis zum Outputwert zu senken, können sowohl informative wie technische Verfahren im materialwirtschaftlichen Bereich verbessert werden. Die informativen Verbesserungen richten sich besonders auf:

- prinzipielle Überprüfung der Sachziele (lassen sich nicht mit Software bessere Umsätze erzielen als mit Hardware?)
- Eliminierung unnötiger Typen und Teile aus dem Programm durch ABC-, Wertanalyse
- Prognosemethoden des Absatzes, durch Regressionsanalysen, expontentielle Glättung und prozentuale Abweichung[35]
- maschinelle Bedarfs- und Auftragsrechnung mit ständigem Lagerabgleich und Bestellanstößen für Kauf- und Eigenfertigungsteile
- Übergang von verbrauchsgesteuerter zu bedarfsgesteuerter Disposition wo immer möglich

- maschineller Kapazitäts- und Belastungsabgleich zur Gewährleistung eines schnellen Materialflusses, vor allem bei Werkstattfertigung
- Entlastung des Einkaufs und der Fertigungssteuerung von Routinearbeiten wie Termin- und Mengenkontrollen, um qualifizierte Entscheidungen zu ermöglichen (zum Beispiel über preisgünstigste Lieferanten und bestandskostensenkende Losgrößen)
- Wiederverwertung von Verwurfsmaterial durch Umkonstruktion (Information der Fertigungsplanung) oder Verkauf von Restserien zu Sonderpreisen (Information des Vertriebs)
- On-line-Rückmeldesysteme (BDE), ständiger Vergleich der Ist-Daten mit Planwerten, um Parameter zu ändern und Prognosen aufgrund der Auftragseingangsdaten zu korrigieren
- aktuelle Pflege vor allem der „sensiblen" Daten wie Stückliste, Arbeitspläne und Lagerbestand, da im Falle der Vernachlässigung bestandserhöhende „Sicherheiten" eingebaut werden
- rechtzeitige Einplanung von Beschäftigungsschwankungen (gegebenenfalls auch den Prognosezeitraum verlängern), um zu verhindern, daß Überkapazitäten mit Bestandsaufbau gefüllt werden
- gezielte Reduzierung des Lieferbereitschaftsgrades bei voraussichtlich geringen Fehlmengenkosten
- Einführung systematischer Make-or-Buy-Analysen oder Subcontracting-Analysen zur Minderung des Kapazitätsauslastungsrisikos und zur Vermeidung einer unrentablen Produktionstiefe.

In technischer Hinsicht lassen sich materialwirtschaftliche Abläufe verbessern durch

- Einsatz von Mikroprozessoren zur Optimierung des Energieeinsatzes
- automatische Qualitätskontrolle und Werkzeugwechsel von CNC-Werkzeugmaschinen
- Weiter- und Wiederverwendung von Abwärme, Abfallstoffen in der Fertigung oder in anderen Unternehmensabteilungen
- Verschnittoptimierung durch Einsatz spezieller EDV-Programme in der Fertigungsplanung (Abbildung 87)
- stärkere Beachtung von Kuppelproduktionen, vor allem bei zerlegender Fertigung, wo Produktionsverfahren von vornherein so gestaltet werden, daß die Materialverwertung möglichst 100prozentig ist, Verwendung der Nebenprodukte als weiterverwertbare Einsatz- und Absatzstoffe
- materialflußbeschleunigende Änderung von Fertigungsverfahren durch Übergang auf Fließsysteme, Einführung einer Just-in-time-Produktion, KANBAN
- Einführung umweltgerechter Fertigungsverfahren (in Seveso wurde zur Herstellung von TCDD ein Hochtemperaturverfahren mit niedrigem Druck angewendet, das als relativ risikoreich gilt, aber dafür eine größere Ausbeute garantiert. Weniger riskant wäre das Niedrigtemperaturverfahren mit hohem Druck gewesen. Hier gerät also das Ziel hoher Materialverwertung mit anderen wichtigen Umweltzielen in Konflikt: Gesundheitsrisiken für Menschen, Tiere und Pflanzen minimieren!)[36]

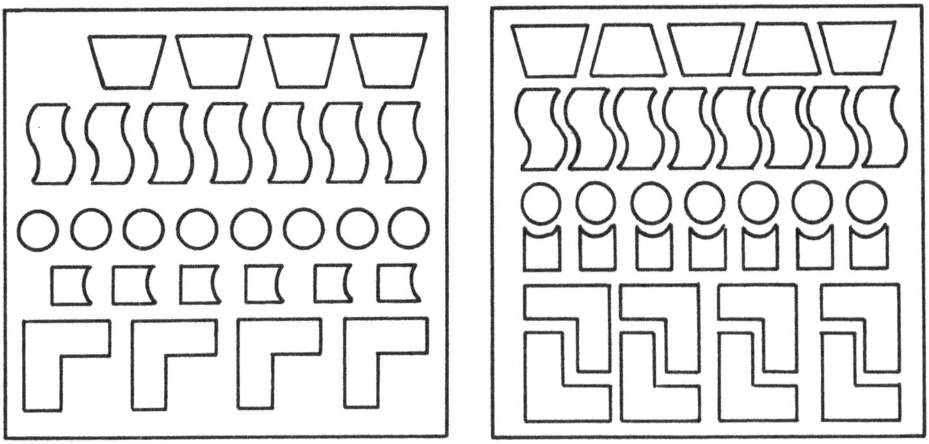

Abb. 87: **Verschnittanordnung mit maximalem Output an Stanzteilen**[37]

- Einstellung umweltschädlicher Betriebsstoffe, um vorbeugend Überbestände zu vermeiden, wenn dieser Stoff von der Öffentlichkeit kritisiert wird oder ein Verbot vom Gesetzgeber droht, wie bei Polychloriertem Biphenylen, Tetra-/Trichloräthylen und toxischen Kühlschmierstoffen
- Ersatz knapper Rohstoffe durch reichlich verfügbare: Kupfer durch Glasfiber, Kunststoff durch Holz, Benzin durch Wasserstoff, mit dem Resultat notwendiger Änderungen im Fertigungsverfahren
- Übergang von spanender auf spanlose Fertigung (statt Bohren, Fräsen, Stanzen zum Beispiel Gießen)
- statt Naß-/Tauchlackieren auf Pulverbeschichtungsverfahren übergehen (Einsparung von Entsorgungskosten durch wegfallenden Lackschlamm, geringe Umweltbelastung durch Verzicht auf Lösemittel, Senkung der Energie- und Lackkosten).

Anmerkungen zu Kapitel 5

1 Vgl. Grochla, E. u. a., Erfolgsorientierte Materialwirtschaft durch Kennzahlen, Baden-Baden 1983
2 v. Cube, H. L., Wärmerückgewinnung aus unternehmerischer Sicht, VDI-Berichte Nr. 435, 1982, S. 1
3 Vgl. Borch, Fürböck, Mansfeld, Winje, Energiemanagement, Berlin, Heidelberg, New York, Tokyo 1986, Bd. I, S. 55
4 Vgl. Oeldorf, Olfert, a. a. O. S. 236 ff.
5 Vgl.Bornemann, H., Bestände-Controlling, Wiesbaden 1986, S. 49 ff. sowie Tretow, G., Einflußgrößen der Materialbestandsplanung in: Beschaffung aktuell, BME Heft 10, 1983, S. 24 ff.
6 In Berücksichtigung der durchschnittlichen Inanspruchnahme während des vergangenen Jahres
7 Vgl. Bornemann, H., a. a. O., S. 54
8 Vgl. auch Eidenmüller, B., Maßnahmen zur Senkung von Beständen im Produktionsbereich, RKW Handbuch Logistik, Bd. 2, Nr. 6560.
9 Vgl. Lederer, K., Produktionsstrategien in Japan, USA und Deutschland, in: Fortschr. Betriebsführung und Industrial Engineering, Heft 6, 1984, S. 327 ff.

10 Im Anlehnung an Grochla, E., Fieten, R., Puhlmann, Aktive Materialwirtschaft in mittelständischen Unternehmen, Köln 1984, S. 49
11 Vgl. DIN 820
12 Vgl. Oeldorf, Olfert, a. a. O., S. 84
13 Vgl. Schreiber, R. L., Die Außenwelt als Innenwelt, in: Special Ökologie, Management Wissen Dez. 1985, S. 70ff.
14 Vgl. Dr. Ing. H. c. F. Porsche AG, Forschungsprojekt Langzeitauto, Endbericht Phase I, Kurzfassung Dez. 1976.
15 Schon nach acht Jahren bei 20000 Kilometer Fahrleistung/Jahr wird der Mehrpreis von 25 Prozent hereingeholt. Im Nutzen/Kosten-Effekt ist das Langzeitauto mit einer mittleren Lebensdauer von 18,6 Jahren dem traditionellen Auto um 15 Prozent überlegen!
16 Vgl. auch Berg, C., Beschaffungsmarketing, Wien 1981, S. 103ff.
17 Vgl. Männel, W., Eigenfertigung und Fremdbezug, 2. Aufl., Stuttgart 1981
18 Vgl. auch Hoffmann, H., Wertanalyse – ein Weg zur Erschließung neuer Rationalisierungsquellen, 2. Aufl., Berlin 1983 sowie Stange, J., Wertsteigerung durch Wertanalyse, Frankfurt/M. 1980
19 Vgl. dazu Binswanger, H. C., Frisch, H., Nutzinger, H. G. u. a., (Publikation des BUND) a. a. O., S. 51ff.
20 Vgl. z. B. das Recycling-Handbuch des Umweltbundesamtes über Verfahren, Hersteller, Anwender
21 Z. B. AWIDAT – Abfallwirtschaftsdatenbank des Umweltbundesamtes Berlin oder DORIS-Dornier-Recycling-Informationssystem
22 Vgl. Stolpe, H., Weingram, C., Wohin mit dem Giftmüll? Bonn 1982
23 Vgl. BMI (Büro für Publizistik), Aktiver Umweltschutz in der Bundesrepublik Deutschland, Dokumentation (Stand 1983) S. 68
24 Vgl. Lüttig, G., Höchstmögliche Wiederverwertungsraten, Bundesanstalt für Geowissenschaften
25 Vgl. Saager, R., Metallische Rohstoffe von Antimon bis Zirkonium, Zürich 1984 sowie Wirth, E., Welternährung, Rohstoffe, Umwelt, in: Universitas, Okt. 1987, Nr. 497, S. 1003ff.
26 BMI, Was Sie schon immer über Abfall und Umwelt wissen wollten, Stuttgart 1982, S. 16
27 Vgl. Krämer, B., Umweltprobleme bei der Abfallbeseitigung – ein Überblick, Mitteilungen des Öko-Instituts, Heft 4, 1983, S. 5
28 Vgl. Meadows, D., Die Grenzen des Wachstums, Stuttgart 1972, S. 50
29 Vgl. Binswanger, Frisch, Nutzinger, u. a., a. a. O., S. 78
30 Vgl. NAWU-Report, Wege aus der Wohlstandsfalle, Frankfurt/M. 1978, S. 67
31 Vgl. Jetter, U., Anleitung zum Erstellen von Material- und Energiebilanzen im Produktionsbetrieb, RKW-Veröffentlichungen, Frankfurt/M. 1977
32 Z. B. „Erweiterte Wirtschaftlichkeitsrechnungen“ bei: Buchwald, K., Engelhardt, W. (Hg.), Handbuch für Planung, Gestaltung und Schutz der Umwelt, München 1980, Bd. 4, S. 85
„Umweltindikatoren“ bei: Rosenberger, C., in: Öko-Institut, Arbeiten im Einklang mit der Natur – Bausteine für ökologisches Wirtschaften, Freiburg/Brsg. 1985
„Entropieansatz“ bei: Georgescu-Roegen, N., The Entropy Law and the Economic Process, Cambridge (Mass.) 1971
„Erfassung von Umweltkosten im Betriebsabrechnungsbogen“ bei: Beschorner, D., in: Tutzinger Materialien, Ökologisches Rechnen im Betrieb, Ev. Akademie Tutzing, 1986, S. 30ff.
33 Vgl. Müller-Wenk, R., Die ökologische Buchhaltung, Frankfurt/M. 1978.
34 Ebenda S. 63f.
35 Vgl. Busch, H., a. a. O., S. 315ff.
36 Vgl. Strebel, H., Umwelt und Betriebswirtschaft, Berlin 1980, S. 119
37 Vgl. Oeldorf, Olfert, a. a. O., S. 86f.

Stichwortverzeichnis

Made in the USA
Las Vegas, NV
09 November 2024

11384400R00116